nicaragua

y
Con
merda

HAMPTON-BROWN

¡A NAVEGAR!

Manual para
ESCRIBIR, PENSAR
Y APRENDER

Autores

**Dave Kemper, Ruth Nathan, Carol Elsholz,
Patrick Sebranek**

Ilustrador **Chris Krenzke**

WRITE SOURCE®

GREAT SOURCE EDUCATION GROUP
a Houghton Mifflin Company
Wilmington, Massachusetts

Acknowledgements

We're grateful to many people who helped bring *¡A navegar!* to life. First, we must thank all the writers, editors, and teachers who helped make *Writers Express*, the original English version, a reality: **Sandy Asher, Nancy Bond, Roy Peter Clark, Toby Fulwiler, Will Hobbs, Stephen Krensky, Gloria Nixon-John, Susan Ohanian, Anne-Marie Oomen, Marie Ponsot, Peter and Connie Roop, Lorraine Sintetos, Vicki Spandel, Paula and Keith Stanovich, Peter Stillman, Charles Temple, Toni Walters, and Allan Wolf.**

We also want to thank the many talented people who helped make the Spanish edition a success.

Great Source Education Group acknowledges The Hampton-Brown Company for its permission to use the following materials, which are copyright © 2000 by the Hampton-Brown Company. All rights reserved.

• Spanish Proofreader's Guide, pp. 377–429
• History of the Spanish Language, pp. 431–438

Use of other copyrighted material is acknowledged on the page on which it appears.

¡A navegar! is the Spanish version of *Writers Express* © 1996 by Great Source Education Group, Inc.

The United States version of *Writers Express* is published by Great Source Education Group, Inc., A Houghton Mifflin Company, Wilmington, Massachusetts, United States of America.

Printed in the United States of America

ISBN for the Houghton Mifflin Edition: 0-618-06935-6
ISBN for the Hampton–Brown Edition: 0-7362-0714-7
    01 02 03 04 05 06 07 08 10 9 8 7 6 5 4 3 2

¡Ponte en marcha!

¡A navegar! está dividido en cinco partes:

1 **El método de escribir** • Esta parte te enseña los pasos que debes seguir al escribir, desde elegir el tema hasta corregir la versión final de tu trabajo.

2 **Tipos de escritos** • ¿Te gustaría llevar un diario, escribir un poema, redactar un informe o crear un relato fantástico? Entonces, ¡esta sección es para ti!

3 **Aprende a aprender** • Es importante saber estudiar, leer y tomar exámenes. Si quieres mejorar tus destrezas, esta sección te será muy útil.

4 **La guía del corrector** • ¿Tienes preguntas sobre la puntuación? ¿Sobre la ortografía? ¿Sobre los verbos? Aquí encontrarás las respuestas.

5 **El almanaque del estudiante** • Diez mapas a todo color, el sistema métrico, una cronología de la historia.... ¡A navegar! tiene toda la información que necesitas.

Contenido
El método de escribir

¿Cómo se empieza?

Guía para el plan y el borrador

Guía para revisar y corregir

Párrafos y ensayos

Mejorar lo que has escrito

Tipos de escritos

Aprende a aprender

Guía del corrector

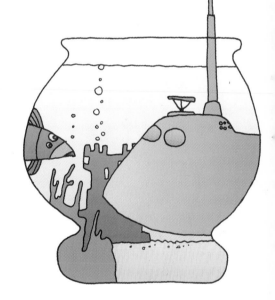

El almanaque del estudiante

Historia del español

Las ciencias

Destrezas matemáticas

Los mapas

Un vistazo a la historia

¿Por qué escribir?

El verano pasado lo pasé en la playa. Un día en que mi amiga y yo caminábamos por la arena, nos encontramos un viejo barco de pesca que la corriente había arrastrado hasta la orilla. Por supuesto, ¡nos lo apropiamos por el resto del verano y nos divertimos muchísimo! Jugamos a que éramos oceanógrafas que naufragaban en una isla desierta y descubríamos un nuevo país.

Después llegaron otros amigos y nos pusimos a charlar y a contar aventuras sobre barcos en el mar. Así fue como se nos ocurrió escribir una obra de teatro. La montamos y se la presentamos a nuestros familiares y amigos en el barco que encontramos. ¡Fue muy divertido! Todos quedaron maravillados de que hubiéramos escrito una obra de teatro y de que fuéramos tan buenos actores. ¡Nosotros también!

¡A navegar!

Esta historia no tiene nada de raro: los niños siempre han escrito y representado obras de teatro. Escribir es una excelente manera de explorar los mundos de la imaginación y de la expresión. Es por eso que las personas escriben y, por eso mismo, nosotros hemos escrito *¡A navegar!* Esperamos que este pequeño manual te ayude a leer, pensar, hablar y estudiar mejor. ¡Un pequeño manual de gran utilidad!

¿Cómo se empieza?

Guía para empezar a escribir

Un manual muy útil

El manual *¡A navegar!* te dará buenos consejos para que escribas mejor. Pero toma en cuenta que el único secreto para llegar a ser buen escritor es éste: ¡escribe! Si puedes, escribe todos los días. Este manual te ayudará a empezar a escribir, te dirá cómo continuar, y te dará ideas para que tu trabajo te salga lo mejor posible. Siempre tenlo a mano cuando estés escribiendo.

En este capítulo encontrarás muchas preguntas y respuestas que te servirán de guía. Las preguntas son las mismas que se hacen muchos escritores. Las respuestas te enseñarán a aplicar el método de escribir y te explicarán cómo usar la primera parte de este manual.

Preguntas y respuestas

1 ¿Sobre qué voy a escribir?

Escribe sobre un tema que conozcas. O elige un tema que te interese o te guste mucho (tal vez algo que hayas escrito en tu diario).

El tema que escojas depende de dos cosas: por qué estás escribiendo (tu propósito) y para quién estás escribiendo (tus lectores).

| **Cómo escoger un tema** página 35 | **Archivo de ideas** página 38 | **Conecta temas** página 37 |

2 ¿Por dónde empiezo?

Antes que nada, tienes que estar seguro de que conoces bien el tema. Reúne toda la información que necesites para el tipo de escrito que vas a hacer. Si conoces bien el tema, ponte a escribir de inmediato o haz una lista de ideas. Si necesitas más información, lee libros o revistas o conéctate a la Internet. También puedes entrevistar a alguien que conozca el tema.

| **Para escoger un tema** página 36 | **Escribe tus ideas** página 45 | **Habla con otras personas** páginas 46 y 159 | **Investiga el tema** página 46 |

3 ¿Qué debo decir sobre el tema?

Como no puedes escribir todo lo que sabes de un tema, debes decidir en qué vas a concentrarte, o cuál va a ser la idea principal de tu escrito. También tendrás que hacer un plan y decidir qué tipo de escrito vas a hacer.

| ¿Qué tipo de escrito? páginas 40–43 | Desarrolla un plan página 47 | ¿En qué vas a concentrarte? página 47 | Organiza los detalles página 48 |

4 ¿Cómo escribo el borrador?

Lo más importante es que sigas tu plan. Escribe el borrador con todas las ideas que se te ocurran, como si estuvieras charlando con tus amigos. Escribe tus ideas y no te preocupes mucho por que tu escrito quede perfecto desde el comienzo.

| El método de una escritora páginas 12–17 | El borrador páginas 50–53 | Las partes de un párrafo página 76 |

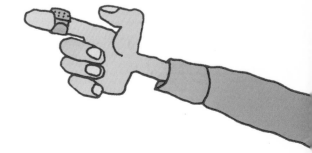

5 ¿Cómo puedo hacer más interesante lo que escribo?

Si escribes con tu propio estilo y con tu propia voz, tu trabajo será interesante. Tu voz es la manera particular en que expresas lo que piensas y sientes. Ya verás que, a medida que escribas más, tu voz empezará a tener su propio tono.

El arte de escribir bien
páginas 18–23

Añade los detalles
página 83

Artes del oficio
páginas 124–127

Escribe con impacto
páginas 58–59

6 ¿Por qué debo hacer más de un borrador?

Bueno, en realidad no siempre hay que hacer más de un borrador. Pero, si otras personas van a leer tu trabajo, es mejor que lo revises bien y lo mejores todo lo que puedas. Hay muchas maneras de hacerlo.

¿Qué es revisar?
página 56

Lista de control: Revisar
página 57

Cuando es hora de reunirse
páginas 62–63

Listo para publicar
páginas 68–73

7 ¿Cómo puedo encontrar todos los errores?

Probablemente no encuentres todos los errores. Si pudieras encontrarlos todos, ¡no los habrías cometido! Por eso, aquí te puede ayudar tu maestro o uno de tus compañeros. También puedes usar tu manual (especialmente las listas de control) y un diccionario, que te serán útiles para corregir la gramática, la ortografía y la puntuación. (Recuerda que aunque tu computadora pueda corregir la ortografía, tú mismo debes revisarla otra vez.)

Oraciones fluidas
página 65

Vocabulario
página 66

Guía del corrector
(**BUSCA** en las páginas amarillas.)

Lista de control: Corregir
página 67

8 ¿Cómo sé si mi trabajo está bien?

Con esta lista de control podrás evaluar tu trabajo. Si contestas que sí a todas estas preguntas, sabrás que has hecho un buen trabajo:

- ¿Escogí un tema que conozco bien o que me interesa mucho?
- ¿Seguí mi plan mientras escribía?
- ¿Me concentré en una idea específica?
- ¿Hice cambios para que mi escrito quedara lo mejor posible?
- ¿Está corregida la copia final y tiene el formato apropiado?

Lista de control: Las 6 características principales
página 23

Una carpeta excelente: 5 consejos
página 33

El método de escribir

En un mundo ideal...

Imagínate que para hacer tu próxima tarea de composición, vas a una computadora especial y tecleas:

Tema:	**Excursión de la clase**
Propósito:	**Preparar un informe de nuestra visita al Museo de Ciencias**
Tipo:	**Artículo noticioso**
Público:	**Estudiantes de escuela primaria**

Luego, oprimes el botón de "superescritor" y te vas a comer una pizza mientras la computadora escribe tu trabajo. Por último, oprimes uno o dos botones más y... ¡tu tarea está lista!

Sería genial si las computadoras pudieran escribir informes y relatos, pero las cosas no funcionan así. Tú mismo tienes que escribir tu trabajo, paso por paso: debes planearlo, revisarlo y publicarlo.

Los pasos del método

Antes de escribir

El primer paso es pensar y planear todo lo que vas a escribir antes de hacer el borrador. Tienes que pensar en el propósito de tu escrito, reunir información, escoger el tipo de escrito (un párrafo, una carta, un informe), hacer un plan y decidir quiénes van a ser tus lectores (amigos, adultos, estudiantes más jóvenes).

Escribir el borrador

Al escribir tu borrador, pones todas tus ideas en papel. Como ya sabes, los escritores casi siempre escriben más de un borrador.

Revisar

Cuando revisas tu escrito, lo lees con cuidado para mejorarlo. Es el momento de pensar en lo que has escrito y de añadir, quitar o cambiar. Es también el momento perfecto de mostrárselo a otras personas para que lo comenten y te den nuevas ideas.

Corregir

En este paso haces los últimos cambios. Debes revisar tu escrito palabra por palabra para corregir todos los errores que puedas.

Publicar

¡Ha llegado el momento de compartir tu escrito con otras personas! Puedes pegarlo en la pared de tu salón de clase o publicarlo en la Internet. (**BUSCA** en las páginas 68–73).

¡Ojo! Puedes repetir algunos pasos. Por ejemplo, es posible que quieras cambiar tu plan original después de hacer el borrador.

El método en acción

En estas dos páginas encontrarás todos los pasos del método de escribir en más detalle. También encontrarás los capítulos que tratan de cada paso.

Antes de escribir · Hacer un plan

Escoge el tema ● Piensa en un tema que conozcas o sobre el que quieras aprender. Si el tema te interesa, seguro que también les interesará a tus lectores.

Reúne los detalles ● Reúne todos los datos que necesites para hacer que tu escrito sea interesante. Puedes leer libros, conectarte a la Internet o entrevistar a otras personas.

Haz un plan ● Puedes hacer listas, un esquema, un dibujo o una red de palabras.

Elige una idea principal ● Como no puedes incluir todo lo que sabes sobre un tema, debes concentrarte en una idea.

Escribir el borrador

Escribe todo lo que se te ocurra ● Pon *todas* tus ideas directamente en el papel sin preocuparte por nada más.

Imagínate a tus lectores ● Escribe como si estuvieras charlando con las personas que van a leer tu escrito. Así, te expresarás con tu propia voz.

Sigue tu plan ● Tu escrito debe tener un comienzo, un desarrollo y un final.

Espera para corregir ● No corrijas la ortografía y la puntuación todavía; te puedes distraer y olvidar información importante.

Revisar Mejorar lo que has escrito

Lee tu borrador en voz alta • Léelo y luego pregúntate: "¿Tiene sentido? ¿Tiene suficiente información?"

Pide opiniones • Pídele a un compañero, a tu familia o a tu maestro que lea lo que has escrito y te dé sus comentarios.

Haz cambios • Añade texto, quítalo o cámbialo para que tu trabajo quede más claro. (**BUSCA** ejemplos en las páginas 15 y 243.)

Revisa otra vez • Usa la lista de control de la página 57.

Corregir

Busca errores • Fíjate si hay errores de mayúsculas, puntuación, ortografía y gramática. (**BUSCA** en las páginas 64–67.)

Pide ayuda • Revisa con uno de tus compañeros o con tu maestro si aún quedan errores.

Piénsalo bien • Fíjate si el vocabulario es interesante y si las oraciones son fluidas.

Escribe la versión final • Prepara una copia en limpio.

Corrige otra vez • Fíjate si queda algún error en la copia final.

Publicar

Muestra lo que has hecho • En las páginas 68–73 encontrarás sugerencias para publicar lo que has escrito.

El método de una escritora

Paso por paso

A veces nos parece que a nuestros autores favoritos no les cuesta nada escribir. Nos da la impresión de que se les ocurre una idea, se sientan frente a la computadora y, en unos minutos... ¡listo! La historia está terminada. Pero la verdad es que no es tan fácil. Cualquier escritor te dirá que a todos les cuesta trabajo. ¡Hasta a los mejores!

Por suerte, hay un método que hace que escribir sea más sencillo: se trata de escribir paso por paso. Si sigues este método, verás que cada día escribirás mejor.

En este capítulo te mostraremos el método de una escritora para que veas cómo planea su trabajo y lo mejora paso por paso.

Antes de escribir   Hacer un plan

Para una tarea de la escuela, Alicia Barrios tenía que escribir un retrato, es decir, una descripción de una persona. Alicia decidió escribir sobre su maestro favorito. Fíjate cómo Alicia siguió el método de escribir, desde el momento en que escogió el tema hasta que hizo la copia final de su trabajo.

Escoger el tema ● Alicia se puso a pensar en sus maestros favoritos, tanto los de antes como los de ahora. Pensó en la maestra Gisela, en el señor Sánchez, en la señorita Suárez y en el profesor Márquez. El que le pareció más interesante fue el profesor Márquez y, por eso, decidió escribir sobre él.

Reunir detalles/Hacer un plan ● Alicia organizó un mapa de ideas que le dio el plan inicial para su trabajo.

Escribir el borrador

A partir de su mapa de ideas, Alicia se puso a escribir el borrador y, mientras lo hacía, se le fueron ocurriendo otras ideas. Así empezó su trabajo:

Un maestro fabuloso

Es una persona grasiosa, simpática y generosa.

Alicia empieza con palabras del mapa de ideas.

¿A quién estoy describiendo? ¿Será uno de tus compañeros o tu mejor amiga? ¡Pues no! Aunque no lo crean, ¡es mi maestro! Se trata del profesor Márquez. Le decimos "profe".

Sus clases son muy dibertidas.

Cuando la clase de ciencias se pone aburrida, el profe dice algo chistoso y entonces te entran

Después, da más detalles sobre el profesor Márquez.

ganas de aprender. Una vez estornudé muy fuerte en medio de una lección de geología y el profe dijo "¡mamut!"*. Sonó como si hubiera dicho algo como "¡salud!".

El profe también...

*Especie de elefante fósil que vivió hace muchos años.

Revisar Mejorar lo que has escrito

Después de leer el borrador, Alicia trató de hacerlo más claro y completo. (Los comentarios escritos en azul los hizo uno de sus compañeros.)

Un maestro fabuloso

Conozco a,

~~Es~~ una persona grasiosa, simpática y generosa.

¿Quién es?

Alicia cambia el comienzo.

¿A quién estoy describiendo? ¿Será uno de ~~tus~~ mis

compañeros o tu mejor amiga? ¡Pues no! Aunque no

de ciencias

lo crean, ¡es mi maestro! Se trata del profesor

Márquez. Le decimos "profe".

¿Por qué quedó sola esta oración?

Acepta la sugerencia de su compañero (en azul).

Sus clases son muy dibertidas.

Cuando la clase de ciencias se pone aburrida, el

a todos nos

profe dice algo chistoso y entonces te entran

ganas de aprender. Una vez estornudé muy fuerte

Quita palabras para acortar una oración.

en medio de una lección de geología y el profe dijo

"¡mamut!". Sonó como si hubiera dicho ~~algo como~~

"¡salud!". ¡Buen ejemplo!

El profe también...

Corregir

Después, Alicia se aseguró de que su escrito fuera fácil de leer. Buscó errores, sobre todo de puntuación y de ortografía. Por último, escribió la copia final de su trabajo y lo volvió a corregir.

<table>
<tr>
<td>

Alicia combina dos oraciones cortas para formar una oración más fluida.

</td>
<td>

Un maestro fabuloso

Conozco a una persona ~~graciosa~~, simpática y generosa. ¿Quién es? ¿Será uno de mis compañeros o mi mejor amiga? ¡Pues no! Aunque no lo crean, ¡es mi maestro de ciencias! Se trata del profesor Márquez. _{pero} ~~Le~~ _{el} decimos "profe".

Sus clases son muy _{divertidas} ~~libertidas~~. Cuando la clase de ciencias se pone aburrida, el profe dice algo chistoso y entonces a todos nos entran ganas de aprender. Una vez estornudé muy fuerte en medio de una lección de geología y el profe dijo: "¡mamut!". Sonó como si hubiera dicho "¡salud!".

El profe también...

</td>
</tr>
</table>

(nota lateral) *graciosa*

(nota lateral inferior)
Añade dos puntos y pone una mayúscula después de la comilla.

Publicar

Alicia escribió la copia final de su escrito en la computadora y se lo leyó a sus compañeros y maestros. Lo dejó lo más claro y correcto que pudo. ¡Mira qué bien le quedó!

Copia final del retrato

Un maestro fabuloso

Conozco a una persona graciosa, simpática y generosa. ¿Quién es? ¿Será uno de mis compañeros o mi mejor amiga? ¡Pues no! Aunque no lo crean, ¡es mi maestro de ciencias! Se trata del profesor Márquez, pero le decimos "el profe".

Una cosa que me encanta de él es que siempre hace que sus clases sean muy divertidas. Cuando la clase de ciencias se pone aburrida, el profe dice algo chistoso y a todos nos entran ganas de aprender. Una vez estornudé muy fuerte en medio de una lección de geología y el profe dijo: "¡Mamut!". Sonó como si hubiera dicho "salud" o "Jesús".

El profe también nos motiva mucho. Cuando nos cuesta trabajo memorizar nombres raros, él inventa versos chistosos para que nos sea más fácil. Después de recitarlos, ¡nunca se nos olvidan! Además, el profe siempre contesta todas nuestras preguntas. Para él, ninguna pregunta es tonta. He tenido muchos maestros, ¡pero el profe es el mejor de todos!

El arte de escribir bien

¡Batea jonrón!

Un bateador de béisbol tiene que ser veloz y batear con precisión. Un escritor tiene que tener buenas ideas y escoger las palabras adecuadas para que su trabajo sea excelente. En este capítulo te explicaremos el método que siguen los buenos escritores. Así, cuando escribas, podrás "batear jonrón".

Tómate todo el tiempo que necesites para aprender el método y dominarlo. Si lo practicas con frecuencia, verás que muy pronto estarás "escribiendo jonrones".

Tus autores favoritos siempre ponen en práctica el método de escribir que explicamos en este capítulo. Así es como producen sus mejores obras.

Las 6 características principales

Cuando escribas, ten en cuenta estas 6 características principales de los buenos escritos. Si logras que tus composiciones tengan estas 6 características, escribirás como un experto.

1 **Buenas ideas:** Los buenos escritos presentan ideas importantes, información precisa y detalles interesantes. Además, tienen un mensaje o un propósito claro.

2 **Organización lógica:** Los buenos escritos están bien organizados. El comienzo llama la atención del lector. El desarrollo está bien elaborado y responde a las preguntas del lector. El final ata los cabos sueltos y le deja al lector algo en qué pensar.

3 **Voz propia:** En los mejores escritos, se escucha la voz del autor. La voz es la manera personal en que el autor expresa lo que piensa y siente. La voz que uses depende de tus lectores, que son el público para quien escribes.

4 **Vocabulario efectivo:** Los buenos escritos tienen palabras escogidas con mucho cuidado, por ejemplo, verbos descriptivos *(estremecer, susurrar, deslumbrar)*, sustantivos específicos *(reposo, cabaña, travesía)* y adjetivos expresivos *(sereno, frondoso, cristalino)*.

5 **Oraciones fluidas:** Los buenos escritores pasan de una oración a la siguiente con toda naturalidad. El comienzo de las oraciones no se repite. Algunas oraciones son cortas y otras son largas.

6 **Corrección y ortografía:** Cuando un buen escrito está listo, no debe tener errores de mayúsculas, puntuación, ortografía ni gramática.

 **¡Ojo!** Hay muchas maneras de preparar y publicar un trabajo. Todo depende del tipo de escrito que quieras hacer. (**BUSCA** en las páginas 68–73 y 264–269.)

Las 6 características en acción

En las tres páginas siguientes encontrarás ejemplos de cada una de las 6 características principales de los buenos escritos. Compara tus escritos con estos ejemplos para ver cuáles son tus puntos fuertes y cuáles son tus puntos débiles.

1 **Buenas ideas:** En este párrafo, el autor presenta información interesante y precisa sobre el asombroso descubrimiento de unos niños.

> **Mientras jugaban en la arena, seis niños australianos encontraron un enorme huevo fosilizado. El huevo tiene más de 2,000 años y, probablemente, es de un pájaro elefante extinto originario de Madagascar. Se cree que el huevo flotó por el mar desde Madagascar hasta Australia. Es tan grande que en él cabrían ¡150 huevos de gallina!**

■ Cuando lees este párrafo, te dan ganas de seguir leyendo sobre el descubrimiento. A lo mejor hasta quieras buscar en un mapa dónde están Madagascar y Australia.

2 **Organización lógica:** En este párrafo el autor organiza la información de manera lógica para que el lector no se pierda.

> **Las serpientes marinas no son grandes monstruos que devoran humanos. En realidad, comparadas con la pitón y la anaconda, las serpientes marinas son pequeñas. La mayoría no llega ni siquiera a metro de largo. Las más largas miden unos dos metros y medio. Pero, ¿qué son las serpientes marinas?**

■ La primera oración capta tu atención. Luego, las oraciones que siguen te dan más información sobre el tema. La última oración te lleva al párrafo siguiente, donde el autor te dará más información sobre las serpientes marinas.

3 **Voz propia:** En este fragmento de un libro de ficción, se escucha la voz de la autora cuando habla del amor que la protagonista siente por su abuelita.

> **Belinda quería mucho a su abuelita. Eran inseparables, como dos butacas frente a la chimenea. Coleccionaban conchas para pegarlas en cajitas. [...] Se levantaban de madrugada para ir de pesca en el bote amarillo de remos. Se acostaban muy tarde después de comerse una buena porción de helado con caramelo y jugar una partida de parchís. Cuando la noche estaba despejada, dormían con las ventanas abiertas para que las gaviotas las despertaran por la mañana.**

■ Estas descripciones, que explican lo que Belinda siente por su abuela, son fáciles de leer y escuchar.

 Vocabulario efectivo: En el párrafo siguiente, el autor escoge palabras que ilustran claramente cómo son los volcanes de las islas hawaianas.

> **Cuando los primeros pobladores llegaron a Hawai, se quedaron asombrados. De pronto, las montañas escupían fuego y roca derretida. La roca derretida se escurría lentamente por las laderas y devoraba todo a su paso. Después empezaron a escucharse leyendas que hablaban de las temibles montañas. Decían que Pele, la diosa de los volcanes, vivía en las montañas.**

■ Las frases *escupían fuego* y *devoraba todo a su paso* contienen palabras que enriquecen la acción y hacen que parezca que los volcanes están vivos. El uso de verbos descriptivos, como *escupían*, *escurría* y *devoraba* nos hacen imaginar lo que sucede en esos volcanes.

5 **Oraciones fluidas:** Este pasaje contiene una descripción interesante de la tortuga del desierto. Desde el comienzo, cada oración fluye a la siguiente con naturalidad.

> **Piensa en la tortuga del desierto. En la primavera, bebe agua de lluvia y se alimenta de los frutos de los cactos y de los brotes frescos de las plantas y flores. Almacena agua en su concha y aumenta sus reservas de grasa. A veces pasan muchos meses sin que llueva y los alimentos y el agua escasean pero, a pesar de esto, la tortuga puede sobrevivir gracias a las provisiones que ha acumulado.**

■ En este párrafo, unas oraciones son cortas y otras largas. ¡Y ninguna comienza igual! Es un párrafo fluido porque hay una gran variedad de oraciones.

6 **Corrección y ortografía:** El escritor Lewis Thomas ha escrito sobre la puntuación de una manera muy graciosa. Nos hace pensar no sólo en la forma correcta de usar los signos de puntuación, sino también en lo que *sentimos* al leer. Por ejemplo, nos dice que si ponemos demasiados signos de exclamación, lo más probable es que distraigamos a nuestros lectores.

> **Los signos de exclamación me desesperan. Es como si dijeran: "¡Oigan! ¡Escuchen bien lo que estoy diciendo! ¡Mis ideas son geniales!".**

■ Thomas expresa perfectamente lo que quiere decir. Pero sin el uso tan cómico de los signos de puntuación, quizás no lo hubiera hecho tan bien. Los buenos escritores usan los signos de puntuación correctamente para darle claridad a lo que escriben… pero no exageran.

Lista de control:
Las 6 características principales

¿Cómo sabes si algo que has escrito contiene las 6 características principales de los buenos escritos? Esta lista de control te ayudará a averiguarlo.

✔ Buenas ideas

___ ¿Presenté información importante e interesante?

___ ¿Mantuve la atención del lector hasta el final?

✔ Organización lógica

___ ¿Escribí claramente el comienzo, el desarrollo y el final?

___ ¿Di detalles específicos para apoyar las ideas principales?

✔ Voz propia

___ ¿Mostré cuánto me entusiasma el tema?

___ ¿Es fácil de leer en voz alta mi escrito? ¿Se oye bien?

✔ Vocabulario efectivo

___ ¿Escogí verbos descriptivos, sustantivos específicos y adjetivos expresivos?

___ ¿Ayudé al lector a imaginarse lo que describo en mi trabajo?

✔ Oraciones fluidas

___ ¿Puse oraciones cortas y oraciones largas?

___ ¿Comienzan las oraciones de distintas maneras?

✔ Corrección y ortografía

___ ¿Seguí las reglas de ortografía, mayúsculas, gramática y puntuación?

Escribir con computadora

Herramientas de trabajo

Nadie puede trabajar bien sin las herramientas que necesita. Un médico no podría examinar a sus pacientes sin un estetoscopio y un bajalenguas. (Di: "aaaa…".) Si un mecánico no tuviera llaves y destornilladores, tendría que cerrar su taller. Y un espeleólogo, el científico que explora las cavernas, estaría completamente perdido sin su linterna y su casco.

¡Manos al teclado!

Una herramienta que muchos escritores necesitan es la **computadora personal.** La mayoría te dirán que la computadora les permite expresar muchas ideas en poco tiempo. También te dirán que la computadora hace más fácil revisar y corregir todo lo que escriben.

Recuerda la regla de oro de la era de las computadoras: "¡Guarda tu trabajo a medida que escribas!"

La computadora y el método de escribir

Una computadora te puede divertir. Pero también puede ayudarte, paso por paso, mientras sigues el método de escribir:

Antes de escribir

La computadora te ayuda a hacer tu plan: puedes escribir las ideas que se te ocurran y después ponerlas en orden. También te sirve para investigar un tema. Según la computadora que tengas, puedes sacar información de un CD-ROM o de la Internet.

Escribir el borrador

Si escribes el borrador en la computadora, podrás poner y quitar ideas a medida que se te vayan ocurriendo.

Revisar

La computadora es útil cuando revises tu trabajo porque te permite mover palabras, oraciones y hasta párrafos completos. Hacer cambios es fácil (¡y hasta divertido!).

Corregir

Muchas computadoras tienen un programa para corregir la ortografía, pero hay cosas que no pueden corregir. Por ejemplo, la computadora no se dará cuenta de que cometiste un error al escribir "sierra" en lugar de "cierra". Debes imprimir tu trabajo y corregirlo en papel. (Tu procesador de texto tendrá teclas especiales para los acentos, la ñ y la ü.)

Publicar

La computadora te permite guardar lo que has escrito, imprimir copias y mostrarles tu escrito a otras personas. Con un poco de ayuda, es posible que hasta puedas publicar tu trabajo en la Internet. (**BUSCA** en las páginas 267 y 269.)

Sigue estos consejos

Recuerda estos consejos cuando escribas en computadora.

Protege tus archivos. A medida que escribes, asegúrate de "guardar" tu escrito con frecuencia.

- Acuérdate de que lo que tecleas aparece en la pantalla, pero la computadora no siempre lo guarda. Si algo falla, ¡perderás todo tu trabajo!
- Guarda la información en un disquete.
- Protege tus disquetes. El calor, el frío, los líquidos y los imanes dañan los disquetes y pueden hacer que pierdas tu trabajo.

Pide ayuda. Cuando tengas preguntas, haz lo siguiente:

- Busca la respuesta en el menú de ayuda *(Help)* de la computadora.
- Pídele ayuda a tu maestro o a un compañero.
- Busca términos de computación en la página siguiente.

El diseño de la página

Cuando una página está bien diseñada, la lectura es fácil y clara. (**BUSCA** ejemplos en las páginas 202–203.)

- Usa espacios apropiados en los márgenes y entre los renglones.
- Usa tipos de letra sencillos y fáciles de leer. (No pongas más de dos tipos en una misma página.) El tamaño de la letra debe ser entre 12 y 14 puntos.
- Incluye tablas, gráficas e ilustraciones para que tu trabajo sea más interesante.
- Escribe títulos y encabezamientos cortos y directos.
- Evita que queden palabras sueltas en el primer y último renglón de la página.
- Imprime una copia para ver si la página quedó bien diseñada.

Términos de computación

Archivo ● Documento creado con la computadora.

Arrastrar ● Mover elementos en la pantalla con el ratón.

Carácter ● Letra, número o símbolo.

Cursor ● Puntero en la pantalla que muestra dónde aparecerá el siguiente carácter.

Directorio ● Lista de archivos que hay en un disco.

Gráfica ● Ilustración, cuadro o tabla.

Guardar ● Copiar un archivo en un disquete o una unidad de disco.

Impresora ● Aparato que produce una copia impresa en papel con información que contiene la computadora.

Memoria ● Los circuitos integrados de una computadora donde se guardan los programas y la información.

Menú ● Lista de opciones que da un programa de computadora.

Módem ● Aparato con el que la computadora transmite información a través de una línea telefónica.

Monitor ● Pantalla de video en la que aparece la información de la computadora.

Procesador de texto ● Programa especial de computadora que sirve para escribir, revisar, corregir e imprimir archivos.

Programa ● Conjunto de instrucciones que sigue la computadora.

Ratón ● Aparato, controlado con la mano, que mueve el cursor por la pantalla y le da órdenes a la computadora al oprimirlo.

Teclado ● Aparato con el que se teclean caracteres en la memoria de la computadora. La información tecleada aparece en el monitor.

Tipo de letra ● Familia de caracteres que tienen un estilo o diseño particular. El aspecto de la página depende del tipo de letra.

Unidad de disco ● Componente con el que la computadora lee y guarda la información.

El teclado

Puedes empezar a practicar en esta misma página. El dibujo de las manos que aparece en la página siguiente te muestra qué dedo debes poner en cada tecla. Para empezar, pon los dedos en la "fila base" del teclado. (La fila base es la fila de teclas azules.)

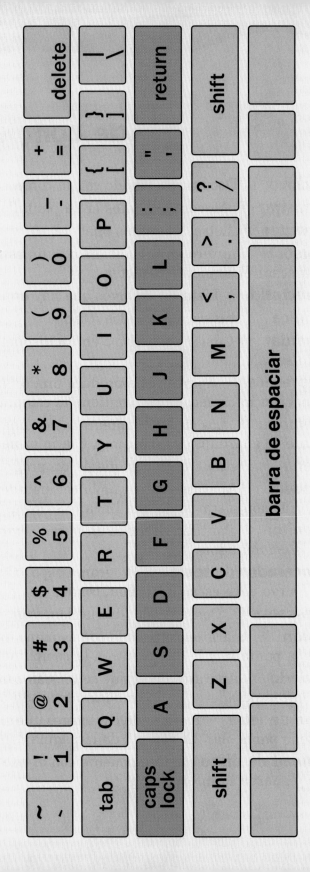

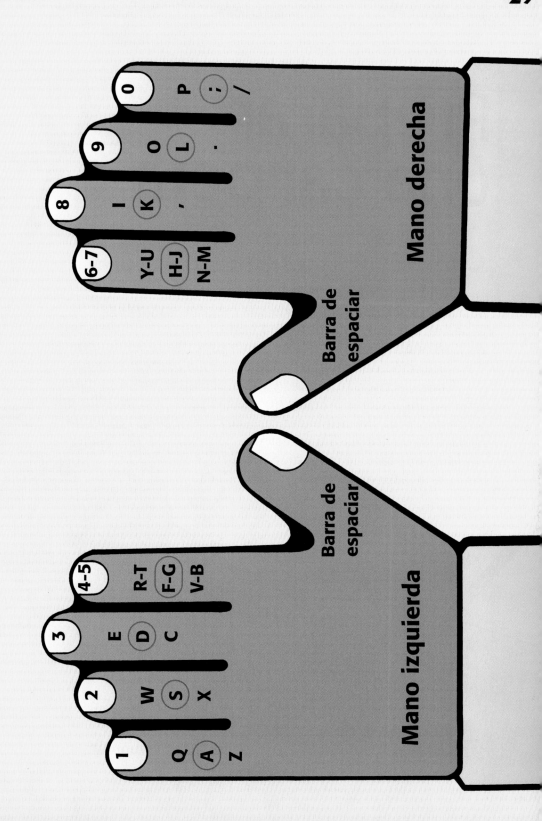

Mano derecha

Mano izquierda

Barra de espaciar

Barra de espaciar

0 9 8 6-7

P O I Y-U
: L K H-J
/ . , N-M

4-5 3 2 1

R-T E W Q
F-G D S A
V-B C X Z

Preparar una carpeta

Comparte tus tesoros

Muchos escritores guardan listas de ideas, citas, borradores y copias finales de sus escritos en un lugar especial. A veces, guardan todo en una carpeta de cartulina que, para ellos, es tan valiosa como un cofre lleno de tesoros. Esta colección de trabajos se conoce como *carpeta personal*.

Como escritor, tú también vas a necesitar un lugar para guardar los mejores escritos que hagas para la clase o los que te gusten más. Puedes hacer una *carpeta de progreso* o una *carpeta de muestras*. Tu maestro decidirá qué tipo de carpeta se va a utilizar en la clase.

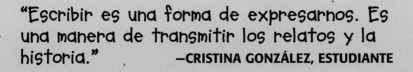

"Escribir es una forma de expresarnos. Es una manera de transmitir los relatos y la historia." **—CRISTINA GONZÁLEZ, ESTUDIANTE**

Carpetas personales

En una carpeta personal guardas escritos que son sólo para ti. Puede tener varias secciones, por ejemplo:

Nuevas ideas ● En esta sección, puedes guardar ideas interesantes y descripciones de cosas que has visto. Pueden estar escritas en las hojas de un cuaderno o hasta en una servilleta. Éste es un buen lugar para poner ideas que vas a usar en nuevos proyectos.

Proyectos en marcha ● Aquí puedes guardar los proyectos que no has terminado, por ejemplo, planes y borradores que quieres conservar. Puedes dejarlos aquí hasta que estés listo para terminar el trabajo.

Escritos privados ● Aquí puedes poner los escritos que tal vez nunca publiques. Pueden ser cartas o páginas de tu diario o tu cuaderno de escritor. A veces, al leer esta sección se te ocurrirán ideas para nuevos proyectos.

Escritos terminados ● Puedes guardar aquí los escritos con los que ya estás satisfecho. Es posible que ya hayas publicado o entregado algunos de estos trabajos. Aquí guardas todo lo que quieres conservar.

Nuevas ideas

Proyectos en marcha

Escritos privados

Escritos terminados

Exprésate Tu carpeta personal puede ser un archivador desplegable, una caja o una carpeta de cartulina. Si quieres, decórala con dibujos, diseños, fotos, citas o un collage.

Carpetas de clase

Hay varios tipos de carpetas de clase. Los dos tipos más comunes son la *carpeta de muestras* y la *carpeta de progreso*. Tu maestro te ayudará a decidir cuál te conviene.

Carpeta de muestras

En la carpeta de muestras pones tus mejores trabajos. Pueden ser tus escritos favoritos o escritos en los que trabajaste mucho. Tu maestro te ayudará a hacer la carpeta, pero tú debes decidir cuáles son tus mejores trabajos.

Carpeta de progreso

¿Alguna vez has mirado un álbum de fotos? Pues entonces te habrás dado cuenta de que las personas cambian con el tiempo. Lo mismo pasa con la forma de escribir: va cambiando a medida que el escritor cambia. La carpeta de progreso contiene los escritos que has preparado a lo largo del año. En ella puedes ver cómo ha cambiado tu forma de escribir desde septiembre hasta mayo. Lo más probable es que cuando llegue mayo le des un vistazo a lo que escribiste en septiembre y digas: "¡Vaya! ¿Yo escribí esto? ¿De veras es mío?"

"Antes, escribir era mi peor pesadilla. Ahora es lo que más me entusiasma. Cuando miro mis escritos, me da orgullo saber que yo misma los escribí."

—Andrea Torres, estudiante

¡Ojo! Hay una gran diferencia entre una carpeta y un archivo general de escritos. Un archivo general de escritos contiene TODO lo que has escrito. En cambio, una carpeta contiene ejemplos de trabajos que guardas con un propósito particular.

Una carpeta excelente: 5 consejos

1 Ponle fecha a todo

Esto es muy importante, sobre todo en una carpeta de progreso. Si sabes cuándo escribiste cada trabajo, te será más fácil ver cómo cambia tu forma de escribir con el tiempo.

2 No llenes mucho tu carpeta

Puedes agregar una nueva muestra de tus escritos cada cuatro o seis semanas en tu carpeta de progreso. Si agregas menos muestras, no habrá suficiente información, pero si agregas más, te será difícil usar una carpeta tan llena.

3 Añade una autoevaluación de cada trabajo

Además de decir lo que te gusta del escrito, menciona uno o dos problemas que hayas tenido y cómo los solucionaste. También explica por qué escogiste cada muestra; a los lectores les gusta enterarse de esas cosas.

4 Escribe una carta de presentación

Di quién eres y qué tipo de carpeta hiciste. Sugiéreles a tus lectores que busquen detalles interesantes como una voz definida, buen sentido del humor o excelente ortografía.

5 Escribe a menudo

No esperes hasta la noche antes de que tengas que entregar tu carpeta para ponerte a escribir ocho trabajos. Eso sería como hacer tus maletas diez minutos antes de tomar el avión. El resultado no te gustará.

Pausa y piensa

Las carpetas son únicas, igual que las personas que las hacen. Tu carpeta no va a ser igual a ninguna otra. El escrito que escojas debe comunicar algo sobre ti mismo como escritor.

Guía para el plan y el borrador

Cómo escoger un tema

Busca ideas para escribir

Imagínate que tu maestro te pide que escribas sobre alguna experiencia que hayas tenido. Tú piensas: "No hay problema. Voy a escribir sobre..." ¡Pero no se te ocurre nada! ¿Qué puedes hacer? Bueno, aquí tienes algunas opciones:

- **Busca ideas** en tu diario o en tu cuaderno de temas.
- **Habla** sobre la tarea con tus compañeros y con tu maestro.
- **Haz** una o más de las actividades que recomienda este capítulo.

> "Me gusta escribir sobre cosas que conozco bien. Así aprendo mucho más sobre ellas."
> —**LUIS FELIPE PARRA, ESTUDIANTE**

Para escoger un tema

HAZ UN MAPA DE IDEAS Empieza con una palabra o frase que tenga que ver con tu tarea. Luego, anota alrededor otras palabras que estén relacionadas. Enciérralas en un círculo y añade otras palabras. Fíjate en el ejemplo:

 **¡Ojo!** El mapa hará que algunas de tus ideas empiecen a tomar forma. Escoge una de ellas y escribe todo lo que se te ocurra sobre ese tema.

ESCRIBE TODO LO QUE SE TE OCURRA Escoge una idea relacionada con tu tarea y tómate unos 5 minutos para escribir todo lo que te venga a la cabeza. *No te detengas a hacer correcciones ni a buscar datos. Sólo escribe.* Es posible que mientras escribas se te ocurran otros temas.

HAZ LISTAS Anota en una lista las ideas que te vengan a la mente cuando pienses en tu tema. Haz una "lluvia de ideas" con un compañero para ampliar tu lista.

COMPLETA ORACIONES Piensa en todas las maneras en que podrías completar oraciones como las siguientes. Fíjate que la oración tenga que ver con tu tarea. Aquí tienes varios ejemplos:

Recuerdo bien la vez que...   Siempre me emociono cuando...

Sé muy bien que...   Hace poco aprendí que...

Me pregunto cómo...   Esto me recuerda...

CONECTA TEMAS Empieza con una lista de categorías
generales como éstas:

agricultura	ciencias/tecnología	energía	medio ambiente
alimentos	comunidad	familia	plantas
amigos	creencias	leyes	ropa
amor	dinero	libertad	salud
animales	educación	libros	trabajo/diversión
arte/música	ejercicio	máquinas	vivienda

Puedes usar la lista de esta manera:

- Escoge una de las categorías. *(alimentos, por ejemplo)*
- Decide qué relación tiene con tu tarea. *(escribir sobre una experiencia personal)*
- Enumera temas posibles. *(la cena que más recuerdo, un desastre en la cocina, un nuevo amigo en el comedor)*

HAZ UN MAPA DE TU VIDA Anota en orden los sucesos
importantes de tu vida, desde el momento en que naciste
hasta el presente. Luego, escoge las experiencias sobre las
que quieras escribir.

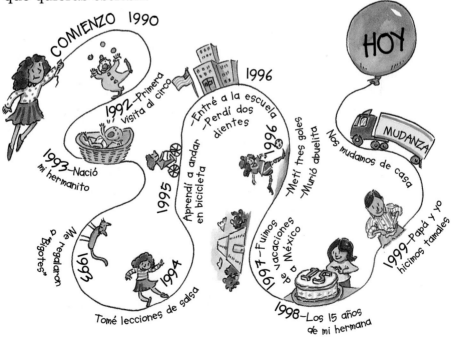

Ejemplos de temas

Consulta las siguientes páginas cuando necesites un tema o un punto de partida para hacer un escrito.

Archivo de ideas

Las siguientes ideas te servirán para escribir sobre una experiencia personal.

Lo mejor y lo peor

El mejor día de mi vida
El recuerdo más bonito
Mi más triste experiencia
Mi mayor logro

¡A nadie más le pasaría!

Parece increíble, pero...
Nunca me sentí más tonto.
¡Todo se me pierde!

¿Qué pasaría si...?/¿Por qué...?

¿Qué pasaría si los animales
    hablaran?
¿Qué pasaría si tuviéramos
    que mudarnos?
¿Por qué es importante ganar?

Citas y dichos

"Dime con quién andas y te diré
    quién eres."
"Todos necesitamos amigos."
"A lo hecho, pecho."
"Disfruta cada día de tu vida."

Lo primero y lo último

La primera vez que...
Mi última visita a...
Mi primera amiga
El último lugar al que
    querría ir
Quiero ser la última
    persona que...

¡Así soy yo!

Creo firmemente que...
Me preocupa pensar que...
Las cosas que me enojan
Lo que más me asusta

La escuela

Nunca estudié tanto como
    cuando...
Quiero que conozcas a...
¿Dónde dejé mi tarea?
El día que más me gusta
    ir a la escuela es...

Clases de escritos

Los siguientes temas están agrupados de acuerdo con las cuatro clases principales de escritos. Te servirán mucho cuando necesites una idea para escribir un trabajo específico.

ESCRITOS EXPLICATIVOS

Cómo... preparar tacos, simplificar tu vida, ganar más dinero, mantenerte en forma, ser un buen amigo, quitarte el hipo, competir en una carrera, ensillar un caballo, enseñar..., construir..., arreglar..., cultivar..., ahorrar..., encontrar...

Las causas de... los relámpagos, la lluvia ácida, la amistad, los huracanes, la felicidad

Tipos de... música, anuncios, nubes, héroes, carros, dolor, restaurantes, calles, tiendas, libros

La definición de... un momento feliz, el amor, la amistad, un equipo, la igualdad, un maestro, la valentía

ESCRITOS PERSUASIVOS

Asuntos de interés: reglas de la escuela, tareas, reciclaje del papel, seguridad al andar en bicicleta, algo que haya que mejorar, algo injusto, algo que valga la pena apoyar

ESCRITOS DESCRIPTIVOS

Personas: un pariente, un maestro, un compañero, un vecino, tú mismo, alguien con quien pasas el tiempo, alguien a quien te gustaría parecerte

Lugares: tu habitación, un garaje, un sótano, un desván, una azotea, el callejón, el gimnasio, la biblioteca, un establo, un lago, un río, un patio, un parque, el zoológico, un museo

Objetos o cosas: un letrero, un animal de peluche, un juego electrónico, un libro, un dibujo, un cajón de cachivaches, una fotografía, una carta, un modelo a escala, una llave, un sueño

ESCRITOS NARRATIVOS

Relatos: cuando te pillaron..., cuando te perdiste en..., cuando te reuniste con..., cuando cometiste el error de..., cuando salió en las noticias que..., cuando aprendiste a..., cuando te asustaste con...

¿Qué tipo de escrito?

Piensa en tus lectores

Decidir qué tipo de escrito vas a hacer es tan importante como encontrar un buen tema. Por ejemplo, si te piden que escribas sobre un tema serio, será mucho mejor que escribas un ensayo o un informe en vez de un poema o un cuento exagerado.

Limita tus opciones

Para escoger el tipo de escrito, debes preguntarte para quién lo escribes (tus lectores) y por qué estás escribiendo (tu propósito). Luego, debes preguntarte qué clase de escrito conviene hacer. ¿Vas a contar un relato (*escrito narrativo*), a explicar algo (*escrito explicativo*), a describir a una persona o cosa (*escrito descriptivo*), a expresar tu opinión sobre algo (*escrito persuasivo*) o a tratar de aprender algo (*escribir para aprender*)? Piénsalo y escoge el tipo de escrito más apropiado.

Este manual tiene casi 50 tipos de escritos. Este capítulo te servirá para encontrar el apropiado.

Escoge una clase de escrito

Si ya decidiste qué clase de escrito vas a hacer, escoge un tipo específico con la ayuda de las listas que ves abajo. (Encontrarás ejemplos y sugerencias para cada tipo de escrito en las páginas que se indican.)

Escritos narrativos Para contar un relato

Párrafos narrativos (79)
Narraciones (106–111)
Diarios (133–137)
Narraciones personales (138–143)
Notas y cartas amistosas (144–149)
Biografías (151–155)
Relatos fantásticos (209–215)
Cuentos exagerados (216–219)
Relatos realistas (220–225)
Relatos históricos (226–231)
Obras de teatro (232–237)

Escritos explicativos Para explicar algo

Párrafos explicativos (76, 80, 340, 342)
Ensayos explicativos (88–93)
Escribir para explicar (172–175)
Notas sociales (148–149)
Artículos noticiosos (160–163)
Cartas formales (176–181)
Memorandos (182–183)
Resúmenes (185–187)
Informes para la clase (192–203)
Informes en multimedia (204–207)
Charlas (205–207, 311–317)
Listas (96, 334)

Escritos descriptivos — Para describir algo o a alguien

Párrafos descriptivos (78)
Ensayos descriptivos (100–105)
Retrato (12–17, 151–155)
Biografías (12–17, 151–155)
Informes de observación (188–191)
Entrevistas (159)
Reseñas de libros (166–169)
Poemas (239–249, 318–323)
Adivinanzas (250–253)

Escritos persuasivos — Para expresar una opinión

Párrafos persuasivos (81, 344)
Ensayos persuasivos (94–99)
Reseñas en folletos (170)
Cartas persuasivas (164–165, 180)
Cartas al director (164–165)
Párrafos acrósticos (343)

Pausa y piensa

Muchas veces los escritores combinan varios tipos de escritos. Es decir, hacen escritos **narrativos** que también son **descriptivos,** o escritos **explicativos** que también son **persuasivos,** y otras combinaciones.

Escribir para aprender — Para aprender algo

Diarios de estudio (326, 354)
Plan de trabajo (361)
Ayudas gráficas (48, 333–336)
Redactar en un examen (368–369)
Notas y apuntes (326, 375)
Destrezas matemáticas (450–455)
Otras actividades de escribir para aprender (355)

Otros tipos de escritos

Haz pruebas con varios tipos de escritos. ¡Así aprenderás a escribir cada vez mejor! Por ejemplo, si llevas un diario cuando viajas, tus párrafos descriptivos serán cada vez mejores.

Anécdota ● Relato corto que se usa como ejemplo para expresar una idea.

Cápsula de tiempo ● Escrito que condensa un período de tiempo específico.

Caricatura ● Dibujo que contiene un chiste.

A ver... ¿qué pata sigue?

Comentario ● Opinión personal sobre el estado del mundo que te rodea.

Comunicado de prensa ● Explicación de un suceso de interés periodístico que contesta las cinco preguntas básicas.

Correo electrónico ("e-mail") ● Mensaje enviado a una persona a través de una computadora.

Diario de viaje ● Escrito que describe un viaje o imágenes del viaje (diapositivas, video, película).

Historia oral ● Escritos basados en conversaciones grabadas o filmadas sobre una época anterior.

Monólogo ● Obra dramática en que un solo personaje habla de algún tema.

Parodia ● Imitación chistosa de un escrito serio.

Petición ● Solicitud formal dirigida a una persona de autoridad.

Poema biográfico ● Poema que habla de la vida de alguien.

Propuesta ● Escrito que pide la aprobación de una idea, informe o calendario de actividades.

Queja ● Sentimiento personal sobre algo que resulta molesto.

Reseña personal ● Informe detallado sobre una persona.

Reunir detalles y desarrollar un plan

Ponte a pensar

Si ya escogiste un tema, ahora debes reunir detalles y desarrollar un plan para escribir. Aquí tienes algunas ideas sobre cómo hacerlo:

■ escribe tus ideas,

■ investiga el tema,

■ habla con otras personas,

■ desarrolla un plan para escribir y

■ organiza los detalles.

Para escribir algunos tipos de escritos, como los informes, tendrás que reunir muchos detalles y planear bien. Para otros, como las cartas amistosas, podrás usar información que ya sabes y no tendrás que planear tanto.

Escribe tus ideas

Prueba una o más de estas estrategias para reunir ideas sobre un tema:

Haz listas ● Haz una lista de todas las ideas que te vengan a la mente cuando piensas en el tema.

Escribe todo lo que se te ocurra ● Usa el método de escritura automática por 5 ó 10 minutos para explorar el tema de distintas maneras. (Incluye experiencias personales.)

Contesta las cinco preguntas básicas ● Para reunir información sobre el tema, contesta estas preguntas: *¿Quién? ¿Qué? ¿Cuándo? ¿Dónde? y ¿Por qué?*

Concreta tus ideas ● Para pensar a fondo en un tema, escribe todo lo que se te ocurra, con dos o tres cosas como éstas en mente:

Descríbelo. **¿Qué ves, oyes y sientes? ¿A qué huele y qué sabor tiene?**

Compáralo. **¿A qué se parece? ¿A qué no se parece?**

Aplícalo. **¿Qué puedes hacer con eso? ¿Cómo lo puedes usar?**

Divídelo. **¿Cuáles son sus partes? ¿Cómo funcionan?**

Charla ● Inventa un diálogo entre dos personas (reales o imaginarias) que charlan sobre el tema.

Haz preguntas locas ● Para pensar en el tema de una manera original, hazte preguntas como éstas:

Al escribir sobre una persona

¿A qué tipo de ropa se parece esta persona?

¿Qué ciudad o lugar debería visitar esta persona?

Al escribir sobre un lugar

¿Qué es lo que más le gusta hacer a este lugar?

¿Qué canción le gusta?

Al escribir sobre una cosa

¿Qué hace esta cosa los fines de semana?

¿Cómo se ve si la pones patas arriba?

Investiga el tema

A veces tendrás que sacar datos de otras fuentes. Esto es muy importante, sobre todo cuando escribas ensayos e informes.

Lee ● Lee libros, enciclopedias y revistas para sacar datos y reunir detalles sobre tu tema.

Mira y escucha ● Mira programas de TV y consulta fuentes electrónicas de información y videos sobre el tema.

Explora ● Busca en la Internet información actualizada.

Haz una cuadrícula ● Anota todos los datos que reúnas en una cuadrícula como la de abajo. (**BUSCA** el ejemplo de cuadrícula de "Informes para la clase" en la página 195.)

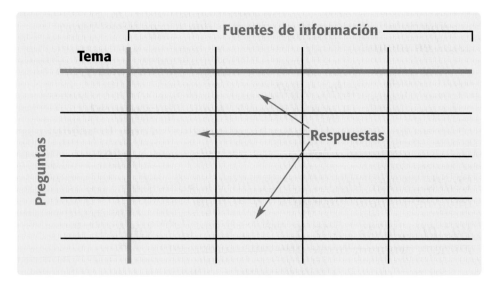

Habla con otras personas

Aquí tienes ejemplos de cómo reunir datos hablando con otras personas:

Entrevistas ● Hazle preguntas sobre el tema a otra persona.

Charlas ● Habla con tus compañeros o maestros, o con otras personas que conozcan el tema.

Desarrolla un plan

Una vez que escojas el tema y reúnas los datos, es hora de desarrollar un plan para escribir. Para tener éxito en los deportes, los equipos siempre empiezan por desarrollar un plan. Eso los ayuda a mantenerse concentrados y organizados durante los partidos. Tú lograrás lo mismo si desarrollas un plan para escribir. Aquí tienes un plan:

Tema: **¿Sobre quién o sobre qué estoy escribiendo?**

Propósito: **¿Por qué estoy escribiendo? (¿Para explicar algo? ¿Para describir algo?)**

Escrito: **¿Qué tipo de escrito voy a hacer (poema, carta, obra de teatro)?**

Lectores: **¿Quiénes van a leer mi escrito?**

Voz: **¿Cómo debe sonar lo que escriba (serio, chistoso, amistoso, informativo)?**

Ejemplo de un plan

Imagínate que tienes que escribir un ensayo para la escuela. Fíjate en esta manera de aplicar el plan:

Tema: animales marinos

Propósito: dar información

Escrito: informe de observación

Lectores: compañeros de clase

Voz: escrito informativo, serio

¿En qué vas a concentrarte?

Cuando hayas hecho el plan, es probable que tengas un enfoque o idea principal en mente. (**BUSCA** en la página 77.)

Tema: **Animales marinos**

Idea principal: **Cómo se ven los animales marinos desde un sumergible**

Idea principal: **Desde nuestro sumergible se veía todo un mundo de animales marinos.**

Organiza los detalles

Cuando tengas tu plan y sepas en qué vas a concentrarte, organiza los detalles. Las gráficas te ayudarán a organizar la información que tengas.

Diagrama de detalles

Reúne detalles y organízalos para escribir párrafos y ensayos informativos. (**BUSCA** en las páginas 76, 80 y 91.)

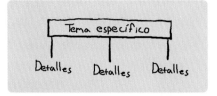

Listas de detalles físicos

Reúne ideas para escribir descripciones y narraciones. (**BUSCA** en las páginas 101, 104, 110, 189 y 334.)

Diagrama de Venn

Reúne detalles sobre dos temas que quieras comparar. (**BUSCA** en las páginas 92–93 y 335.)

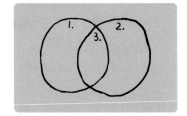

Cronología

Para los ensayos e informes, anota los detalles en orden cronológico, es decir, en el orden en que ocurrieron. (**BUSCA** en las páginas 478–487.)

Mapa de ideas

Anota ideas sobre el tema que quieres explorar y conéctalas. (**BUSCA** en las páginas 13, 193 y 334.)

Esquema

Los esquemas ordenan la información de lo más general a lo más específico. En un *esquema temático* anotas solamente palabras y frases. (Mira el ejemplo de abajo.) Si quieres incluir más detalles, haz un *esquema de oraciones*. (**BUSCA** en la página 197.)

Ejemplo de esquema temático

Animales marinos de la costa de la Florida

I. Lugar donde estábamos
   A. En la Florida
   B. En un barco sumergible
II. Lo que vimos
   A. Un tiburón
   B. Una raya venenosa
   C. Langostas y otras criaturas del fondo del mar
III. Lo que aprendimos
   A. Vimos muchos animales marinos
   B. Nada parecido al mar en California

En un esquema, si tienes **I**, debes tener también **II**. Si tienes **A**, debes tener también **B**, y así sucesivamente.

El borrador

Concreta tus ideas

Al hacer el borrador, pones en papel tus ideas sobre el tema. Cuando escribas informes, ensayos y discursos, te será muy útil tener un plan claro antes de sentarte a escribir. En cambio, para escritos personales, como una carta amistosa o tu diario, no tendrás que planear mucho.

¡No te detengas!

Cuando hagas el borrador, no te preocupes por que te quede perfecto. No te detengas. Pon el lápiz sobre el papel y deja que salgan las palabras. Si necesitas más ideas, habla con alguien acerca del tema. Cuando hayas terminado de escribir todas tus ideas, puedes empezar a hacer cambios y a corregir los errores.

En todo lo que escribas se debe oír tu voz propia. Por eso, habla con toda honestidad y naturalidad. Es la manera de expresar quién eres.

Las partes de un borrador

Cuando escribes el borrador, pones todas tus ideas en el papel. A menos de que conozcas muy bien el tema, tendrás que buscar muchos datos antes de ponerte a escribir. Recuerda que debes tener la idea principal siempre en mente. Aquí tienes algunos consejos útiles:

- Planea el comienzo, el desarrollo y el final de tu escrito.
- Usa el plan como guía general, pero añade ideas a medida que avances.
- Espera hasta que termines para revisar tu trabajo. El borrador no tiene que quedar perfecto.

Comienzo

Cuando vayas a escribir un relato, un ensayo o un informe, tendrás que planear el párrafo que presenta el tema. Fíjate en estas maneras de comenzar:

- ■ Empieza con un dato interesante sobre el tema.
- ■ Presenta uno de los puntos principales que quieres tratar.
- ■ Comienza con una pregunta.
- ■ Incluye una cita de alguien.
- ✔ Cuenta una anécdota corta.

Aunque no lo crean, una vez estuve en el mar, rodeado de tiburones. Pero no me dio miedo. Estaba dentro de un barco sumergible con mi papá y una guía. El barco estaba conectado a la superficie por medio de un cable y un tubo para el aire. Tuve la oportunidad de conocer el fondo del mar cuando fui a la Florida a visitar a mis abuelos. Nunca olvidaré lo que vi en ese maravilloso mundo submarino.

Desarrollo

El desarrollo del borrador debe contener detalles específicos sobre el tema que escogiste. Aquí tienes algunas maneras de incluir suficientes detalles:

Explica: Da información sobre las ideas principales.

Define: Explica el significado de términos importantes.

Argumenta: Presenta datos y ejemplos para probar que algo es cierto o falso.

Describe: Presenta detalles específicos sobre el tema.

Compara: Da ejemplos para mostrar en qué se parecen o en qué se diferencian dos cosas.

Mientras más bajábamos, más oscuro se veía todo, pero las luces del sumergible iluminaban el mar. ¡Qué vista! Peces grandes y pequeños de colores brillantes pasaban como flechas frente al grueso cristal. Un tiburón chocó contra el cristal y una enorme raya venenosa pasó flotando lentamente. Las langostas y otros animales que viven en el fondo del mar se alejaban al vernos. Con la ayuda de nuestra guía, anotamos el nombre de todos los animales que pudimos reconocer. Contamos 27 en total.

 ¡Buena idea!

Al desarrollar el tema, trata de combinar distintas clases de escritos. Por ejemplo, en el párrafo de arriba, el autor presenta descripciones y explicaciones.

Final

El final de tu borrador es importante porque es la última vez que el lector leerá tus ideas. Aquí tienes algunas sugerencias para el final de tu escrito:

- Recuérdale al lector cuál es la idea principal.
- Haz un resumen de todos los puntos principales.
- Di algo que deje al lector pensando en el tema.

> Desde el sumergible, vimos todo un mundo de animales marinos. Observamos muchos animales y plantas que casi nadie puede ver nunca. Algunos animales eran muy raros. No se parecían en nada a los peces de California. Si tienes la oportunidad de bajar al fondo del mar, ¡no dejes de hacerlo!

Otras ideas

Si tienes dificultades

- **para comenzar...** trata de expresarte como si estuvieras contando un cuento. Si quieres, haz una grabación para ver cómo suena.
- **para seguir escribiendo...** escribe por períodos cortos de tiempo. Escribe durante tres minutos seguidos. Fíjate qué pasa.
- **para terminar el escrito...** espera un rato. Luego, lee lo que llevas escrito. Este nuevo vistazo a tu trabajo probablemente te dará una idea para el final.

Guía para revisar y corregir

Revisar

¡Sonríe!

Seguramente, alguna vez has visto una fotografía tuya y has dicho: "¡Uy! ¡Qué mal salí!" Si pudieras, te gustaría cambiar tu expresión o, por lo menos, ponerte una sonrisa en la cara... pero la foto ya fue tomada y la imagen quedó así para siempre.

Tienes tiempo

A diferencia de las fotografías, los escritos no se hacen en un instante. Los escritos de los buenos escritores van cambiando con el tiempo. Escribir se parece más a pintar un cuadro que a tomar una fotografía. Podemos añadir colores y formas hasta que quede exactamente como lo queremos. El proceso de *revisar* un escrito implica añadirle algo aquí, quitarle algo allá y cambiar cosas de sitio hasta producir una obra fabulosa: un ensayo, un poema, un cuento de misterio, un relato o una biografía que los lectores lean y disfruten.

"Escribir un relato toma tiempo y energía, pero terminarlo nos da una gran satisfacción."
—MARIELA GÓMEZ, ESTUDIANTE

¿Qué es revisar?

Revisar un escrito es leerlo con cuidado para ver qué se puede cambiar para mejorarlo. Aquí tienes algunos cambios:

- añadir detalles,
- cambiar el orden de oraciones y párrafos,
- quitar información que no es necesaria y
- volver a escribir algo que no quedó claro.

¿Cómo se empieza?

Cuando termines el borrador, estarás listo para revisar. Aquí tienes algunas ideas para revisar bien.

Lee para ti y para otros. Lee el borrador en voz alta para ti mismo. Luego, léeselo a uno o dos compañeros. Anota todas las ideas y preguntas que surjan de la lectura. (Usa la hoja de reacciones de la página 63.)

Haz una pausa. ¡Este paso es muy fácil! Guarda el borrador en un cuaderno y déjalo ahí por un rato. Más tarde, cuando lo vuelvas a leer, se te ocurrirán otros cambios.

¿Qué debes buscar?

Busca las partes buenas. Busca siempre una o dos cosas que te gusten del borrador. Quizás lo que más te guste sea una parte de un diálogo o una oración descriptiva. Ponles una estrella al lado. Eso te animará.

Busca las partes flojas. Busca también las partes que necesiten más trabajo. Es posible que falten detalles importantes, o que las oraciones sean confusas. (La lista de control de la página siguiente te ayudará a revisar tu trabajo.)

Lista de control: Revisar

Usa esta lista de control para trabajar solo o con compañeros.

✔ **¿Seguí el plan?**

___ ¿Usé una gráfica o un esquema?

___ ¿Tenía un propósito claro (explicar, describir, persuadir, narrar)?

___ ¿Tuve en mente a los lectores?

✔ **¿Necesito añadir información?**

___ ¿Expresa claramente la idea principal la oración que presenta el tema?

___ ¿Escogí detalles que ayuden al lector a entender la idea de la que hablo o lo que narro?

___ ¿Contesté las preguntas más importantes sobre el tema?

✔ **¿Necesito quitar información?**

___ ¿Dije tantas cosas que la idea principal quedó confusa?

___ ¿Repetí información?

___ ¿Incluí información que no tiene nada que ver con el tema?

✔ **¿Necesito volver a escribir alguna parte?**

___ ¿Capta el comienzo la atención del lector?

___ ¿Hay alguna idea que no esté clara?

___ ¿Mostré en vez de contar? (**BUSCA** en la página 58.)

___ ¿Le deja el final al lector algo en qué pensar?

✔ **¿Tengo que cambiar el orden?**

___ ¿Tiene sentido el orden en que puse las ideas?

___ ¿Le di suficiente énfasis a la idea principal?

Escribe con impacto

1 Muéstralo, no lo cuentes.

Dales a los lectores una imagen clara del tema para que puedan sentir, oír, oler, saborear y ver lo que expresas en tu escrito.

■ **Muéstralo:** En *La telaraña de Carlota,* el autor, E. B. White, describe el establo donde vivían el cerdito Wilbur y la araña Carlota, su amiga. Mira los detalles que nos *mostró:*

> **Olía a heno y estiércol. Olía al sudor de caballos fatigados y al maravilloso aliento dulzón de las pacientes vacas. […] Y siempre que le daban al gato una cabeza de pescado, todo el granero olía a pescado.**

■ **No lo cuentes:** Si el autor se hubiera limitado a contar, sin mostrarnos, seguramente la descripción le habría salido así:

> **El establo estaba lleno de olores interesantes de distintos tipos. Los olores provenían de los animales y de las cosas que había en el establo.**

2 Escoge detalles que dibujen la imagen.

Incluye suficientes detalles en lo que escribes.

■ Este pasaje muestra detalles que le dan vida al partido.

> **Llovía tan fuerte al final del partido que todos estábamos empapados hasta los huesos. Cuando el mejor goleador del otro equipo hizo el tiro de "penalty", nuestro portero avanzó rápidamente con el barro hasta los tobillos y detuvo el balón antes de que alcanzara la meta. Entonces sonó el silbato que anunciaba el final del partido. Con tanta emoción, se nos olvidó que estábamos más mojados que una sopa y lanzamos gritos de júbilo. ¡Habíamos ganado 3 a 2!**

■ En cambio, este pasaje sólo da la información básica del partido de fútbol:

> **El partido de fútbol fue muy divertido. Cayó un aguacero. Nuestro equipo ganó.**

3 Dale impacto al comienzo, al desarrollo y al final.

Todas las partes de tu escrito deben ser claras y completas: el comienzo, el desarrollo y el final.

- **Comienzo:** El comienzo debe captar la atención del lector y debe darle una idea de lo que viene.

  > **"Presten todos atención. Ya es hora de que mantengamos limpios los autobuses."**

- **Desarrollo:** El desarrollo te permite poner detalles interesantes que respondan a las preguntas del lector. No te desvíes del tema. Todas las ideas del desarrollo deben apoyar o explicar el tema.

  > **¿Cómo podemos mantener limpios los autobuses?**
  > **¿Quién va a ayudar?**
  > **¿Cuándo vamos a comenzar?**

- **Final:** No te limites a decir: "Fin". ¡Eso no tiene chiste! Dale al lector una idea interesante o una pregunta que lo haga pensar.

  > **"¡Basta ya de los regueros de papel, envolturas de caramelos y servilletas usadas que hay por todas partes! ¿No están de acuerdo?"**

4 Pon un título que tenga "sabor".

Con un título llamativo, el lector sentirá curiosidad de leer sobre el tema. Compara estos títulos. ¿Cuál te llama más la atención?

Datos sobre las arañas	o	**Monstruos en el sótano**
Desastre en las vacaciones	o	**La amenaza de las galletas**
Un día inolvidable	o	**¡A nadar con los tiburones!**

Reuniones con compañeros

Comparte y aprende

En la escuela, ¿alguna vez le has dicho a uno de tus amigos: "Oye, Manuel, lee esto."? O en tu casa, ¿le has preguntado a tu mamá o a tu papá qué opinan de lo que has escrito? Si lo has hecho, te has comportado como un verdadero escritor.

Para empezar

Cuando compartes tu escrito con otras personas, les das la oportunidad de reaccionar a tu trabajo. Tal vez te agrade o te sorprenda la forma en que reaccionen. Sea como sea, sus comentarios te ayudarán a convertir tu borrador en un escrito tan bueno que todos querrán leerlo.

> "Me dio gusto que Noé tomara en cuenta mis sugerencias cuando lo ayudé a revisar su trabajo."
>
> **—REBECA MEDINA, ESTUDIANTE**

Para qué compartir

A excepción de los diarios y otros escritos personales, todo lo que un autor escribe, lo escribe para sus lectores. Por eso es importante saber cómo van a reaccionar ellos. Para un autor es muy útil trabajar con un compañero que le ayude a contestar preguntas como éstas:

- ¿Entenderán los lectores las palabras e ideas?
- ¿Pensarán que las partes "chistosas" son realmente graciosas?
- ¿Les quedarán preguntas?

¿Qué debe hacer un compañero?

Éstas son las principales tareas de un compañero: (1) escuchar con atención, (2) dar ánimo y (3) dar consejos. Los buenos compañeros:

- **mencionan las partes del escrito que consideran buenas,**
- **hacen preguntas sobre todo lo que no les quede claro y**
- **responden honestamente a las preguntas del escritor.**

Cómo ayudarse mutuamente

Tus compañeros pueden ayudarte en las distintas etapas del método de escribir. Los consejos que te den te servirán cuando revises lo que has escrito. Con su ayuda podrás ver cuáles son las mejores partes de tu trabajo y también cuáles necesitan más atención.

Tus compañeros de trabajo también te ayudarán cuando corrijas tu escrito. Muchas veces son ellos los que ven los errores de ortografía y gramática que a ti se te pasaron.

¡Ojo! Tus compañeros no deben "arreglar" tu trabajo como un mecánico arregla un carro. Sólo deben darte sugerencias para mejorar lo que has escrito. Eres tú, el escritor, el que decide qué cambios vas a hacer.

Cuando es hora de reunirse

Cuando los autores se reúnen para compartir sus escritos, se turnan para leer sus borradores en voz alta. Los compañeros escuchan y a veces toman notas o anotan sus comentarios en hojas de reacciones (como la de la página siguiente).

Consejos para el escritor

- Lleva el borrador que quieres revisar.
- Practica leyendo el borrador en voz alta para que después puedas leerlo con fluidez.
- Habla despacio y con claridad. No te apresures.
- Haz preguntas: "¿Llama la atención el comienzo de mi escrito?" "¿Concuerda el título con el contenido?"
- Escucha los comentarios de tus compañeros.

Consejos para los compañeros

- Escucha con atención.
- Señala lo que más te gusta del trabajo.
- Haz preguntas sobre lo que no entiendas, como por ejemplo, una palabra que no conozcas o una oración que parezca fuera de lugar.
- Sé amable y educado. (Hay autores que se ponen nerviosos al mostrar sus escritos.)
- Haz sugerencias con amabilidad.

  No digas: "¡Qué escrito tan aburrido!"

  Di: "Quisiera saber más acerca de tu perro."

 **Exprésate** Está muy bien elogiar un escrito, siempre y cuando especifiques. Si dices: "¡Qué bien, Saúl!", Saúl se pondrá contento. Pero será mucho más útil que le digas: "¡Esa descripción de tu perro Pipo saltando la verja quedó tan clara, que me parecía estarlo viendo!"

Ejemplo ## Hoja de reacciones

Te será más fácil revisar tu escrito si tu compañero llena una hoja como ésta:

Hoja de reacciones

Estas partes de tu trabajo están muy bien escritas...

Me gustó mucho esta parte:

Aquí tienes una idea para mejorar lo que has escrito...

Corregir

Pule tu trabajo

Al corregir le das los toques finales a tu escrito, para publicarlo. Recuerda: debes corregir *después* de revisar las ideas principales (el contenido) del borrador.

¡Cada palabra cuenta!

Este capítulo te servirá de guía para comprobar que lo que escribiste esté bien escrito y que el estilo sea apropiado. Todas las oraciones deben ser fluidas y no deben tener ningún error. ¡Haz que cada palabra cuente!

"Pienso en lo que escribo y escojo las palabras con mucho cuidado."

—CAROLINA NAVARRO, ESTUDIANTE

Oraciones fluidas

Combina oraciones. Si tienes demasiadas oraciones cortas, una tras otra, tu escrito sonará cortado. Para corregir este problema, combina algunas oraciones.

Oraciones cortas: **El perro siguió a María.**
                    Ella no se asustó.

Combinadas con una conjunción:
El perro siguió a María, pero **ella no se asustó.**

Varía el comienzo de las oraciones. Si muchas oraciones empiezan del mismo modo, tu escrito sonará repetitivo. Puedes corregir este problema cambiando el comienzo de algunas oraciones.

Tres oraciones que comienzan con "Me":
    Me comí la berenjena metódicamente. Me tomé un vaso de leche para quitarme el sabor. Me hice la disimulada cuando mamá llegó.

¿Cómo variar el comienzo de las oraciones?

Comienza con un calificativo:
Metódicamente, me comí la berenjena.

Comienza con una frase:
Para quitarme el sabor, **me tomé un vaso de leche.**
Cuando mamá llegó, **me hice la disimulada.**

Corrige la construcción de las oraciones. Al escribir, debes vigilar estos tres tipos de errores frecuentes: *fragmentos, uniones incorrectas y oraciones enredadas.* (**BUSCA** en la página 115.)

Vocabulario

Verbos descriptivos El escritor Will Hobbs comenta: "Los verbos les dan fuerza a las oraciones: las hacen volar o saltar, hundirse o flotar." Los verbos les dan vida a las ideas. Lee estas dos oraciones. Fíjate cómo los verbos dibujan la acción.

> **El gato** se escurrió **con disimulo detrás del armario.** Aguardó **silencioso y, llegado el momento,** se precipitó **sobre el ratoncito que salía de su escondite.**

Sustantivos específicos Algunos sustantivos, como *tienda, carro, fruta, flor* y *chocolate* son bastante generales y no dan una idea muy precisa de lo que estás hablando. En cambio, otros sustantivos, como *juguetería, taxi, papaya, girasol* y *bombón* son más específicos y dan una idea más clara. Trata siempre de escribir con sustantivos específicos.

Calificativos expresivos Escoge con cuidado los adjetivos y adverbios para dar vida a tus escritos.

> **Adjetivos: Irene llegó a la** inmensa **pradera que estaba repleta de** perfumadas **florecillas silvestres.** (Los adjetivos *inmensa* y *perfumadas* describen mejor la imagen.)
>
> **Adverbios: Rodrigo corrió** apresuradamente **tras Arturo, quien se dirigía** directamente **a su casa.** (Los adverbios *apresuradamente* y *directamente* le dan fuerza a lo que ocurre.)

Un consejo: Los calificativos son muy importantes, pero no se deben usar con exceso. Si pones demasiados adjetivos y adverbios, lo que escribas sonará artificial.

La palabra correcta Es fácil confundir palabras que suenan igual, como *vota* y *bota* o *casa* y *caza*. (**BUSCA** la lista de palabras que son fáciles de confundir en las páginas 417–418.)

Lista de control: Corregir

Usa esta lista de control para corregir lo que has escrito.

✔ Oraciones fluidas

___ ¿Escribí oraciones claras y completas?

___ ¿Escribí algunas oraciones cortas y otras largas?

___ ¿Varié el comienzo de las oraciones?

✔ Vocabulario

___ ¿Usé verbos descriptivos, sustantivos específicos y calificativos expresivos?

___ ¿Escribí la palabra correcta *(veces, beses)*? (**BUSCA** en las páginas 417–418.)

✔ Puntuación

___ ¿Usé signos de puntuación correctos en las oraciones?

___ ¿Puse comas para separar los elementos de una serie *(Laura, Diego, Pablo* y *Sara)*?

___ ¿Puse comas antes de las conjunciones *pero, pues* y *aunque* en oraciones compuestas?

___ ¿Usé la puntuación correcta con citas y diálogos? (**BUSCA** en las páginas 425–426.)

✔ Mayúsculas

___ ¿Comienzan con mayúscula todas las oraciones?

___ ¿Puse mayúsculas en los nombres propios?

✔ Ortografía

___ ¿Corregí los errores de ortografía (incluso los que mi computadora no puede detectar)?

Listo para publicar

"¡Atención, por favor!"

Publicar es el paso final del método de escribir. Te da la oportunidad de compartir tu trabajo. Es el momento en que sientes que realmente valió la pena todo tu esfuerzo por planear, escribir el borrador, revisar y corregir tu escrito.

Hay muchas maneras de publicar lo que escribes. Leer un relato que has terminado es una manera de publicarlo. Otra es escoger un poema para tu carpeta. En este capítulo aprenderás más de 30 maneras de publicar tus escritos.

Publicar le da al escritor una razón especial para trabajar duro y producir algo que lo haga sentirse orgulloso.

Ideas para publicar

Publicar te da la oportunidad de que otras personas lean y disfruten tu trabajo. Esta lista te servirá para prepararte para publicar.

Piensa en tu propósito y en tus lectores. Cuando te estés preparando para publicar lo que has escrito, debes tener en mente cuál es tu propósito y quiénes serán tus lectores.

- Si le escribes a tu abuelito para hacerlo reír, mándale uno de tus poemas o cuentos chistosos.
- Si quieres enviarle un mensaje electrónico a uno de tus amigos, recuerda que debes llenar correctamente el formato en pantalla. (**BUSCA** en las páginas 146–147.)
- Si quieres escoger uno de tus escritos como muestra para tu carpeta, sigue las instrucciones que te dé tu maestro para preparar el escrito de la manera debida.

Presenta una copia final en limpio. Recuerda que si entregas una copia limpia y clara de tu escrito, será mucho más agradable y fácil de leer.

- Si estás escribiendo a mano, escribe con tinta azul o negra y escribe en un solo lado de la hoja.
- Si estás escribiendo en la computadora, usa tipos de letra sencillos que sean fáciles de leer. Deja márgenes de una pulgada por los cuatro lados de la hoja.
- Si vas a poner dibujos, fotos y otras gráficas, fíjate que sean suficientemente grandes para que se puedan ver y leer con facilidad.

Revisa el estilo y corrige lo que haga falta. Usa la lista de control de la página 67. Si puedes, pídele a alguien que revise tu trabajo por última vez.

Sigue las reglas de publicación. Sigue las instrucciones que te dé tu maestro para preparar la copia en limpio. Si vas a participar en un concurso o a enviar tu escrito a una revista, sigue las instrucciones que te dé el editor.

¡Envíalo por correo!

Tarjetas

Cartas a personajes públicos

Solicitudes de información

Cartas de agradecimiento a guías de excursiones, choferes de autobús, etc.

Cartas para elogiar un producto (o para quejarse de él)

Cartas a "amigos por correo" en otras ciudades o países

Memorandos a los padres sobre actividades escolares

¡Publícalo en la Internet!

En el capítulo sobre la Internet, páginas 264–269, encontrarás más información sobre cómo publicar escritos.

Revistas electrónicas
Concursos de composición
Conexiones electrónicas
"Amigos electrónicos"
Carteleras electrónicas

¡Represéntalo!

Obras de teatro para la escuela y la comunidad

Funciones de títeres

Programas de radio por los altoparlantes de la escuela

Libros grabados para personas con impedimentos de la vista

Entrevistas grabadas o filmadas

Letra nueva para canciones o melodías conocidas

Presentación de invitados en asambleas

Documentales filmados para canales de TV locales

¡Imprímelo!

Antologías de toda la clase o de toda la escuela

Relatos para las salas de espera de consultorios

Manuales de instrucciones

Consejos a estudiantes más jóvenes para salir adelante en la escuela

Programas para producciones escolares

Artículos de periódico sobre excursiones o proyectos de la clase

Circulares para agencias de turismo locales

Folletos para la cámara de comercio de la zona

¡Envíalo a una revista!

Algunas revistas publican relatos, poemas y cartas de estudiantes. ¡Pero sólo publican unos pocos! En la Internet podrás encontrar algunos sitios que publican más. Si tu escuela dispone de conexión a la Internet, pídele a tu maestro o al bibliotecario que te ayude a buscar las revistas o páginas de la Web donde aceptan contribuciones de trabajos en español, como el que ves a continuación.

Kidscribe

web2.airmail.net/def/

Un sitio Web bilingüe para jóvenes escritores.

¡Encuadérnalo!

Sigue estos seis pasos para hacer tu propio libro. ¡Acuérdate de darle un toque personal!

1 Pon las hojas en orden. Deja hojas para poner el título, el contenido, etc.

2 Engrapa o cose las hojas.

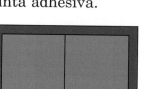

3 Corta dos cartulinas de modo que queden un poco más grandes que las páginas. Únelas con cinta adhesiva.

4 Pon la cartulina sobre el material de la cubierta (tela o papel adhesivo). Dobla las solapas del material sobre los bordes de la cartulina.

5 Pega papel de colores o papel adhesivo en la parte interior de la cubierta.

6 Con cinta adhesiva, pega las hojas encuadernadas a la parte interior de la cubierta.

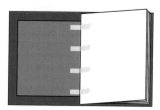

Párrafos y ensayos

Párrafos

¿Qué es un párrafo?

Un párrafo es un grupo de oraciones sobre un mismo tema o idea. Todas las oraciones deben dar información sobre el tema y estar organizadas de modo que el lector las entienda fácilmente. En un párrafo bien escrito, la información es clara e interesante.

Si aprendes a escribir buenos párrafos, podrás escribir buenos ensayos, relatos, cartas y otros tipos de escritos.

Hay cuatro propósitos principales con los que se puede escribir un párrafo: describir, narrar, explicar o persuadir.

Las partes de un párrafo

Los párrafos tienen tres partes: una *oración que presenta el tema;* el *desarrollo* o parte central, que contiene oraciones relacionadas con la idea principal; y una *oración final* que resume el contenido del párrafo.

Ejemplo **Párrafo**

Oración que presenta el tema

Es posible que los árboles sean la forma de vida vegetal más importante de la Tierra. Los árboles embellecen el paisaje y les sirven de refugio a los animales. Sus raíces evitan la erosión del suelo y almacenan agua. De distintos tipos de árboles se obtiene madera, papel, alimento, medicinas y otros

Desarrollo

productos útiles. Aunque no vemos cómo lo hacen, una función importante de los árboles es mantener puro el aire. Los árboles absorben el dióxido de carbono y producen el oxígeno que respiramos. Hay que darles las gracias a los árboles,

Oración final

¡porque nos dan mucho más que su sombra!

Parte por parte

Oración que presenta el tema

La *oración que presenta el tema* le dice al lector de qué trata el párrafo. Cuando está bien escrita, esta oración hace dos cosas: (1) menciona el tema y (2) dice cuál es la idea principal.

Fórmula: Tema interesante
+ Idea principal específica
= Buena oración que presenta el tema

Oración que presenta el tema:

Es posible que los árboles (tema interesante) **sean la forma de vida vegetal más importante de la Tierra** (idea principal específica).

Desarrollo

Las oraciones del *desarrollo* dan información o detalles que le permiten al lector entender el tema. Observa los detalles de las siguientes oraciones.

Los árboles embellecen el paisaje y les sirven de refugio a los animales. Sus raíces evitan la erosión del suelo y almacenan agua. De distintos tipos de árboles se obtiene madera, papel, alimento, medicinas y otros productos útiles.

Organiza las oraciones de la manera más efectiva. Las tres formas principales de organizarlas son: en *orden cronológico*, en *orden de lugar* y en *orden de importancia*. (**BUSCA** en la página 84.)

Oración final

La *oración final* les recuerda el tema a los lectores o resume la información del párrafo.

Oración final:

Hay que darles las gracias a los árboles, ¡porque nos dan mucho más que su sombra!

Tipos de párrafos

Vas a aprender a escribir cuatro tipos de párrafos:

■ Para describir algo, escribes párrafos **descriptivos.**

■ Para relatar algo, escribes párrafos **narrativos.**

■ Para explicar algo, escribes párrafos **explicativos.**

■ Para convencer, escribes párrafos **persuasivos.**

Ejemplo Párrafo descriptivo

En un párrafo **descriptivo** describes a una persona, un lugar, una cosa o una idea. En este tipo de párrafo usas palabras que tienen que ver con los cinco sentidos. Hablas de los colores, los olores y los sonidos relacionados con el tema, para que tus lectores se sientan como si estuvieran ahí, contigo.

La oración que presenta el tema describe la escena.

Los detalles hablan de los olores, las imágenes y los sonidos.

Los mejores detalles se guardan para el final.

A pocas cuadras de mi vecindario hay un árbol que me fascina. Siempre que me acerco al bosque en bicicleta, lo veo sobresalir. Me llega el aroma de los musgos y los helechos que crecen bajo sus ramas. El tronco de mi árbol es tan ancho, que no puedo abrazarlo por completo. La corteza forma diseños curiosos a medida que sube hacia la punta, y parece que sus ramas quieren llegar al cielo. Cuando hace viento, oigo el susurro de las hojas, y las ramas más pequeñas se quiebran y se caen al suelo. Siempre que puedo, vengo a sentarme bajo el árbol a observar a las ardillas y a escuchar el canto de los pájaros. Adoro mi árbol.

Ejemplo Párrafo narrativo

En un párrafo **narrativo** hablas de una experiencia personal. La idea es meter a los lectores en tu historia y que quieran saber qué va a pasar a continuación. No se te olvide dar suficientes detalles para hacer que tu párrafo cobre vida.

En la oración que presenta el tema aparecen todos los personajes.

Los detalles le dan suspenso a la narración.

La oración final resume la historia.

El martes invité a Daniel, Julio, Renata y Mishiko a ir en bicicleta hasta mi roble favorito. Ya nos habíamos trepado a ese árbol antes, pero ahora queríamos ver quién podía llegar más alto. Julio y Renata lograron subir un poco más de lo normal. Yo casi llegué a la punta de una enorme rama. Mishiko llegó mucho más arriba que yo, pero Daniel nos ganó a todos. Lo malo es que creo que no se dio cuenta hasta dónde había llegado, hasta que miró hacia abajo. ¡Qué susto se llevó! Le daba miedo bajar, así que se agarró bien fuerte de una rama. ¿Tendría que pasar toda la noche en el árbol? Renata se montó en su bicicleta y salió disparada a avisarle a su mamá. Su mamá llamó a los bomberos. Un poco después, llegó el camión de bomberos con la sirena a todo volumen, y los bomberos bajaron a Daniel. Fue muy emocionante. Ese día, ¡todos aprendimos una buena lección!

¡Ojo! Hazte las siguientes preguntas para asegurarte de que has incluido todos los detalles importantes en tus párrafos narrativos: *¿Quién? ¿Qué? ¿Cuándo? ¿Dónde? ¿Por qué? ¿Cómo?*

Ejemplo **Párrafo explicativo**

Cuando escribes un párrafo **explicativo,** tu propósito es dar información acerca de un tema. Puedes dar instrucciones o presentar ideas. En los párrafos explicativos se usan palabras que indican un orden o secuencia, como *primero, luego, después* y *por último.*

La oración que presenta el tema dice de qué trata el párrafo.

Los detalles aparecen en el orden en que suceden.

La oración final explica que el proyecto ha concluido.

El verano pasado, mis amigos y yo hicimos una casa en un árbol. Nuestros padres nos ayudaron a planearla y a construirla. El primer paso fue ponernos de acuerdo en el diseño. Luego, hicimos una lista de los materiales que íbamos a necesitar, reunimos el dinero y fuimos a comprarlos. Después, llevamos los materiales hasta el roble y nos pusimos a trabajar. Primero, subimos la madera al árbol con una soga. Luego, nuestros padres nos ayudaron a construir una armazón para el piso y nosotros clavamos las tablas en la armazón. Después, pusimos las paredes y el techo. Por último, para celebrar, ¡hicimos una merienda en nuestra casa en el árbol!

Pausa y piensa

Antes de empezar, haz una lista de los datos o ejemplos que vas a mencionar en el párrafo. Así, pondrás las ideas principales en el mejor orden posible.

Ejemplo **Párrafo persuasivo**

En un **parrafo persuasivo** das tu opinión sobre un tema y tratas de convencer a tus lectores. Siempre debes dar hechos y ejemplos que apoyen tu opinión. De lo contrario, no lograrás *persuadir* a los lectores.

La oración que presenta el tema da una opinión.

El desarrollo da las razones.

La oración final vuelve a dar la opinión.

> Los niños necesitan un lugar que sea sólo de ellos, ¡y nada mejor que una casa en un árbol! Mis amigos y yo tenemos una. Es el sitio ideal para olvidarnos de las presiones de la escuela y de nuestros hermanitos. Decoramos nuestra casa a nuestro gusto: la pintamos de verde chillón y anaranjado. ¡Allí somos libres! Nuestra casa en el árbol es un buen lugar para pensar, oír música, observar el cielo o pasar el rato entre amigos. Si no tuviéramos este lugar, buscaríamos otras diversiones. Iríamos de compras o a la sala de juegos electrónicos, o nos quedaríamos en casa jugando juegos de video o viendo la TV. Pero, ¿no creen que nuestra casa en el árbol es un lugar mucho mejor?

Exprésate Lee tu párrafo en voz alta para ver si te falta información. En la página 347 encontrarás ideas sobre cómo presentar hechos y opiniones en tus escritos.

Escribe un párrafo

Antes de escribir Hacer un plan

■ Antes de escoger el tema, hazte las siguientes preguntas:

Tema: *¿Sobre quién o sobre qué voy a escribir?*
Propósito: *¿En qué me voy a concentrar?*
Lectores: *¿Quién va a leer mi párrafo?*
Tipo de párrafo: *¿Qué tipo de párrafo será mejor escribir?*

■ Después de contestar estas preguntas, reúne detalles.

Para escribir un...	necesitas...
párrafo descriptivo	muchos detalles que describan: qué ves, oyes, hueles, sientes, etc.
párrafo narrativo	detalles sobre una experiencia: cómo comenzó, qué problemas surgieron, cómo acabó.
párrafo explicativo	detalles que den información o expliquen el tema del que hablas.
párrafo persuasivo	datos, cifras y ejemplos en los que basas tu opinión.

Escribir el borrador

Pon la información en orden. La oración que presenta el tema casi siempre va primero. Después viene el desarrollo, la parte donde das los detalles de tu tema. La oración final debe resumir el párrafo. (**BUSCA** en las páginas 76–77 y 84.)

Revisar Mejorar lo que has escrito

Lee el párrafo como si lo leyeras por primera vez. ¿Incluiste los detalles en los que basas la oración que presenta el tema? ¿Son fluidas las oraciones?

Añade los detalles

Los detalles, razones y ejemplos le dan vida al párrafo.

Detalles personales

Muchos de los detalles serán personales, es decir, cosas que sabes porque te han pasado a ti mismo.

Detalles de tus sentidos ● Éstos son cosas que ves, oyes, hueles, saboreas y tocas. Al escribir un párrafo descriptivo, debes poner muchos detalles como éstos.

> Cuando hace viento, oigo el susurro de las hojas, y las ramas más pequeñas se quiebran y se caen al suelo.

Detalles de tu memoria ● Estos detalles son tomados de recuerdos de algo que has hecho o vivido. Estos detalles hacen que el pasado cobre vida en los escritos descriptivos y narrativos. En los párrafos explicativos, sirven para explicar cómo se hace algo.

> Primero, subimos la madera al árbol con una soga.

Detalles de tu imaginación ● Son detalles de cosas que esperas, que deseas o que te parecen curiosas. Estos detalles hacen interesantes y divertidos los párrafos narrativos.

> ¿Tendría que pasar toda la noche en el árbol?

Detalles de otras fuentes

Al escribir un párrafo, primero escribe lo que ya sabes del tema. Luego, añade detalles de otras fuentes.

- **Pregúntale a algún conocido** si sabe las respuestas a tus preguntas. Acude a tus maestros, padres y amigos.
- **Pregúntale a un experto.** Por ejemplo, si vas a escribir sobre la gripe, habla con un médico o con una enfermera.
- **Consulta fuentes de información** como periódicos, revistas, libros o la Internet.
- **Escribe, llama o manda mensajes electrónicos** a compañías o a oficinas del gobierno.

Organiza el material

Las oraciones del desarrollo de un párrafo deben estar bien organizadas para que los lectores puedan seguir tus ideas. Aquí tienes tres maneras de hacerlo.

Orden cronológico Es fácil seguir las ideas cuando los hechos se presentan en el orden en que pasaron. Es bueno seguir un orden cronológico al escribir párrafos narrativos o explicativos. Puedes usar palabras como *primero, luego* y *por último.*

> **Primero, subimos la madera al árbol con una soga. Luego, nuestros padres nos ayudaron a construir una armazón para el piso y nosotros clavamos las tablas en la armazón. Después, pusimos las paredes y el techo. Por último, para celebrar, ¡hicimos una merienda en nuestra casa en el árbol!**

Orden de lugar Cuando los detalles se describen en el orden en que están situados, la descripción generalmente va de izquierda a derecha o de arriba a abajo. Es bueno seguir un orden de lugar cuando escribas párrafos descriptivos o explicativos. Usa palabras como *abajo, arriba* y *encima.*

> **El tronco de mi árbol es tan ancho, que no puedo abrazarlo por completo. La corteza forma diseños curiosos a medida que sube hacia la punta, y parece que sus ramas quieren llegar al cielo.**

Orden de importancia Los artículos de periódico se organizan en orden de importancia. Las noticias más importantes van primero. Los párrafos persuasivos y explicativos también se organizan así, poniendo el detalle más importante al principio o, a veces, al final.

> **Los niños necesitan un lugar que sea sólo de ellos, ¡y nada mejor que una casa en un árbol! Mis amigos y yo tenemos una. Es el sitio ideal para olvidarnos de las presiones de la escuela y de nuestros hermanitos.**

Palabras de transición

Palabras para describir un lugar:				
a la derecha	afuera	bajo	detrás	junto
a la izquierda	al lado	cerca	en	lejos
a través	alrededor	contra	encima	por
abajo	arriba	debajo	enfrente	sobre
adentro	atrás	delante	entre	tras

Palabras para describir tiempo:				
a las (hora)	después	hasta	más tarde	pronto
antes	durante	hoy	mientras	segundo
ayer	entonces	luego	por último	tan pronto
cuando	hacia	mañana	primero	tercero

Palabras para comparar cosas (muestran semejanzas):			
al igual que	de la misma manera	igualmente	también
como	en tanto que	lo mismo que	tan

Palabras para contrastar cosas (muestran diferencias):			
a pesar de	aunque	pero	si bien
aún así	de lo contrario	por otra parte	sin embargo

Palabras para enfatizar algo:			
de nuevo	es así como	es más	por esta razón

Palabras para añadir información:			
además	de nuevo	más	por último
adicionalmente	junto con	otro	también
así como	luego	por ejemplo	y

Palabras para concluir o resumir:		
en conclusión	en resumen	por lo tanto
en definitiva	por consiguiente	por último

Divide en párrafos

Es fácil hablar sin parar cuando tienes algo importante que contarles a tus amigos: "¿Saben lo que hice? Pues..." Lo mismo sucede cuando escribes. A veces, empiezas a escribir un párrafo y, sin darte cuenta, has llenado una o dos páginas.

Organización por ideas

Si te das cuenta de que has escrito demasiado, todo seguido, organiza tu escrito en párrafos. De lo contrario, a los lectores les costará mucho trabajo seguir tus ideas. Aquí te damos algunas ideas para que aprendas a dividir en párrafos.

Marca... nombra... busca...

Para saber dónde comienza un párrafo en un escrito largo, repite estos tres pasos: *marca, nombra* y *busca,* hasta que llegues al final.

1. **Marca** la primera palabra del trabajo con el signo de párrafo (¶).
2. **Nombra** la primera idea principal de tu escrito.
3. **Busca** la primera oración que no se refiera a esta idea.

* * * * * *

1. **Marca** esa oración (la del #3 de arriba) con el signo de párrafo (¶).
2. **Nombra** la idea principal de este párrafo.
3. **Busca** la primera oración que no se refiera a esta idea.

* * * * * *

Repite este proceso hasta que llegues al final del escrito.

Desde que llegamos a...

Me encantó...

Ahora estoy en...

Ejemplo Escrito

Aquí tienes parte de la autobiografía de la estudiante Isabel Hoyos. Como ves, el escrito no está dividido en párrafos.

Me llamo Isabel Hoyos. Voy a contarles mi vida a partir del día en que me ocurrió algo emocionante y a la vez triste: nos fuimos de San Diego para vivir en Los Ángeles. Me sentía nerviosa y asustada. Pensaba que no iba a tener amigos, pero no fue así. Desde que llegamos a Los Ángeles, he estado en tres escuelas distintas. La primera fue la escuela San Simón. Allí cursé primero y segundo grados. Luego, me pasé a la Academia del Sagrado Corazón para cursar el tercer grado, y ahora estoy en la Academia Villa María. Estoy en cuarto grado. Me encanta dibujar. El 25 de abril de 1998, me gané un premio por un dibujo que hice. Además del arte, las actividades que más me gustan son leer y bailar...

Método de los tres pasos

Es fácil hallar los párrafos de esta autobiografía con el método de los tres pasos:

1. Marca las primeras palabras con el signo de párrafo.

¶ "Me llamo…"

2. Nombra la idea principal del primer párrafo.

Nos fuimos de San Diego.

3. Busca la primera oración que no se refiere a esta idea.

"Desde que llegamos a Los Angeles…"

1. Marca esa oración con el signo de párrafo.

¶ "Desde que llegamos a Los Angeles…"

2. Nombra la idea principal de este párrafo.

He estado en tres escuelas distintas.

3. Busca la primera oración que no se refiere a esta idea.

(¡Busca tú mismo el último párrafo!)

Ensayos explicativos

¡Mucha información!

A veces todos los datos y la información que tienes no te caben en un solo párrafo. Por ejemplo, el mar es un tema muy amplio y en un párrafo sólo cabrían "una o dos gotas" de información sobre el tema. Cuando tengas muchas ideas que presentar, escribe un ensayo.

Un tipo de ensayo

El tipo de ensayo más común es el ensayo explicativo. Al igual que los informes para la clase, contiene información sobre un tema. Pero el ensayo explicativo generalmente es más corto que esos informes y, a veces, presenta ideas personales del autor.

El propósito de los ensayos explicativos es dar información sobre un tema específico a los lectores.

Escribe un ensayo explicativo

Para escribir un ensayo debes seguir los mismos pasos que para escribir un párrafo. Aquí te explicamos cómo.

Antes de escribir Hacer un plan

Tema ● Antes que nada, escoge un tema general que te interese. Por ejemplo, si te interesa el mar, limita este tema general a uno más específico, como *alimentos del mar.*

Lectores ● Pregúntate quién va a leer tu ensayo. ¿Cuánto crees que saben los lectores del tema? Piensa en ellos para escoger los detalles apropiados y las mejores palabras. (¿Vas a escribir para tus compañeros, para un amigo de correo electrónico o para alguna otra persona?)

Voz ● Piensa en el tema y en los lectores para decidir qué "voz" le darás a tu escrito. (¿Quieres que el escrito sea serio, chistoso o un poco de los dos?)

Antes de escribir Reunir detalles

Después de escoger el tema, reúne detalles de varias fuentes.

Explora ● Escribe todo lo que se te ocurra sobre el tema.

Concentra ● Lee lo que escribiste y decide en qué vas a concentrarte.

Reúne ● Si es necesario, reúne mas información. (Recuerda que, por lo general, los ensayos tienen de tres a cinco párrafos.)

Organiza ● Decide qué detalles vas a incluir en el ensayo y cómo los vas a organizar. (**BUSCA** en las páginas 47–49.)

Escribir el borrador

Cada parte de tu ensayo (el comienzo, el desarrollo y el final) tiene un propósito.

Comienzo ● El primer párrafo debe decir algo interesante o sorprendente del tema para que los lectores se interesen. También debe presentar la idea principal, o enfoque, del ensayo.

Desarrollo ● El desarrollo debe tener la información (datos, cifras, ejemplos) que apoya el tema. Debes presentarla claramente, en uno o más párrafos.

Final ● El párrafo final resume las ideas presentadas en el ensayo. Les recuerda a los lectores la importancia del tema.

Revisar y Corregir Mejorar lo que has escrito

Usa esta lista de control para revisar y corregir el borrador.

- ■ ¿El título dice cuál es el tema?
- ■ ¿Es interesante la forma en que presenté el tema?
- ■ ¿Puse suficientes detalles en el desarrollo?
- ■ ¿Debo dividir en más párrafos la información del ensayo?
- ■ ¿El final les recuerda a los lectores la importancia del tema?
- ■ ¿Me gusta como suenan mis palabras y mis oraciones?
- ■ ¿Corregí los errores?

Ejemplo   **Ensayo explicativo**

El siguiente ensayo explicativo da información específica sobre el mar como una fuente de alimentos.

Alimentos del mar
por Teresa Sotomayor

Comienzo

La autora se concentra en una idea específica.

Al mirar un globo terráqueo, se ven por lo menos cuatro océanos. Si nos fijamos bien, nos damos cuenta de que esos océanos están unidos. O sea que, en realidad, solamente hay un gran océano. Del mar obtenemos sal y alimentos.

La sal es un mineral que proviene de las rocas del mar. Se mezcla con el agua cuando las olas, las mareas y las corrientes golpean las rocas. La sal que contiene el mar es igual a la que le echas a las palomitas de maíz y a las papas fritas.

Desarrollo

Da los datos que apoyan el tema.

En el mar hay peces de todas clases. Entre los más sabrosos están el bacalao, el atún, el tiburón y la corvina. También hay crustáceos, como cangrejos, langostas y camarones, que son mariscos deliciosos.

¿Sabías que es muy probable que hayas comido algas? Muchos tipos de helados se preparan con algas para que queden cremosos. También hay personas que comen algas como verdura. Se sirven con arroz o en caldo.

Final

Resume las ideas principales.

Aunque nunca hayas visto el mar, el mar ha llegado a ti. Lo has saboreado en las palomitas de maíz, en un rico pescado o en un delicioso helado.

Compara y contrasta

Un tipo común de ensayo explicativo es el de comparación y contraste. Para escribir uno, debes hacer un plan y reunir detalles, igual que con los ensayos explicativos. (**BUSCA** en la página 91.) También debes usar ayudas gráficas, como diagramas de Venn, para organizar tus ideas. (**BUSCA** en las páginas 48 y 335.)

Puedes organizar los detalles en una tabla sencilla como la de abajo. (En esta tabla se organizaron los detalles del ensayo de la página siguiente.) Haz una lista con los datos sobre el tema *A* a un lado de la línea y otra con los datos sobre el tema *B* al otro lado de la línea. Luego, encierra en un círculo los detalles similares de *A* y *B*, y señala las diferencias.

A LAGO SUPERIOR	B GRAN LAGO SALADO
(lago grande)	(lago grande)
✔ de agua dulce	✔ de agua salada
✔ 350 millas de largo por 160 millas de ancho	✔ 75 millas de largo por 40 millas de ancho
✔ profundo, tiene 1,290 pies en promedio	✔ poco profundo, tiene 20 pies en promedio
✔ buena pesca	✔ demasiado salado para que vivan peces en él
(tiene islas)	(tiene islas)
✔ rodeado de bosques y acantilados	✔ rodeado de desiertos y montañas
✔ parte está en Canadá	✔ 8 veces más salado que el mar

Ejemplo **Ensayo de comparación y contraste**

Este ensayo explicativo compara y contrasta dos lagos.

¿A flotar o a pescar?
por Jaime Barrios

Comienzo

El autor menciona una idea interesante.

He vivido cerca de dos de los lagos más grandes del mundo. Viví en Duluth, a orillas del lago Superior, y luego me mudé a Salt Lake City, al lado del Gran Lago Salado. Ambos lagos son tan grandes que parecen mares. Pero en todo lo demás son muy distintos.

El lago Superior es el lago de agua dulce más grande del mundo. Tiene 350 millas de largo y 160 millas de ancho. El Gran Lago Salado es el lago de agua salada más grande del hemisferio occidental. Su agua es ocho veces más salada que el agua de mar.

Desarrollo

Las palabras de enlace muestran donde hay comparación y contraste.

Además del tamaño, hay otras diferencias. El lago Superior es profundo (tiene más de 1,000 pies de profundidad en muchas partes) y es de agua dulce. En cambio, el Gran Lago Salado es poco profundo y es tan salado que uno flota y no se hunde. En el Gran Lago Salado no pueden vivir los peces; en cambio, en el lago Superior hay una gran cantidad de peces.

Los dos lagos están situados en lugares muy distintos. Parte del lago Superior queda en Canadá y está rodeado de bosques y acantilados. En cambio, el Gran Lago Salado está rodeado de montañas y desiertos.

Final

La comparación final deja pensando a los lectores.

Después de vivir cerca de estos dos lagos, no sé cuál me gusta más. Cuando floto en el Gran Lago Salado, siento como si estuviera en el mar. Pero echo de menos la pesca del lago Superior. Para mí, los dos son únicos.

Ensayos persuasivos

Y tú... ¿qué opinas?

Todos tenemos opiniones, y a muchos nos gusta expresarlas. Digamos que tú opinas que las vacaciones de invierno deberían ser más largas y quieres que tus padres y el director de la escuela lo sepan. Es probable que no estén de acuerdo contigo, pero a lo mejor puedes persuadirlos con muy buenas razones. Una buena razón sería que los estudiantes aprenderían más si tuvieran otras dos semanas libres. Una razón menos convincente sería que los estudiantes quieren más tiempo para divertirse.

Razones persuasivas

Para expresar una opinión, puedes escribir un ensayo persuasivo. El propósito es convencer a los lectores. Para lograrlo, debes basar tu opinión en hechos y detalles.

Si organizas bien tus ideas en un ensayo persuasivo, lograrás convencer a tus lectores.

Escribe un ensayo persuasivo

Antes de escribir Hacer un plan

Escoge el tema ● Elige un tema sobre el que estés muy convencido. Te será mucho más fácil persuadir a los lectores si escribes sobre algo en lo que realmente crees.

Tema: Concéntrate en un tema específico, es decir, algo que no sea demasiado general. Por ejemplo, es más fácil escribir sobre "Limpiemos la Playa Blanca" que sobre "Limpiemos los océanos".

Lectores: Escoge un tema que les interese a tus lectores. "Salvemos la piscina" tal vez les parezca más interesante a tus compañeros que "Salvemos el ayuntamiento".

Piensa en el argumento ● Sea cual sea el tema, debe tener dos puntos de vista. Al leer tu opinión, los lectores deben ser capaces de decir: "Sí, estoy de acuerdo" o "No, opino lo contrario". Puedes tomar el mismo tema de un ensayo explicativo (informativo) para escribir un ensayo persuasivo.

Ensayo explicativo	Ensayo persuasivo
Sacar minerales del mar	Por qué debemos sacar minerales del mar
Animales marinos de las costas	Debemos proteger a los manatíes
Contaminación de las fuentes de agua	Limpiemos los ríos de nuestra ciudad

Antes de escribir Reunir y organizar detalles

Lista de detalles ● Haz una lista de detalles sobre tu tema. Luego, reúne el resto de la información que necesites.

Los manatíes – se alimentan de plantas acuáticas
y limpian los ríos
– son animales muy simpáticos
– están en peligro de extinción

Podemos – dejar de tirar basura
– navegar a menos velocidad
– escribir cartas a los legisladores

Esquema ● Después, elige dos o tres ideas en los que bases tu opinión y organízalas en un esquema.

Ejemplo de esquema

I. Por qué proteger a los manatíes:
  A. Ayudan a limpiar los ríos.
  B. Comen 150 libras de algas al día.
  C. Nos entretienen.
II. Los que destruyen a los manatíes:
  A. Matan dos tercios de la población de manatíes.
  B. Los lesionan con sus barcos o les disparan.
  C. Los matan con la basura que tiran.
III. Los que protegen a los manatíes:
  A. No tiran basura.
  B. Navegan al límite de velocidad.
  C. Escriben cartas a los legisladores.

Escribir el borrador

Muchos ensayos persuasivos tienen de tres a cinco párrafos.

Comienzo ● El primer párrafo presenta el tema y da tu opinión.

Desarrollo ● Las ideas principales van en el desarrollo. Cada idea y los detalles de apoyo van en un párrafo separado. Es decir, si tienes dos ideas principales, el desarrollo tendrá dos párrafos. Usa como guía tu lista o esquema. (**BUSCA** en la página 96.) En muchos ensayos persuasivos, la idea más convincente se presenta al principio. (A veces se pone al final.)

Final ● El párrafo final debe volver a dar tu opinión y los datos que la apoyan.

Revisar　Mejorar lo que has escrito

Revisa el borrador pensando en las siguientes preguntas. Luego, pídele a otra persona que lo revise.

- ¿El párrafo del comienzo presenta el tema y expresa claramente mi opinión?
- ¿Los párrafos del desarrollo apoyan mi opinión?
- ¿Cada idea principal está en un párrafo por separado?
- ¿Presenté la idea más importante al principio? (¿O al final?)
- ¿El final expresa mi opinión de nuevo?
- ¿El título dice cuál es el tema de mi ensayo?

Corregir

Busca errores ● Haz los cambios necesarios para mejorar el borrador. Luego, fíjate si quedan errores de ortografía, gramática y puntuación. Haz una copia en limpio de tu escrito.

Ejemplo **Ensayo persuasivo**

Mariana Méndez, de Orange City, Florida, les pide a sus lectores que protejan a los manatíes. Ella basa su opinión en hechos persuasivos.

Protejamos a los manatíes
por Mariana Méndez

Comienzo

La autora presenta el tema y da su opinión.

Los manatíes son grandes mamíferos marinos que viven en las aguas de la Florida. Hay que proteger a estos simpáticos animales: sólo quedan unos 1,900.

Desarrollo

Las ideas en las que basa su opinión van en dos párrafos separados.

Como los manatíes comen grandes cantidades de algas, mantienen limpios los ríos. ¡Un manatí de 1,000 libras de peso consume en un solo día 150 libras de las algas que atascan los ríos! A muchas personas les gusta observar a estos graciosos animales nadar tranquilamente por las costas de la Florida.

Los seres humanos han matado a más de dos tercios de la población de manatíes. Les han disparado, lo cual es ilegal. Muchos manatíes mueren al tragarse anzuelos, sedales viejos y desperdicios que hay en el agua. Otros mueren cuando los barcos chocan con ellos.

Final

La autora vuelve a dar su opinión junto con las ideas principales.

Nosotros podemos salvarlos. Sólo tenemos que dejar de tirar basura en los ríos. Debemos respetar los límites de velocidad y navegar más despacio donde hay manatíes. Además, podemos escribir una carta, enviar un mensaje electrónico o llamar por teléfono a los legisladores para pedirles que escriban leyes que protejan a los manatíes.

Ejemplo **Ensayo persuasivo con humor**

A veces, el humor sirve para presentar una opinión de manera convincente.

Talentos, aficiones y risa
por Carlos Gómez

Comienzo

El autor presenta el tema con una pregunta y expresa su opinión.

¿No creen que sería bueno empezar a disfrutar los lunes? Creo que nuestra clase debería presentar una función de talentos todos los lunes por la mañana. Así, todos estaríamos de buen humor el resto de la semana.

Todos los comediantes de la clase contarían chistes. ¿Saben por qué la gallina no pudo cruzar la calle? ¡Por gallina, desde luego! Podríamos tener un risómetro que marcara cuánta risa provoca cada chiste. Y estaría prohibido rechiflarle a los malos.

Desarrollo

Hay un párrafo para cada tipo de talento: chistes, música y aficiones.

Muchos niños tocan un instrumento en la banda, pero raras veces tienen oportunidad de ser solistas. ¡La función del lunes por la mañana sería el momento perfecto para hacer retumbar las trompetas!

Mi colección de conchas, caracoles y ojos de tiburón sería la envidia de todos. La colección de insectos de Alicia no se quedaría atrás. ¡Tal vez nos dejaría ver las enormes libélulas que tiene! Nos divertiríamos mucho compartiendo nuestras aficiones.

Final

El autor resume los argumentos y da su opinión otra vez.

Con la función de talentos, conoceríamos mejor a nuestros compañeros. Contándonos chistes y compartiendo nuestros talentos y aficiones, empezaríamos cada semana con mucha alegría.

Descripciones

Describe con detalle

Para ser un buen escritor, debes aprender a describir bien. Es importante que tus lectores sientan que tu tema está vivo. Pero, ¿cómo lograrlo? ¡Muy fácil! Puedes usar sustantivos específicos, verbos descriptivos y modificadores expresivos y claros. También puedes incluir detalles físicos: qué sientes al ver, tocar, saborear, oler y oír tu tema.

Y esto es sólo el comienzo. En tus descripciones puedes comparar tu tema con otros temas, o puedes contar un relato que se refiera al tema. Este capítulo te dará ideas, reglas y ejemplos para tus descripciones.

Hay muchas cosas que puedes describir. En la escuela, describes plantas para la clase de ciencias, personajes famosos para la clase de historia, países para la clase de geografía y muchas otras cosas más.

Escribe un ensayo descriptivo

Antes de escribir Hacer un plan

Tema ● Elige un tema que se preste para hacer un ensayo descriptivo. Por ejemplo, sería difícil describir a todo tu vecindario en un ensayo corto, pero podrías escribir sobre una persona, un lugar o alguna cosa o suceso del vecindario. (**BUSCA** ideas en la página 39.)

Lectores ● También debes pensar quiénes van a leer tu descripción. ¿Crees que el tema que escogiste les interese?

Voz ● Piensa en los lectores y en por qué escribes esta descripción. ¿Quieres que ellos aprendan más sobre el tema? ¿O quieres ponerlos a pensar seriamente? ¿O simplemente quieres hacerlos reír?

Antes de escribir Reunir detalles

Después de escoger un tema general, debes reunir todos los detalles que puedas.

Explora ● Escribe todo lo que se te ocurra sobre el tema.

Concentra ● Lee lo que escribiste y decide sobre qué parte específica del tema quieres escribir.

Reúne ● Reúne más información sobre el tema: tamaño, forma, color, sonidos, etc. Reúne también detalles que digan a qué personas, lugares o cosas se parece (o no se parece).

Organiza ● Decide qué detalles quieres incluir en el ensayo y cómo los vas a organizar. (**BUSCA** en las páginas 48–49.)

Escribir el borrador

Comienzo ● Para captar la atención del lector, el primer párrafo debe decir algo interesante o sorprendente acerca del tema. También debe mencionar la idea principal del ensayo.

Desarrollo ● Escribe la descripción de la manera más natural y espontánea que puedas. Sigue el esquema o ayuda gráfica que hayas hecho, pero también añade todo lo que se te ocurra a medida que escribas. Incluye muchos detalles específicos.

¡Ojo! Pon todos los párrafos que sean necesarios (o los que tu maestro te pida) para que la descripción quede completa.

Final ● El párrafo final debe resumir el ensayo o darle una buena conclusión. Si quieres, menciona por qué el tema es importante o qué crees que pasará con él en el futuro.

Revisar y Corregir Mejorar lo que has escrito

Las siguientes preguntas te servirán para corregir el borrador. (Recuerda que puedes pedirle a otra persona que lo lea y te haga comentarios.)

■ ¿El primer párrafo presenta el tema y capta la atención del lector?

■ ¿He puesto suficientes detalles en el desarrollo para que el tema sea claro e interesante?

■ ¿Comparé el tema con otros temas parecidos? (**BUSCA** las secciones de *metáfora* y *símil* en las páginas 126–127.)

■ ¿Los párrafos son claros y están bien organizados?

■ ¿Termina el ensayo con un resumen o dice algo interesante al final?

■ ¿Me fijé si quedaban errores de ortografía y gramática?

Describe a una persona

Los escritos acerca de una persona se llaman *biografías*. (Una biografía es la narración de la vida de otra persona.)

Escoge el tema • Escribe sobre alguien que conozcas bien o que te gustaría conocer.

Reúne detalles • Hay muchas maneras de reunir detalles. Anota en una *lista* los detalles que describan a la persona. *Recuerda* cosas importantes que haya hecho. *Compárala* con otras personas. *Narra* algo que la describa mejor. *Explica* por qué es importante esta persona.

Ejemplo de un estudiante

Comienzo
El autor presenta el tema.

Desarrollo
El autor da ejemplos específicos.

Final
El autor dice lo importante que es su papá.

Alguien especial

Mi papá es muy especial. Como muchos otros papás (y mamás), es una persona muy ocupada. Pero siempre tiene tiempo para estar conmigo.

Mi papá me ayuda con mis tareas de matemáticas y me enseña cómo meter goles cuando juego fútbol. Y cuando tengo que ir a algún lugar, él me lleva.

Al menos una vez al año, mi papá y yo viajamos juntos. El verano pasado paseamos por cuatro estados. Pasamos muchas horas platicando. Mi papá me contó que había hecho un viaje similar con sus amigos cuando era joven. Ahora nos tocaba a nosotros dos.

Ojalá todos tuvieran un amigo como mi papá. Todos necesitamos a alguien con quien compartir lo bueno y lo malo. Mi papá es el mejor papá del mundo.

Describe un lugar

Cuando escribas sobre un lugar, tu escrito puede ser en parte descriptivo y en parte narrativo.

Escoge el tema ● Escribe sobre un lugar que haya sido importante en tu vida. Puede ser una casa donde viviste o un campamento donde pasaste un verano.

Reúne detalles ● Visita el lugar y *describe* lo que ves, oyes, hueles y sientes. (**BUSCA** la sección "Ayuda gráfica sobre los cinco sentidos" de la página 334.) Si no puedes ir, *recuerda* las experiencias que viviste allí. También *compáralo* con otros lugares.

Ejemplo de una estudiante

Comienzo

La autora comienza la descripción de una forma original.

Desarrollo

La autora añade muchos detalles.

Final

Al final habla de la ciudad y del campo.

El campamento Alameda

Al llegar al campamento Alameda, sentí que me había metido en el cuento de "El ratoncito de la ciudad y el ratoncito del campo". Yo era el ratoncito de la ciudad. El campamento quedaba en un bosque de pinos. Todo era verde y los altos árboles olían a Navidad.

Entre los árboles había tiendas de campaña pequeñas y suaves, de color azul. En cada tienda había dos camas y dos cajones anaranjados para dos campistas. Las camas tenían muchos bultos y olían a jabón. En los cajones no cabía mucho, por eso guardamos cosas debajo de las camas.

La comida del campamento era rica. Cocinábamos al aire libre. Lo que más me gustó fue la carne asada, los frijoles enlatados y los mangos con chile y limón.

Me dio gusto volver a la ciudad. En mi cuarto había un armario y una cama sin bultos. Pero echaba de menos la comida del campamento y, por eso, le enseñé a mi familia a preparar mangos con chile y limón.

Describe un objeto

Cuando escribes sobre un objeto, les cuentas a los lectores cómo es, cómo funciona y por qué crees que es importante.

Escoge el tema ● Escribe sobre un objeto que conozcas bien. Puedes escribir sobre un animal de peluche, tu guante de béisbol favorito o algún aparato que sirva para algo especial.

Reúne detalles ● Haz una *lista* que describa el tamaño, la forma y el color del objeto. *Recuerda* algún suceso (alguna anécdota) que tenga que ver con el objeto. *Compáralo* con otros objetos. *Pregúntate* por qué el objeto es (o fue) importante para ti.

Ejemplo de una estudiante

Comienzo

La autora explica la situación.

Desarrollo

La autora da detalles sobre el objeto.

Final

La autora dice qué sucede ahora.

Buenas noches, lamparilla

Cuando era pequeña, le tenía miedo a la oscuridad. Imaginaba monstruos verdes y caimanes que salían del armario y de debajo de la cama.

Cuando me regalaron la lamparilla, todo cambió. No era una lamparilla como las demás. Tenía un foco azul y al encenderse se veía un delfín muy bonito. Además, se encendía sola cuando oscurecía.

Después de que me dieron la lamparilla, ¡comencé a ver delfines en lugar de caimanes! Por muchos años estuve muy contenta de tener esa lamparilla al lado de mi cama.

Ahora ya soy mayor y ha llegado la hora de decirle adiós a mi lamparilla. Pero nunca olvidaré que, cuando era pequeña, esa lamparilla me sirvió para quitarme el miedo a la oscuridad.

narraciones

Vamos a platicar

¿Qué es lo primero que haces cuando te pasa algo emocionante o interesante? Buscas alguien a quien contárselo, ¿no? Es probable que te guste hacerlo y que te resulte fácil.

Platica por escrito

Platicar sobre una experiencia es una cosa, pero contarla por escrito es otra. No es tan sencillo, sobre todo si es algo que te acaba de suceder. Te dan ganas de hablar, no de escribir. Por eso es mejor escribir sobre el pasado, porque te puedes sentar a pensar antes de escribir.

Es divertido compartir con otras personas nuestras experiencias. También es divertido inventar relatos sobre personajes ficticios.

Escribe un ensayo narrativo

Cuando escribes un ensayo narrativo, das tu versión de un suceso que quieres compartir con otros.

Antes de escribir · Hacer un plan

Tema ● Para escoger el tema, haz una lista de personas (inclúyete a ti mismo). Luego, piensa en algo interesante o raro que le haya ocurrido a una de esas personas. Piensa si eso les interesará a los lectores o si les dará algo en qué pensar.

Lectores ● Piensa quiénes van a leer la narración. Eso te ayudará a escoger los mejores detalles y palabras.

Voz ● Pregúntate cómo quieres que suene tu narración. ¿Quieres que sea seria? ¿Chistosa? ¿De suspenso?

Antes de escribir · Reunir detalles

Después de escoger el tema, decide qué información vas a incluir.

Explora ● Escribe todo lo que se te ocurra sobre ese tema específico. Describe el ambiente en que el suceso ocurrió y los detalles sobre el problema o la meta que tenía el personaje.

Concentra ● Lee lo que has escrito y decide qué detalles puedes dejar en la narración y cuáles debes quitar.

Organiza ● Muchas veces, las narraciones responden a las cinco preguntas básicas: *¿Quién? ¿Qué? ¿Dónde? ¿Cuándo? ¿Por qué?* Estas preguntas te podrán servir para organizarte.

¡Ojo! Las narraciones pueden ser sobre algo de la vida real o sobre algo ficticio. Todos los ejemplos de este capítulo se basan en la vida real.

Escribir el borrador

Las buenas narraciones tienen un comienzo, un desarrollo y un final.

Comienzo ● Piensa cómo quieres comenzar la narración. Puedes empezar con una descripción de la situación o la escena, o bien, directamente con la acción.

Desarrollo ● Escribe el desarrollo de una manera natural y espontánea, como si estuvieras contando un cuento o platicando con un amigo sobre alguna experiencia. Sigue el plan, pero añade todos los detalles que se te ocurran.

Final ● Al igual que todo lo que escribes, tu narración debe tener un final creíble.

Revisar y Corregir   Mejorar lo que has escrito

Las siguientes preguntas te servirán para revisar y corregir el borrador. (Es buena idea pedirle a alguien que lea lo que has escrito y te sugiera cambios para mejorarlo.)

- ¿El comienzo capta la atención del lector?
- ¿Narré el suceso o experiencia de manera clara y expresiva?
- ¿Di suficientes detalles para que todo parezca real?
- ¿Me gusta como suenan mis palabras y mis oraciones?
- ¿El final une todos los hechos de una manera interesante?
- ¿Revisé si quedaban errores de ortografía, de uso de mayúsculas y la gramática?

¡Ojo! Cuando vayas a escribir una narración personal, platica primero sobre el tema y luego siéntate a escribir.

Escribe sobre un recuerdo

Cuando en tu narración hablas de ti mismo, escribes una *autobiografía*. Si hablas de otra persona, escribes una *biografía*. (**BUSCA** en las páginas 154–155.)

Escoge el tema ● Escribe sobre algún episodio del pasado que recuerdes bien. Piensa en algo triste, feliz o emocionante que te haya pasado o que le haya pasado a otra persona.

Reúne detalles ● Haz una lista de detalles que respondan a las preguntas básicas sobre ese suceso: *¿Quién? ¿Qué? ¿Dónde? ¿Cuándo? ¿Por qué?* Luego, piensa cómo te afectó ese episodio.

Ejemplo de una estudiante

Comienzo

La autora comienza diciendo qué va a suceder.

Desarrollo

La autora describe el primer día de campamento.

Final

El misterio presentado en el primer párrafo se resuelve.

Perdida en el bosque

Cuando fui al campo con mi tía Marta, llevábamos las mochilas tan llenas que no les cabía ni una aguja. Aún así, teníamos la sensación de que se nos olvidaba algo.

La primera noche fue divertida, aunque nos dio un poco de miedo. Estábamos en un bosque grande y oscuro, y se oían muchos animales. ¡Qué alivio cuando amaneció!

Después del desayuno salimos a caminar. Vimos pájaros carpinteros y oímos un búho. Llevábamos mucho tiempo caminando cuando empezó a llover y decidimos regresar. Pero no sabíamos qué camino tomar.

Por un buen rato nos pareció estar caminando en círculos. De repente, oímos el ruido de un camión. Seguimos el sonido y salimos a una carretera.

Por fin llegamos al campamento, empapadas. Ahí estaban los ponchos, pero la brújula se nos había olvidado en casa. ¡Eran las dos cosas que más nos hicieron falta!

Escribe sobre un suceso

Al escribir sobre un suceso, trata de situar al lector en medio de la acción. No narres muchas cosas. Mejor concéntrate en una parte emocionante.

Escoge el tema ● Escribe sobre un suceso reciente o sobre algún evento al que vayas a asistir. Por ejemplo, puedes escribir sobre un partido de fútbol, un desfile o una boda.

Reúne detalles ● Escribe todos los detalles sobre el tema. Menciona lo que ves, oyes y hueles. Trata de responder a las cinco preguntas básicas del tema *(¿Quién? ¿Qué? ¿Cuándo? ¿Dónde? ¿Por qué?)*. Luego, escribe por qué crees que vale la pena narrar el suceso.

Ejemplo de una estudiante

Comienzo
La autora piensa en su ídolo.

Desarrollo
Cuenta sobre el autógrafo.

Final
La autora añade una sorpresa.

El autógrafo inolvidable

No sabía cómo pedirle su autógrafo. Sentía que me desmayaba. Ella es mi ídolo, la mejor jugadora de tenis. ¡Cada día juega mejor!

Mientras me acercaba a las canchas de entrenamiento, pensé que me conformaría con sólo verla jugar. Luego, allí estaba: Arantxa Sánchez Vicario. Mi hermana y yo corrimos hacia ella, como dos veloces caballos acercándose a la meta. Al mirarla a los ojos sentí un cosquilleo en el estómago. Ella escribió su firma en el papel que le di.

Mientras regresábamos a nuestros asientos, no podía dejar de mirar la firma. Más tarde, durante el partido, me pareció que en un momento dado me guiñaba el ojo. Pero, a lo mejor, sólo fue mi imaginación.

Lista de control: Ensayos

Esta lista de control te servirá para escribir y revisar tus ensayos.

✔ Propósito

___ ¿Tengo en mente un propósito claro?

✔ Lectores

___ ¿Pensé en quiénes serán los lectores y qué les gusta leer?

✔ Voz

___ ¿Mi escrito refleja quién soy?

✔ Comienzo

___ ¿Presenta el primer párrafo el tema de una manera clara e interesante?

✔ Desarrollo

___ ¿Mencioné todos los hechos y detalles importantes sobre el tema?

___ ¿Organicé mis ideas de la mejor manera posible?

___ ¿Usé sustantivos específicos, verbos descriptivos y modificadores expresivos?

___ ¿Entenderán y apreciarán los lectores lo que quiero expresar en mi ensayo?

✔ Final

___ ¿Es natural la conclusión en el párrafo final?

___ ¿Los lectores se pondrán a pensar, se reirán o reaccionarán de alguna otra forma?

Mejorar lo que has escrito

Escribir oraciones sencillas

¡Controla tus ideas!

Imagínate que estás en casa viendo tu película favorita y, de repente, las imágenes de la pantalla empiezan a saltar de arriba a abajo. ¡Qué desastre! Lo intentas todo, pero no puedes solucionar el problema, así que finalmente te das por vencido y apagas la TV.

Algo parecido les pasará a tus lectores si tus oraciones están fuera de control. Si no pueden seguir tus ideas, dejarán de leer. Por eso es importante que utilices oraciones completas. Aquí encontrarás consejos para escribir oraciones claras que les permitan a los lectores seguir tus ideas con facilidad.

Asegúrate de que tus oraciones no tengan errores. Concéntrate en esto cuando revises y corrijas tus escritos.

Repaso: La oración

La oración es un conjunto de palabras que habla sobre un pensamiento. Para compartir tus ideas de manera clara y lógica, debes escribir oraciones completas.

Las partes de la oración

Todas las oraciones tienen dos partes principales: el sujeto y el predicado.

Sujeto ● El sujeto es la persona, animal o cosa de la que estamos hablando.

> <u>Olga</u> **invita a Pedro a su casa.**

Predicado ● El predicado es lo que decimos del sujeto. El núcleo del predicado es el verbo. El predicado se llama *verbal* cuando nos dice lo que hace el sujeto, y *nominal* cuando nos habla de una manera de ser o de estar.

> **Arturo** <u>monta a caballo</u>. (predicado verbal)

> **Mi papá** <u>es alto y fuerte</u>. (predicado nominal)

Otras palabras ● La mayoría de las oraciones tienen además otras palabras que describen y completan la idea.

> <u>Arturo</u> **monta a caballo** <u>en la granja de sus abuelos.</u>

Sujetos y predicados compuestos ● Puede haber más de un sujeto o más de un verbo en una oración.

> <u>Laura</u> y <u>Ana</u> **toman clases de baile.** (dos sujetos)

> **Los niños** <u>llegaron</u> **al salón y** <u>ocuparon</u> **los pupitres.** (dos verbos)

Oraciones compuestas ● Puedes unir dos oraciones con una conjunción como *y, o, pero, sino.*

> **Miguel** <u>canta en el coro</u> y <u>su hermana</u> **toca la guitarra.**

 **¡Ojo!** Si quieres aprender más sobre la oración, consulta el capítulo "La oración" en las páginas 402–406.

Problemas con las oraciones

Fragmento ● Si te olvidas de una parte importante de la oración, tendrás un fragmento.

Incorrecto: **Gusta el arroz con leche.**
(Le hace falta el sujeto.)
Correcto: **A Alejandro le gusta el arroz con leche.**
Incorrecto: **Al recreo a tiempo.**
(Le hacen falta el sujeto y el verbo.)
Correcto: **Salimos al recreo a tiempo.**

Unión incorrecta ● Una unión incorrecta ocurre cuando unes dos oraciones que deberían ir separadas.

Incorrecto: **El pastel estaba rico me lo comí todo.** (Deberían ser dos oraciones.)
Correcto: **El pastel estaba rico. Me lo comí todo.**

Oración enredada ● Una oración enredada ocurre cuando repites mucho una palabra y escribes una idea tras otra sin darle tiempo al lector para que respire.

Incorrecto: **Subimos al puente y sacamos las cañas de pescar y se nos habían olvidado los anzuelos y los cebos y regresamos a casa.** (Usa demasiado la palabra *y*.)
Correcto: **Subimos al puente y sacamos las cañas de pescar, pero se nos habían olvidado los anzuelos, así que regresamos a casa.**

Concordancia

Cuando escribas una oración, asegúrate de que haya *concordancia* entre el sujeto y el verbo, y entre el adjetivo y el sustantivo.

Entre el sujeto y el verbo ● El sujeto y el verbo deben concordar: la forma del verbo debe corresponder a la persona de la que se habla. Es posible que quieras escribir una oración en la que se presente una de las siguientes situaciones:

Sujeto simple ● Muchas oraciones tienen un sujeto simple que va seguido del verbo. Es fácil saber si hay concordancia.

> Margarita **juega al baloncesto.**
>
> (*Margarita* y *juega* concuerdan.)
>
> Mis amigos **vinieron a mi fiesta.**
>
> (*Mis amigos* y *vinieron* concuerdan.)

Sujeto compuesto con *y*

> Argentina y Brasil **están en América del Sur.**
>
> (El sujeto, *Argentina y Brasil,* puede sustituirse por *ellos.*
> *Ellos* y *están* concuerdan.)

Entre el adjetivo y el sustantivo ● Asegúrate de que el adjetivo concuerde con el sustantivo en *género* (masculino o femenino) y *número* (singular o plural). Cuando los sustantivos son de distinto género, usa el adjetivo en masculino.

> Las maletas **ya están listas.**
>
> (El sustantivo, *maletas,* y el adjetivo, *listas,* están en femenino y en plural.)
>
> La leche, el queso y la mantequilla **son nutritivos.**
>
> (Los sustantivos *leche, queso* y *mantequilla* son de distinto género; *nutritivos* es el adjetivo, y en este caso se usa en plural y en masculino.)

Otros problemas

Desorden ● Recuerda que puedes decir tus ideas de diferentes maneras, según su importancia. Sin embargo, procura que tus ideas tengan un orden lógico. Por ejemplo:

Incorrecto: **Javier a veces cuando le pregunta el maestro algo, está distraído.**

Correcto: **A veces, Javier está distraído cuando el maestro le pregunta algo.**

Correcto: **Cuando el maestro le pregunta algo, a veces Javier está distraído.**

Mal uso del *que* ● Ten cuidado cuando uses *que* para unir oraciones. A veces puede causar confusión. Fíjate:

Incorrecto: **Vimos un conejo con Ana, que tiene los ojos rojos.** (¿Quién tiene los ojos rojos, el conejo o Ana?)

Correcto: **Ana y yo vimos un conejo de ojos rojos.**

Mal uso del verbo *haber* ● El verbo *haber* no se conjuga cuando indica la existencia de algo o alguien. Se queda siempre en singular. Por ejemplo:

Incorrecto: **Habían muchos niños en el parque.**

Correcto: **Había muchos niños en el parque.**

Incorrecto: **Habrán lluvias y tormentas esta tarde.**

Correcto: **Habrá lluvias y tormentas esta tarde.**

Uso de anglicismos ● Cuando escribas, no uses palabras adaptadas del inglés si hay palabras apropiadas en español.

Incorrecto: **Compramos una carpeta nueva para la sala.**

Correcto: **Compramos una alfombra nueva para la sala.**

Combinar oraciones

Una + Una = Una

Combinar oraciones consiste en construir una sola a partir de dos o más oraciones cortas. La nueva oración debe ser correcta y tener más información que cada una por separado. Mira estos ejemplos:

Marcela es mi prima.
Marcela tiene once años.
Ella vive en Buenos Aires.

Estas oraciones están bien escritas, pero si combinamos las ideas, podemos formar una sola oración más agradable y fácil de leer.

Marcela, mi prima, tiene once años y vive en Buenos Aires.

Este capítulo te enseñará a combinar oraciones para mejorar tu estilo.

Revisa lo que escribiste para ver si hay muchas oraciones cortas o incompletas. Si es así, ¡ponte a combinarlas!

A mi perro le encanta correr mucho perseguir conejos

Combina con palabras clave

Usa una palabra clave. A veces, puedes combinar dos oraciones cortas si tomas una palabra clave de una oración y se la añades a otra.

Oraciones cortas: **Me gustan mucho las frutas. Prefiero las frescas.**
Combinadas: **Me gustan mucho las frutas** frescas.

Oraciones cortas: **Vamos a acampar cerca del lago. Lo haremos mañana.**
Combinadas: Mañana **vamos a acampar cerca del lago.**

Usa una serie de palabras. Si tus oraciones tienen el mismo sujeto pero dicen cosas distintas sobre él, puedes combinarlas con una serie de palabras.

Oraciones cortas: **El gatito estaba hambriento.**
El gatito estaba cansado.
El gatito estaba soñoliento.
Combinadas: **El gatito estaba** hambriento, cansado **y** soñoliento.

¡Ojo!

Para que tu oración esté balanceada, todas las palabras o frases de una serie deben ser paralelas, es decir, deben ser del mismo tipo.

Incorrecta: **Mi perro es amistoso, juguetón y es bastante inteligente también.** (Los calificativos en esta serie no son paralelos porque la última frase tiene varias palabras.)

Correcta: **Mi perro es amistoso, juguetón e inteligente.** (Ahora, todos los calificativos, *amistoso, juguetón, inteligente,* son de una sola palabra cada uno. Son paralelos.)

Combina con frases

Usa frases. Puedes usar frases para combinar las ideas de varias oraciones cortas y formar una oración más larga. (**BUSCA** en la página 404.)

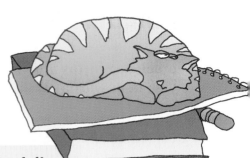

Oraciones cortas:	**Mi gato duerme todo el día.** **Él duerme sobre mis cuadernos.**
Combinadas:	**Mi gato duerme todo el día** sobre mis **cuadernos.**

Oraciones cortas:	**Pablo Cervantes es un gran escultor.** **Pablo Cervantes es mi vecino.**
Combinadas:	**Mi vecino,** Pablo Cervantes, **es un gran escultor.**

Usa sujetos y verbos compuestos. Con una conjunción, puedes unir dos o más sujetos para formar un sujeto compuesto. También puedes unir dos o más verbos para formar un verbo compuesto.

Oraciones cortas:	**Laura recibió muchos regalos.** **Yo también recibí muchos regalos.**
Combinadas:	**Laura** y yo **recibimos muchos regalos.**

Oraciones cortas:	**Mi perro se lanzó al agua.** **Luego nadó hasta la otra orilla.**
Combinadas:	**Mi perro se** lanzó **al agua y** nadó **hasta la otra orilla.**

Combina con oraciones más largas

Usa oraciones compuestas. De la misma forma en que puedes unir sujetos y verbos, también puedes unir oraciones, para formar *oraciones compuestas*. Para unirlas puedes usar las conjunciones *y, o, ni, pero, sino*.

Oraciones simples:	**Mi gato tiene pelo blanco. Parece una bolita de nieve.**
Combinadas con *y:*	**Mi gato tiene el pelo blanco** y **parece una bolita de nieve.**

Oraciones simples:	**En esa tienda no venden ropa. Venden zapatos.**
Combinadas con *sino:*	**En esa tienda no venden ropa,** sino **zapatos.**

Usa oraciones subordinadas. Cuando una de las dos oraciones es la causa de la otra, puedes formar una oración subordinada. Debes usar conjunciones como *pues, que, ya que, puesto que, porque*.

Oraciones cortas:	**No pudimos salir a patinar. Estaba lloviendo.**
Combinadas con *porque:*	**No pudimos salir a patinar** porque **estaba lloviendo.**

Escribir con estilo

Cuestión de estilo

El estilo es algo muy personal. A lo mejor haces una pirueta con tu patineta y sales volando. Eso es parte de tu estilo. O a lo mejor te encanta ponerles salsa roja a los burritos. Eso también es parte de tu estilo. Puede que lleves el pelo corto, o largo, o ni muy corto ni muy largo. También eso es parte de tu estilo. En cuestión de estilo, tú decides.

Tu manera de escribir

Tú, que eres un joven escritor, tienes tu propia manera de expresar lo que piensas y sientes. Ése es tu estilo de escribir; es algo que se desarrollará a medida que sigas escribiendo. Las sugerencias que te damos en este capítulo te servirán para mejorarlo.

> "Para mí, escribir ya no es sólo poner palabras en una hoja. Es expresar lo que soy."
>
> **—MERCEDES DÍAZ, ESTUDIANTE**

Desarrolla tu estilo

Tu estilo al escribir mejorará si sigues estos consejos:

■ **Practica a menudo.**
Escribe todos los días en un diario. Es una de las mejores maneras de desarrollar tu estilo.

■ **Prueba distintos tipos de escritos.**
Explora diversos tipos de escritos. Escribe poemas y obras de teatro, artículos de periódico y descripciones de personajes. Cada tipo te ayudará a desarrollar tu estilo.

■ **Escribe sobre ideas que sean importantes para ti.**
Si escribes sobre temas que te interesen, muy pronto tendrás un estilo propio.

■ **Habla con tu voz propia.**
Escribe con palabras que conozcas y entiendas, es decir, palabras que "suenen a ti".

■ **Cambia lo que no te guste.**
Si no te gusta lo que has escrito, arréglalo. Este manual está lleno de ideas para hacerlo. (**BUSCA** en las páginas 55–59, 60–63 y 64–67.)

■ **Aprende el arte de escribir bien.**
Hay métodos que deben formar parte de tu estilo al escribir. (**BUSCA** en las páginas 18–23.)

■ **Aplica las artes del oficio.**
Las técnicas para escribir de las páginas 124–127 te ayudarán a desarrollar tu estilo como escritor.

 **Exprésate** Aquí tienes una actividad para reforzar tu estilo. Toma cinco oraciones de distintos escritos que hayas hecho. Luego, trata de mejorar cada oración cambiando el orden de las palabras, usando un verbo más descriptivo, un sustantivo más específico o añadiendo otro detalle.

Artes del oficio

Las artes del oficio son métodos para mejorar tu estilo. Ponlas en práctica cuando escribas.

Anécdota Una anécdota es un relato corto que te sirve para ilustrar una idea. Aquí tienes una anécdota que el estudiante Andrés Bejarano incluyó en uno de sus relatos.

> **Ejemplo:** **Para que tenga limpio mi cuarto, mi mamá me cuenta lo que le pasó a mi tía Luisa. Mi tía era muy desordenada. Un día estaba limpiando el armario y se encontró unos gatitos. ¿Y qué creen? ¡Ni siquiera tenía una gata!**

Prueba esto: Pon anécdotas en tu escrito para que los lectores entiendan bien una idea.

Adjetivos expresivos Los adjetivos expresivos dicen algo vívido sobre los sustantivos o los pronombres.

> **Ejemplo de un adjetivo sin chispa:**
> **Mi mamá preparó una salsa** buena.

> **Ejemplo de adjetivos expresivos:**
> **Mi mamá preparó una salsa** picante **y** deliciosa.

Prueba esto: Si estás escribiendo sobre comida, piensa en palabras que te hagan agua la boca con sólo decirlas.

Comparación Una comparación es una descripción de cosas que se parecen. Es buena idea hacer comparaciones en escritos largos. (**BUSCA** en las páginas 92–93. **BUSCA** también sobre el símil en la página 127.)

> **Ejemplo:** **Esas mariposas parecen florecillas que vuelan.**

Prueba esto: Haz comparaciones para que tu escrito sea más claro o más expresivo. En una comparación bien escrita, las palabras dibujan una imagen.

Detalles Los detalles son datos, palabras y ejemplos específicos que apoyan la idea principal y que le dan colorido al escrito.

> **Ejemplo sin detalles:**
> **Mi prima es simpática.**
>
> **Con detalles:**
> **A mi prima Luz le encanta escribirles notas amistosas a sus compañeros.**

Prueba esto: Cuando estés escribiendo, añade detalles que sean específicos y claros. No uses mucho las palabras como *bueno, es* y *muy* porque no son específicas y claras.

Diálogo El diálogo es una conversación escrita.

> **Ejemplo:** **—Disculpe, ¿puede decirme dónde queda la estación del tren? —preguntó el turista.**
>
> **—Lo haría con gusto —respondió el joven—, pero yo también soy turista y estoy tan perdido como usted.**

Prueba esto: Pon diálogos en tus narraciones e informes (sacados de una entrevista). Le dan energía a tu trabajo y le dan un toque inolvidable a tu estilo. (**BUSCA** en la página 215.)

Extensión Extenderse es dar más detalles. (Ver *detalles* arriba.)

Exageración Cuando exageras al escribir, inventas personajes o escenas que se alejan de la realidad.

> **Ejemplo:** **La jirafa se estiró hasta las nubes y vio el globo que se había escapado.**

Prueba esto: Piensa en un animal y en sus características. (El ejemplo de arriba habla de una jirafa y de su gran altura.) Luego, exagera esas características, sobre todo en cuentos exagerados o en cuentos infantiles.

Modismo Un modismo es una palabra o expresión que no tiene el significado común o del diccionario.

> **Ejemplo:** **Marta metió la pata en el examen.**
> (En esta oración, *metió la pata* quiere decir
> "*se equivocó*".)

Prueba esto: De vez en cuando, usa modismos para que tu escrito suene real. Es más apropiado que los uses en relatos que en informes.

Metáfora Una metáfora es una figura retórica que compara dos cosas distintas sin usar las palabras *tan* y *como*.

> **Ejemplo:** **El corredor del suéter rojo es un verdadero cohete.**

Prueba esto: Piensa en dos cosas que tengan algo en común, como el color, el tamaño, la forma o el comportamiento. Fíjate en estos ejemplos: un corredor y un cohete, ojos azules y el mar, la frescura de la primavera y el aliento de un bebé.

Personificación La personificación es una figura retórica en la que una idea, objeto o animal adquiere las características de una persona.

> **Ejemplo:** **La roca testaruda se negaba a moverse.**

Prueba esto: Usa la personificación para darle vida a tu escrito. Si alguna vez has dicho: "El viento me acarició." o "La computadora está de mal humor hoy.", has usado la personificación.

Detalles físicos Los detalles físicos hacen que el lector vea, toque, huela, oiga o saboree lo que lee.

> **Ejemplo:** **El sedoso gatito de orejas negras ronroneaba suavemente en mis brazos.**

Prueba esto: Usa tus sentidos para buscar palabras que le den sonido, textura y colorido a tus escritos.

Símil Un símil es una figura retórica que compara dos cosas usando las palabras *tan* y *como*.

> **Ejemplo:** **La limonada fría es tan refrescante como un chapuzón en la piscina.**

Prueba esto: Usa símiles para poner imágenes en tus poemas, relatos y descripciones.

Sustantivos específicos Un sustantivo específico designa a una persona, lugar, cosa o idea en particular. En esta tabla, los sustantivos del renglón A son generales, los del renglón B son más específicos y los del renglón C son muy específicos.

	persona	lugar	cosa	idea
A	niña	aire libre	juguete	celebración
B	sobrina	parque	títere	fiesta
C	Ana Ríos	El Retiro	Pinocho	quinceañera

Prueba esto: Para que tu escrito sea claro, usa sustantivos muy específicos, como los del renglón C.

Verbos descriptivos Un verbo descriptivo es una palabra poderosa que le dibuja al lector una imagen de la acción.

> **Ejemplo:** **Los chicos saltaban y rebotaban en sus sillas.**

Prueba esto: Para que tu escrito cobre vida, usa verbos descriptivos.

Imita a los maestros

Los pintores jóvenes aprenden mucho estudiando las obras de arte de pintores famosos. Tú, como escritor, aprenderás mucho si estudias las obras de tus autores favoritos. Cuando encuentres oraciones que te gusten mucho, trata de copiar el modelo del autor. Eso se llama "imitar".

Sugerencias para imitar

- Busca una oración (o un pasaje corto) que te guste mucho.
- Escoge un tema para tu escrito.
- Sigue el modelo del autor a medida que escribas sobre tu tema.

La experiencia de una escritora

Imita a tu escritor favorito

A Marta le gustan mucho los cuentos de Horacio Quiroga, así que, de vez en cuando, trata de escribir como él. Ésta es una oración del cuento de Quiroga, *La tortuga gigante:*

Pero llegó un día, un atardecer, en que la pobre tortuga no pudo más.

Aquí está la oración de Marta, sobre su propio tema, pero modelada a partir del escrito de Quiroga:

Pero llegó un día, una mañana, en que el entrenador no pudo más.

Marta pudo haber escrito: "Pero una mañana el entrenador se hartó." Pero, al imitar a su escritor favorito, logra transmitir la misma idea con más fuerza y de una forma más directa. Logró "imitar al maestro".

Vocabulario de los escritores

Ésta es una lista de términos que usan los escritores al hablar de su trabajo.

Antes de escribir ● Etapa en que se planea un escrito. Antes de escribir se escoge el tema y se reúnen detalles.

Asunto ● Tema específico que se trata en un escrito.

Borrador ● Primera versión completa de un escrito.

Cliché ● Palabra o frase conocida que se usa tantas veces para expresar algo, que deja de tener fuerza. Por ejemplo, *más bueno que el pan* o *brilla como el oro.*

Composición ● Escrito parecido a un ensayo.

Corregir ● Comprobar que un escrito contenga oraciones completas y fluidas, palabras expresivas y específicas, y no tenga errores de ortografía, gramática o puntuación.

Desarrollo ● Parte principal del escrito que va entre el comienzo y el final. El desarrollo contiene detalles específicos que apoyan la idea principal.

Descripción ● Escrito que tiene detalles específicos y modificadores expresivos para que el lector "vea" claramente el tema del que se habla.

Detalles de apoyo ● Detalles específicos con los que se desarrolla un tema o se logra que un relato tome vida.

Diario ● Cuaderno en el que se anotan ideas, sentimientos y reflexiones todos los días.

Escrito explicativo ● Escrito en el que se explica algo, como un informe o trabajo de investigación. (A veces se conoce como *escrito informativo.*)

Escritura automática ● Escribir todo lo que se te ocurra rápidamente para que salgan nuevas ideas.

Estilo ● Manera en que un autor combina palabras, frases y oraciones.

Figura retórica ● Manera especial de describir un tema comparándolo con otra cosa. (**BUSCA** *metáfora, personificación* y *símil* en las páginas 126–127.)

Gramática ● Las reglas y normas del idioma que hay que seguir para escribir y hablar correctamente.

Idea principal ● Parte específica de un tema en la que se enfoca el autor. Por ejemplo, el enfoque de un escrito sobre Abraham Lincoln puede ser su educación.

Jerga ● Palabras y frases informales que se usan entre amigos. *Chévere* y *¡qué padre!* son jerga.

Juego de palabras ● Frase graciosa que aprovecha el doble sentido de una palabra. Por ejemplo: alguien retó a un súbdito a que le dijera a la reina, que era coja, algo sobre su defecto físico sin ofenderla. El súbdito le ofreció dos ramos de flores y le dijo: "Entre estos dos ramos, Su Majestad *es coja*."

Lectores ● Las personas que leen o escuchan la lectura de tu trabajo.

Lenguaje ● Manera como se expresa el autor en sus escritos. Al escribir algo sobre la vida cotidiana, por lo general se usa un lenguaje *informal*, mientras que en una carta de negocios se usa un lenguaje *formal*.

Lluvia de ideas ● Ideas aportadas por un grupo sobre un tema.

Método ● Manera de hacer alguna cosa en varias etapas. Éstas son las etapas del método de escribir: *antes de escribir, escribir el borrador, revisar, corregir* y *publicar.*

Modificador ● Palabra o grupo de palabras que describe las características de otra palabra o idea. (**BUSCA** en las páginas 398–399.)

Narración ● Escrito que cuenta un relato o una experiencia.

Narración personal ● Escrito que habla de la vida del autor.

Objetivo ● Escrito que habla de hechos sin expresar opiniones o sentimientos personales.

Oración final ● Oración que resume la idea principal de un párrafo.

Oración que presenta el tema ● Oración que expresa la idea principal de un párrafo.

Organización ● Forma en que se ordenan los detalles en el escrito. (**BUSCA** en las páginas 19 y 84.)

Palabras de transición ● Palabras que enlazan ideas en ensayos, párrafos y oraciones. (**BUSCA** en la página 85.)

Paralelismo ● Serie de palabras o frases escritas de la misma manera: *Josefina se rascó la cabeza, se mordió las uñas y se encogió de hombros.*

Persona ● Punto de vista desde el que se cuenta una narración.
> *Primera persona:* yo; nosotros
> *Segunda persona:* tú; ustedes
> *Tercera persona:* él, ella; ellos, ellas

Persuasivo ● Escrito que tiene como objetivo convencer al lector.

Propósito ● Razón principal para hacer un escrito.

Prosa ● Forma de hablar o escribir con oraciones ordinarias.

Revisar ● Cambiar el escrito para que sea más claro, generalmente añadiendo, quitando o cambiando de sitio ideas y detalles.

Subjetivo ● Escrito que habla de las opiniones y los sentimientos del autor.

Tema ● Idea central o mensaje de un escrito.

Tipo de escrito ● La forma de un escrito: poema, ensayo, novela, obra de teatro, etc. (**BUSCA** en las páginas 40–43.)

Voz ● Manera en que un autor comunica sus ideas. Los mejores escritos se escriben con una voz propia y natural.

Escritos personales

Diarios

¡Qué gran día!

Tu equipo ganó el partido de fútbol en el recreo. Escribiste bien todas las palabras en el examen de ortografía. Tu mejor amigo irá a verte después de la escuela, y tu papá los llevará al cine. Días así son tan especiales que ¡te gustaría recordar cada momento!

¿Qué puedes hacer para recordar lo que te ha pasado en un día fabuloso? Muy fácil: ¡escríbelo!

Guarda tus recuerdos

Al final de un día tan maravilloso, saca tu diario personal y ponte a escribir. Tu diario es el mejor lugar para anotar todo lo que te pasó. También cuenta lo que sentiste. Los recuerdos que guardes en tu diario quedarán allí para siempre y te permitirán recordar cosas que viviste y sentiste.

¿Qué se escribe en un diario personal?

Tu diario personal te sirve para...

- escribir cosas interesantes que hayas visto u oído,
- anotar ideas para escribir cuentos, poemas o informes,
- desarrollar tu estilo,
- desahogarte cuando no te haya ido muy bien, y
- recordar todos los momentos felices.

Para empezar

1 Reúne todo lo que necesites.

Necesitarás bolígrafos o lápices, y un cuaderno o una computadora.

2 Busca un lugar y un momento.

Levántate temprano y ponte a escribir cuando tu casa esté en calma. Escribe siempre a la misma hora en la escuela. O busca una silla cómoda después de cenar y siéntate a escribir.

3 Escribe todos los días.

Escribe todo lo que sientas y pienses en ese momento. No te preocupes por lo que digas o cómo lo digas. Escribe por lo menos 5 ó 10 minutos cada vez que te sientes a escribir.

4 Escribe sobre cosas importantes.

Escribe sobre algo que te moleste o que quieras recordar. Escribe sobre lo que hiciste el fin de semana o sobre algo gracioso que viste. Escribe sobre una cosa y luego sobre otras.

5 Anota la fecha.

Siempre que escribas, anota la fecha. De vez en cuando, siéntate a leer tu diario. Subraya las ideas que te parezcan interesantes y las que te inspiren para escribir más en el futuro.

Los diarios más de cerca

Para escribir en tu diario, reflexiona, o piensa a fondo, en las experiencias que has vivido y las cosas que has aprendido. Tu escrito tomará vida y te traerá muchas sorpresas.

Reflexiona

Para entender mejor tus experiencias, usa las siguientes técnicas:

Hazte preguntas. Cuando estés escribiendo, busca las respuestas a estas preguntas: *¿Qué fue lo más divertido o interesante de esta experiencia? ¿Qué siento en este momento? ¿Por qué me siento así?*

Compara, cuestiona, predice. Piensa también en lo que aprendiste de la experiencia. *Compárala* con otras. *Cuestiónate* si habrías podido actuar de otra manera o *predice* qué crees que harás en el futuro.

 Exprésate Lee el ejemplo de la página 136. Verás que esa estudiante escribía en su diario lo que ocurría en el jardín de su casa.

Esfuérzate

Esfuérzate al escribir. ¡Así descubrirás cosas nuevas!

Sigue escribiendo. Cuando vayas a escribir en tu diario, empieza con lo último que dijiste en la página anterior. Cuando encuentres una idea que te sorprenda, trata de hablar más sobre ella. Aún cuando creas que ya lo has dicho todo, sigue escribiendo unos cuantos renglones más.

Haz conexiones. Fíjate si puedes conectar ideas que parecen distintas. Trata también de conectar tus ideas con lo que ves en las noticias o en las películas, o con las letras de las canciones.

Tipos de diarios

Si quieres explorar tus ideas en un diario personal, prueba con alguno de estos diarios:

Diario electrónico ● Tu computadora puede servirte de diario electrónico. Es fácil anotar tus ideas para leerlas más tarde.

Diario en diálogo ● En este tipo de diario, intercambias cartas con un amigo, uno de tus padres o tu maestro para hablar de las experiencias que han tenido y los libros que han leído. (**BUSCA** el ejemplo de la página 137.)

Diario de estudio ● En este diario escribes sobre materias como matemáticas, ciencias y estudios sociales, para entender mejor lo que has aprendido. (**BUSCA** en las páginas 354–355.)

Diario de reacciones ● Cuando lees relatos o libros que te impresionan mucho, puedes escribir lo que sientes en un diario de reacciones. (**BUSCA** ideas en la página 171.)

Diario de sucesos especiales ● Aquí puedes escribir sobre tus experiencias con un deporte, un nuevo miembro de tu familia o un proyecto especial.

Ejemplo Diario

5 de julio

¡Hoy tuve un día increíble! ¡Vi un colibrí en nuestro jardín! Hace unas semanas sembramos alubias rojas y ya están creciendo. Se enroscan en los palos que pusimos. Esta semana les salieron florecitas rojas. El color rojo atrae a los colibríes. Me gustaría saber por qué.

Estábamos en el jardín y, de pronto, vi algo que se movía entre las flores. ¡Era un colibrí pequeñito! Estaba precioso. Pero en ese mismo momento se fue volando. Ojalá que regrese.

Ejemplo **Diario en diálogo**

En este diario en diálogo, una maestra y un estudiante comparten sus impresiones sobre un libro.

Querido José:

Me parecieron muy buenos tus comentarios sobre el cuento "La tortuga gigante" de Horacio Quiroga. También a mí me sorprendió el tamaño de la tortuga. He leído acerca de tortugas muy grandes en las islas Galápagos. Tal vez esta tortuga sea de la misma familia, ¿no crees?

Cuéntame qué otros libros lees durante tus vacaciones.

Con cariño,
Maestra Almeida

Querida maestra Almeida:

Gracias por mencionar las islas Galápagos. ¡Inmediatamente me puse a buscar información sobre ellas!

Todavía me faltan por leer muchas de las historias del libro de Horacio Quiroga, que se llama Cuentos de la selva. ¿Cree que sea posible que lo consigamos para la biblioteca del salón?

Atentamente,
José

narraciones personales

La historia de tu vida

Si escribes sobre hechos reales de tu vida, estás escribiendo una *autobiografía*. Contar toda tu vida sería demasiado, pero puedes escribir una *narración personal* corta sobre algún momento importante o divertido.

Piensa en las experiencias que has vivido como si fueran capítulos de tu vida. Cualquier cosa que te haya causado una emoción fuerte es un buen tema para escribir una narración personal.

> "No es fácil buscar en la memoria para encontrar detalles, pero vale la pena hacerlo. Los detalles te hacen recordar los capítulos más importantes de tu vida."
>
> **—SANDY ASHER, AUTORA**

Ejemplo Narración personal

Aquí tienes una narración de la autora Sandy Asher sobre algo que le pasó. Al principio, se sintió asustada y triste, pero todo acabó bien.

Comienzo

Aparecen los personajes principales y se plantea el problema.

Desarrollo

La narración está organizada en orden cronológico (describe lo que pasa primero, lo segundo, lo tercero y así sucesivamente).

Final

Aquí cuenta un rescate sorpresivo.

La desaparición del jerbo

Cuando mi hija Emily tenía nueve años de edad, tenía un par de jerbos llamados Farrah y Festus. Un día, ¡Festus se escapó de la bañera!

¿Jerbos en la bañera? Pues, sí. Como las paredes son altas, no pueden saltarlas y, como son resbaladizas, no las pueden trepar. Pusimos el tapón en el desagüe y metimos juguetes y semillas para que los jerbos hicieran ejercicio y jugaran.

Pero, un día, sin darme cuenta puse un tapete peludito de color azul en el borde de la bañera. Cuando Emily y yo regresamos, Festus ya no estaba. ¡Se había agarrado del tapete para salirse de la bañera!

El único lugar por donde podía haberse escapado era el agujero de la calefacción que había en la pared. Nos arrodillamos al lado del agujero y oímos perfectamente el ruido que hacía Festus: "tric, trac, tric, trac". Bajamos un cordel por el agujero, pero él no salía. Metimos una toalla, pero tampoco salía.

Cuando sacamos la toalla, ya no se oía el ruido que hacía antes. "¡Ay, no!", pensé. "Seguro que lo empujamos y fue a dar a la caldera. ¡Nuestro jerbo se tostó!"

Emily estaba inconsolable. Y yo, ni se diga. Metimos a Farrah en la jaula y bajamos a ver qué pasaba. En ese momento me di cuenta de que había otro agujero en el pasillo, justamente debajo del agujero del baño. Ahí oímos de nuevo a Festus con su "tric, trac, tric, trac".

Por último, Emily se acordó de que a los jerbos les encanta explorar cajas. Cogimos una caja de pañuelos faciales y la vaciamos. Luego, Emily la bajó por el agujero. En ese momento, Festus se metió en la caja y subió en su ascensor privado. ¡Así fue como la desaparición del jerbo se convirtió en el emocionante rescate del jerbo!

Reúne ideas

Para reunir ideas para tus narraciones personales, escribe todos los días en un diario o haz listas de experiencias personales. Estas cinco preguntas también te servirán para reunir ideas:

1 **¿Quiénes son importantes en tu vida?**

¿Miembros de tu familia? ¿Amigos? ¿Compañeros? ¿Vecinos? Piensa en los momentos que has vivido con ellos. ¿Qué es lo que más recuerdas? ¿Qué te gustaría olvidar? (**BUSCA** sugerencias para escribir relatos de familia en la página 143.)

2 **¿Dónde has estado?**

Cada sitio adonde vas es una aventura, ya sea el consultorio del médico, la oficina del director o la feria del condado. Piensa en el lugar más grande en que hayas estado, y en el más pequeño. Piensa qué lugares han sido agradables y cuáles te ponen los pelos de punta. Piensa en otros lugares.

3 **¿Qué es lo que más te gusta hacer?**

¿Te gusta dibujar o cocinar? ¿Te gustan los animales? ¿Te gusta jugar a la pelota o estar con amigos? ¿Te gusta hablar por teléfono o leer a la hora de dormir?

4 **¿Qué es lo que menos te gusta hacer?**

¿Estudiar? ¿Limpiar tu cuarto? ¿Cuidar a tus hermanos pequeños? ¿Levantarte temprano? Tienes muchas respuestas para esta pregunta, ¿no es así? Además, las cosas que no te gustan te hacen sentir emociones fuertes. Pero, ¿no te parece genial que hasta las peores cosas te den buenas ideas para escribir?

Si no sabes a dónde vas, probablemente llegarás a otra parte.

Narraciones personales

Antes de escribir Hacer un plan

Escoge el tema ● Es fácil escoger el tema para una narración personal. Escoge algo inolvidable que te haya pasado en un período de tiempo corto. (**BUSCA** ideas en las páginas 35–39.)

Un consejo: Imagínate que la primera oración de tu narración comienza así: "Me acuerdo cuando..." Completa la oración varias veces hasta que encuentres el tema que quieres.

Reúne ideas ● Si tienes muy clara la idea que escogiste, comienza a escribir. Si te faltan detalles, haz un mapa de ideas o una lista antes de empezar el borrador.

Un consejo: Responde primero a las cinco preguntas básicas: *¿Quién? ¿Qué? ¿Cuándo? ¿Dónde?* y *¿Por qué?* Cuando las contestes, estarás listo para escribir.

Escribir el borrador

Empieza por el principio ● Piensa en el comienzo de la experiencia ("Me encontraba en..." o "Cuando entré al cuarto...") y añade detalles a medida que se te ocurran.

Revisar Mejorar lo que has escrito

Revisa tu trabajo ● Lee el borrador en voz alta para que escuches lo que escribiste. ¿Se te olvidaron detalles importantes? ¿Los detalles que pusiste están en orden? ¿Se nota que estás interesado en el tema? Haz cambios.

Corregir

Busca errores ● Fíjate si las oraciones son fluidas. Mira si tus palabras son específicas e interesantes. Después, haz una copia en limpio y fíjate si quedan errores.

Ejemplo **Narración personal**

Teresa González se acuerda de un paseo en motocicleta en el que aprendió una importante lección.

El día en que me quemé en la moto

Comienzo

El diálogo hace la narración más real.

Mientras salía de la casa, me sentía un poco nerviosa porque iba a montar en la motocicleta de mi papá.

—Ven, súbete —dijo papá alegremente.

—Bueno —le contesté. Pero apenas me senté, ¡me quemé con uno de los tubos!

—¡Ay! —grité, y comencé a llorar.

—¿Te lastimaste? —me preguntó mamá.

—Sí —le respondí.

—Ven acá —dijo—. Déjame ver esa quemadura. No es grave, pero no creo que debas ir de paseo ahora.
Me dio gusto que mamá dijera eso.

Desarrollo

La autora comenta lo que piensa y siente.

—Vamos, no es para tanto. Vas a ver que en cuanto arranquemos te dejará de doler —dijo papá.

Y me alzó y me sentó en la moto.

—Pero, papá, ¡la verdad ya no quiero ir! —le dije.

—Tonterías. La pasarás muy bien —dijo papá.

Y arrancamos.

Tengo que admitir que durante el paseo, empecé a reírme. Casi no me dolía la quemadura. Ya no estaba nerviosa y me divertí mucho.

Final

Termina con un comentario positivo.

Menos mal que mi papá me convenció de montarme en la moto. Si no, jamás me habría montado de nuevo. Ese día aprendí que nunca debes sentirte vencida por el hecho de haberte lastimado. Debes intentar de nuevo.

Relatos de familia

Los relatos de familia son otro tipo de narración personal que seguramente te interesará. Aquí tienes algunas ideas.

Historia de los nombres... tu nombre primero ● Escribe sobre cómo escogieron tu nombre. Si no lo sabes, consulta con tus papás o con la persona que te cuida. Cada nombre tiene una historia. Es posible que la historia de tu nombre sea la primera de una serie de relatos sobre tu familia.

... nombres de otras personas ● Ahora, pregúntales a tus familiares sobre sus nombres. ¿Alguien tiene tu nombre favorito? ¿Se ponen apodos? ¿Y los apellidos? ¿De dónde vienen?

Tu nacimiento ● Pregúntales a tus padres sobre el día en que naciste. ¿Cómo estaba el tiempo? ¿A qué hora naciste? ¿Qué hechos importantes ocurrieron ese día en el mundo?

Celebraciones ● Escribe sobre las ocasiones que tu familia celebra: la Navidad, el Año Nuevo, el Día de los Muertos, el Día de la Virgen de Guadalupe. ¿Hay alguna fecha especial que solamente tu familia celebra?

Recetas ● Seguro que tu familia tiene sus platillos preferidos. Escribe sobre las ocasiones, los lugares y las personas que se han reunido a comer esos platillos contigo. Si quieres, escribe también las recetas.

Reliquias de familia ● Muchas familias tienen muebles, joyas o fotos que han pasado de una generación a otra. Estos objetos se conocen como reliquias de familia. ¿Cuál es la historia de esos objetos? ¿De dónde vinieron? ¿Por qué son valiosos?

Pausa y piensa Aquí tienes más ideas para pensar en otros relatos de familia: sucesos de miedo, desastres, parientes que sean fuera de lo común, pillos, bromas y dichos especiales.

notas y cartas amistosas

¡No pierdas el contacto!

¿Siempre corres al buzón o a la computadora para ver si te llegó correo? Intercambiar notas, cartas y mensajes te mantiene en contacto con tus amigos y fortalece los lazos de familia con los parientes que se encuentran lejos. Recuerda que para asegurarte de que recibirás correo, ¡tú también debes enviarlo!

Las partes de una carta amistosa

Encabezamiento **1** Aquí pones tu dirección y la fecha. Escríbelo en la esquina de arriba, a la derecha de la hoja.

Saludo **2** Empieza con *Querido* o *Estimado,* seguido del nombre de la persona a quien le escribes. Pon dos puntos después del nombre. Empieza en el margen izquierdo, dos renglones abajo del encabezamiento.

Texto **3** El texto expresa tus ideas. El primer párrafo empieza dos renglones abajo del saludo. Cada párrafo lleva sangría (la primera línea empieza más adentro que las otras).

Despedida **4** La despedida puede decir: *Con cariño, Un abrazo, Atentamente,* etc., y va seguida de una coma. Se escribe dos renglones abajo del texto. La primera palabra empieza con mayúscula.

Firma **5** Pon tu firma debajo de la despedida.

Ejemplo **Carta amistosa**

1 123 Cayuga Avenue
Yonkers, NY 10710
8 de enero de 2000

2 Querida Mónica:

3

Me llamo Amanda y soy tu nueva amiga por correspondencia. Estoy en quinto grado en la Escuela Elemental de Yonkers, de Nueva York.

Antes que nada, te quiero contar cuáles son mis aficiones. Estoy tomando clases de guitarra porque me regalaron una guitarra en Navidad. Es muy divertido. Todavía no lo hago bien, pero ya me sé dos canciones. ¿Tú sabes tocar la guitarra?

Me encanta dibujar, pintar y leer cuentos. También leo libros de suspenso y de ficción. Los libros que más me gustan son los de Julio Verne. ¿A ti te gusta leer?

En mi familia somos tres: mi mamá, mi papá y yo. Mi mamá es maestra y mi papá es comerciante. Tengo seis mascotas: tres gatos, dos periquitos y un perro. Mi perro se llama Chocolate. Le pusimos ese nombre porque es de color café, como el chocolate. Los periquitos se llaman Esmeralda y Palomo. Tienen plumas verdes, azules, amarillas y negras. Palomo muerde, por eso casi nunca lo dejo suelto. Esmeralda es muy mansita y se la pasa montada en mi hombro.

Como puedes ver, me encantan los animales. Cuando sea grande quiero trabajar con animales, sobre todo con caballos. ¿Tú qué quieres ser cuando seas grande?

4 Un abrazo,

5 Amanda Mejía

P.D. ¡Escríbeme pronto!

Cartas y mensajes

Antes de escribir Hacer un plan

Escoge el tema ● Escoge a un amigo o pariente para escribirle.

Reúne detalles ● Haz una lista de lo que quieres escribir: sucesos de tu vida, qué te gusta hacer o un relato interesante.

Escribir el borrador

Comienzo ● Saluda al lector y explícale por qué le escribes.

Texto ● Saca ideas de la lista y escribe todo lo que se te ocurra. Hazle preguntas al lector y responde a las suyas.

Final ● Termina la carta cortésmente y pídele al lector que conteste tu carta.

Revisar Mejorar lo que has escrito

Revisa tu trabajo ● Fíjate si en cada párrafo hablaste sobre una idea y si los detalles son claros e interesantes.

Corregir

Busca errores ● Fíjate si las oraciones son fluidas. ¿Usaste bien las mayúsculas, la ortografía y la puntuación?

■ **En las cartas:** Pasa tu carta en limpio. Fíjate que quede centrada, con márgenes de una pulgada a ambos lados. Escribe la dirección en el sobre, ponle el sello y échalo al correo. (**BUSCA** en la página 181.)

■ **En los mensajes electrónicos:** Fíjate si escribiste la dirección correcta, despídete cortésmente y envía el mensaje.

> **P.D.** Si al terminar la carta o mensaje te acuerdas de algo más que querías decir, escribe una posdata (P.D.).

Ejemplo **Mensaje electrónico**

Los mensajes electrónicos se escriben y se envían por computadora. Si ya has usado el correo electrónico, sabes que es una manera muy fácil de enviar, recibir, contestar y guardar mensajes.

¡Buena idea! Algunos mensajes electrónicos son notas para los amigos; otros, como el de abajo, son cartas formales. Recuerda que siempre debes revisar tu mensaje antes de enviarlo.

Fecha: Vier. 21 abr. 2000 10:52:21
De: Bernardo Zárate <berzarate@aol.com>
Para: Mundo Infantil@www.mundoinfantil.com
Tema: La vuelta al mundo en 20 días

Estimado señor:

Me encantó su artículo sobre los dos aeróstatas que nunca se dieron por vencidos ("La vuelta al mundo en 20 días", del 11 de abril). Me hizo pensar que yo también debería intentar de nuevo cosas que no pude hacer bien la primera vez. Me gustaría intentar otra vez el salto alto, porque no me fue muy bien en las pruebas y sé que puedo saltar por lo menos cuatro pies de altura.

Atentamente,

Bernardo Zárate

Notas sociales

Algún día te tocará escribir invitaciones y notas de agradecimiento. Estas cartas amistosas se llaman **notas sociales.**

Las partes de las notas sociales

Las notas sociales comienzan con un saludo, como *Estimado* o *Querido*. El texto tiene casi siempre uno o dos párrafos, cortos y directos. Generalmente, la despedida es *Tu amigo* o *Con cariño*. No te olvides de firmar después de la despedida.

Invitaciones ● Cuando quieras invitar a alguien a una fiesta o a una reunión, debes escribir una invitación. Incluye la siguiente información:

Qué: **una fiesta, una celebración**

Cuándo: **la fecha y la hora**

Dónde: **el lugar y la dirección**

Quién: **para quién es la fiesta**

Por qué: **cumpleaños, Primera Comunión, despedida**

En la invitación, pregúntale a tu invitado si va a asistir. En la esquina inferior izquierda, anota R.S.V.P. (que significa "responde, por favor") y tu número de teléfono.

Agradecimientos ● Cuando escribas una nota de agradecimiento, debes ser específico. Si le agradeces a alguien algo que hizo, explica por qué fue importante. Si le agradeces un regalo, dile por qué te gusta y cómo lo estás usando.

¡Ojo! Para dar un toque personal a tus notas, añade dibujos, calcomanías, sellos o letras especiales, o diséñalas en tu computadora. ¡Usa tu imaginación!

Ejemplo **Invitación**

15 de abril de 2000

Estimado José:

El sábado que viene cumplo 10 años y mis papás me van a hacer una gran fiesta. Vamos a tener una piñata y quiero que vengas con tu familia.

La fiesta será el mismo día de mi cumpleaños, el 29 de abril. Los espero en mi casa a las 2:30 p.m.

Mi dirección es 3200 Flamingo Drive. Si hace mal tiempo, pondremos la piñata dentro de la casa. Por favor, llámame para saber si van a venir.

Ana
R.S.V.P. 555-2231

Ejemplo **Agradecimiento**

GRACIAS GRACIAS GRACIAS

Estimado José:

Gracias por haber venido a mi fiesta. El libro y el estuche para fabricar papel que me regalaste están lindísimos. Ya empecé a leer <u>50 métodos sencillos para que los niños protejan la Tierra</u>, y ya puse en práctica algunas ideas.

El papel de esta nota lo hice con el estuche que me diste y con propaganda que nos llega por correo. ¡Me divertí mucho! Muchas gracias por los regalos. Me gustan mucho.

Ana

Escritos temáticos

Biografías

Escribir sobre otras personas

Si escribes sobre la vida de otra persona, escribes una *biografía*. Algunas biografías cuentan la vida de la persona desde su nacimiento hasta su muerte. Las descripciones de personajes son más cortas y describen a la persona o cuentan parte de su vida. Puedes escribir sobre alguien que conozcas muy bien, como tu abuelo o un vecino, o sobre personajes históricos, como Simón Bolivar o Sacagawea. Lo importante es que des información interesante sobre esa persona.

Guarda recuerdos

En las biografías, puedes:

- **guardar los recuerdos que tienes de alguien,**
- **descubrir un mundo interesante distinto del tuyo y**
- **comprenderte mejor a ti mismo.**

Describe a un personaje

Hacer un plan

Escoge el tema ● Seguro que conoces a muchas personas y tienes muchas cosas que contar. Aquí tienes ideas para escoger a la persona sobre la que vas a escribir:

■ Piensa en personas que conozcas bien.
■ Piensa en personas que sean importantes en tu vida.
■ Piensa en personas famosas.

Reúne ideas ● La cantidad de información que necesitas en esta etapa depende de qué tanto conoces a la persona. Aquí tienes ideas para reunir detalles.

¿Quién es la persona?	¿Qué tanto la conoces?	¿Dónde puedes buscar información?
mamá hermana	bien	Busca en tu memoria.
vecino tío	un poco	Busca en tu memoria. Haz una entrevista.
chofer del autobús dentista directora de la escuela	muy poco	Haz una entrevista y toma notas. Lee información sobre la persona.
personaje histórico estrella deportiva	sé algunos datos pero necesito más información	Lee libros y revistas. Escucha entrevistas en la radio y la TV. Explora la Internet.

Escribir el borrador

Comienza a escribir ● Trata de hacer muy interesante la descripción del personaje. Aquí tienes algunas sugerencias:

- Fíjate en los detalles que reuniste y escoge los que hagan más interesante o especial al personaje.
- Presenta al personaje de una manera original. Di su nombre y escribe un detalle o cita memorable.
- En el desarrollo, da más detalles. Usa adjetivos expresivos y verbos descriptivos. Menciona algún suceso o anécdota de la vida del personaje. (**BUSCA** en la página 124.)
- En el final, escribe un pensamiento que resuma lo que sientes por esta persona.

Revisar Mejorar lo que has escrito

Revisa tu trabajo ● Lee el borrador y fíjate en lo siguiente:

- ¿Los detalles ayudan al lector a imaginarse al personaje?
- ¿Pusiste los párrafos en el mejor orden posible?
- ¿Se nota que estás realmente interesado en el personaje?

Exprésate Pídele a alguien que revise lo que escribiste. Luego, haz los cambios necesarios.

Corregir

Busca errores ● Fíjate si tu escrito tiene sentido y si fluye bien de una oración a otra. Luego, revisa la ortografía, la puntuación, las mayúsculas y la gramática. Escribe la descripción en limpio y muéstrasela a otras personas. Si quieres, añade un dibujo o una foto del personaje.

Ejemplo **Descripción**

Mariana Pérez hizo esta descripción de su vecina, Beatriz. Por los detalles que nos da, se ve que la conoce bien y que la quiere mucho.

Comienzo
La autora nos dice que se concentrará en sus recuerdos de Beatriz.

Desarrollo
Mariana da detalles específicos sobre la vida de Beatriz.

Final
Aquí nos dice que Beatriz es muy importante en su vida.

Mi vecina Beatriz

Mi vecina Beatriz es una de mis mejores amigas. Por su edad, podría ser mi abuelita. A veces nos sentamos a charlar y ella me cuenta cosas de su vida. Tiene muchísimos recuerdos.

A Beatriz le encanta sacar su álbum de fotos y hablar de las personas importantes en su vida. Los ojos le brillan cuando habla de su tío Mateo, el bombero. Un día, él la llevó al cuartel de bomberos. Dice que lo mejor de ese día fue sentarse a contar chistes con los bomberos.

A Beatriz le gustan mucho los sombreros. Tiene sombreros de lana, sombreros de ala ancha, gorros impermeables, gorros tejidos y hasta cachuchas de béisbol. Mi preferido es el sombrero azul de paja que tiene un gran girasol en la parte de atrás. Se ve muy linda con ese sombrero.

Un día miré por la ventana y vi unas burbujas en el aire. Beatriz estaba sentada en la entrada de su casa soplando burbujas. Salí, me senté con ella y nos pusimos a competir para ver a quién le salía la burbuja más grande. Y, ¿qué creen? ¡Beatriz ganó!

Beatriz se va a mudar a otro apartamento el mes que viene. Ya no seremos vecinas, pero seguiremos siendo amigas.

Ejemplo **Descripción**

En esta descripción, Sabina Ortiz habla de Sacagawea, una indígena americana que ayudó en la expedición de Lewis y Clark.

Sacagawea

Comienzo

Sabina presenta al personaje.

Sacagawea fue una joven que se unió al viaje de exploración de Lewis y Clark por los Estados Unidos. Pertenecía a la tribu de los shoshone. Su nombre significa "mujer pájaro" o "la que empuja los botes".

Sacagawea y su esposo conocieron a Lewis y a Clark en el territorio que hoy se conoce como Dakota del Norte. Lewis y Clark contrataron al marido de Sacagawea como intérprete, para que hablara con las tribus que se encontraran por el camino. Sacagawea también fue, y resultó que ella hablaba más idiomas que su esposo.

Desarrollo

La autora da detalles sobre Sacagawea.

Sacagawea también conocía a miembros de otras tribus. Su hermano era el jefe de un grupo de shoshones de las montañas Rocallosas. Sacagawea le pidió que ayudara a Lewis y Clark, y él les dio alimentos y caballos.

Sacagawea fue de gran ayuda para la expedición de Lewis y Clark. Se ganó el respeto de los exploradores; sin ella, no habrían podido terminar su viaje.

Final

Sabina habla de cómo se honra a Sacagawea hoy en día.

Hoy en día, muchos lugares llevan su nombre. Hay parques, monumentos y hasta el pico de una montaña que se llaman Sacagawea.

Artículos de periódico

¡Mira! ¡En el cielo! ¡Un reportero!

¿No te parecería increíble ser Superman? Podrías volar, saltar edificios y combatir a los supervillanos.

Cuando Superman no estaba volando, tenía un trabajo de verdad. Era el reportero Clark Kent. El trabajo de los reporteros también es emocionante porque escriben sobre sucesos importantes y hablan con personas interesantes.

> "Desde este mismo día podrás ser reportero en tu propio salón de clases, en la escuela y en la comunidad. Lo único que necesitas es un poquito de curiosidad, interés en la gente y, por supuesto, ¡una libreta! Con un poquito de energía e imaginación, podrás producir hasta tu propio periódico."
>
> **—ROY PETER CLARK, AUTOR**

Tres tipos de artículos

Aquí tienes una lista de temas sobre los que algunos estudiantes han escrito para *El Heraldo,* el periódico de su clase. El lema del periódico es: "Si debe saberse, hay que publicarse". Los artículos se agrupan en tres categorías: artículos noticiosos, artículos especiales y cartas al director.

Artículos noticiosos

- Un apagón mata a los peces del acuario de quinto grado.
- El equipo femenino de fútbol gana el campeonato.

Artículos especiales

- El lector más veloz de cuarto grado.
- El maestro de matemáticas toca en un conjunto de rock.
- Explora el fondo del mar. (**BUSCA** en la página 159.)

Cartas al director

- Necesitamos más tiempo de lectura y más libros en la biblioteca de la clase. (**BUSCA** en la página 165.)
- No está bien regalar animales porque muchas veces son abandonados.
- Debemos proteger los sitios históricos de nuestra zona.

Pausa y piensa Mientras más raro sea el suceso, más interesante será el artículo noticioso. Un chiste dice que si un perro muerde a un hombre, no es noticia. Pero si el hombre muerde al perro, ¡entonces sí lo es!

Las partes de un reportero

Ojos para ver
detalles
interesantes →

Mente curiosa
para buscar
buenas ideas

Nariz para →
oler las
noticias

Oídos para
escuchar citas
memorables

Boca para →
hacer las
preguntas
correctas

Un corazón
comprensivo

Manos para
tomar notas
con cuidado

Pies para
perseguir
las noticias

Entrevistas

Muchos artículos noticiosos salen de entrevistas, en donde las personas comparten sus experiencias. Después de entrevistar a un oceanógrafo, Martín Barrera escribió lo que averiguó.

El fondo del mar

Martín Barrera

¿Cómo es el fondo del mar? "Frío, oscuro, misterioso e impresionante", señala el oceanógrafo Dan Anderson. "Es un mundo completamente ajeno".

Según el doctor Anderson, la mejor manera de observar el mar es en un submarino. Viajar en submarino a dos millas de profundidad es como conducir muy lentamente un auto, de noche. La velocidad máxima es de unas cinco millas por hora. Las luces apenas alumbran en el agua oscura. La temperatura es de sólo 6°C (43°F), por eso los científicos usan trajes especiales.

En las profundidades del mar nadan animales raros que emiten luz. El doctor Anderson a veces apaga las luces del submarino para maravillarse con ese espectáculo. El suelo oceánico tiene picos y valles como los de la superficie terrestre. ¡Una de las cordilleras mide 4,000 millas de largo! Cada vez que se sumerge en el mar, el doctor encuentra nuevos animales, recursos naturales o barcos hundidos.

Sigue estas ideas

- Haz una lista de preguntas para la entrevista. (Asegúrate de que las respuestas no sean simplemente "sí" o "no".)
- Escucha con atención lo que dice el entrevistado.
- Si quieres tomar notas, di cortésmente: "Permítame anotar esto".
- Pregúntale cómo se escriben las palabras que no conozcas.
- El contenido es más importante que las palabras exactas, a menos que vayas a escribir una cita textual.

Las partes de un artículo de periódico

Titular ① Es el título del artículo.

¡Campeón, el equipo femenino de fútbol de la secundaria América!

Línea del autor ② Dice quién escribió el artículo.

por Alicia Fernández

Introducción ③ Es la presentación del artículo y cuenta los hechos más importantes.

"Las niñas de la escuela secundaria América hicieron historia ayer. Su equipo es el primero del oeste de la Florida que gana el campeonato estatal de fútbol. Derrotaron a la secundaria Bolívar por 1 a 0".

Pie ④ Explica la foto o ilustración que acompaña el texto.

Cita ⑤ Expresa algo que alguien opina o siente:

"Las niñas jugaron de maravilla," comentó el entrenador Benito Carreño. "Nunca olvidaré a este equipo".

Desarrollo ⑥ Contesta preguntas y da más detalles.

¿Cuántos partidos ganó el equipo en esta temporada? ¿Quiénes fueron las mejores jugadoras?

Final ⑦ El final le deja al lector algo para recordar:

"Ocho niñas del equipo de fútbol volverán a jugar el próximo año. Estoy ansioso de que comience la temporada".

Ejemplo **Artículo noticioso**

El Heraldo

① ¡Campeón, el equipo femenino de fútbol de la secundaria América!

② por Alicia Fernández

③ Las niñas de la secundaria América hicieron historia ayer. Su equipo es el primero del oeste de la Florida que gana el campeonato estatal de fútbol. Derrotaron a la secundaria Bolívar por 1 a 0.

④ **Susana Jiménez anota el único gol de la secundaria América en los minutos finales del partido.**

⑤ "Las niñas jugaron de maravilla", comentó el entrenador Benito Carreño. "Nunca olvidaré a este equipo".

⑥ Desde que Susana Jiménez batió el récord del equipo al anotar cinco goles contra la escuela Central, el América ha sido invencible. Rosa Muñoz y Camila Pérez jugaron tan bien en la defensa que sólo les han anotado un gol en los tres últimos partidos.

Han establecido un nuevo récord al concluir la temporada con 7 victorias y 0 derrotas.

⑦ El entrenador Carreño sonreía al comentar: "Ocho niñas del equipo de fútbol volverán a jugar el próximo año. Estoy ansioso de que comience la temporada".

Artículos noticiosos

Antes de escribir Hacer un plan

Escoge el tema ● Escribe sobre una persona o un suceso que sea importante, interesante o fuera de lo común, es decir, sobre algo de lo que el público quiera enterarse. Si no se te ocurren ideas, fíjate sobre qué temas escriben los reporteros. En la Internet encontrarás periódicos de todo el mundo.

Reúne detalles ● Observa, haz entrevistas o investiga para reunir información. Comienza por responder estas preguntas: *¿Quién? ¿Qué? ¿Dónde? ¿Cuándo? ¿Por qué? ¿Cómo?*

Escribir el borrador

Escribe la introducción o primer párrafo ● En un artículo noticioso, comienza con la idea o el hecho más importante. En un reportaje especial, comienza con un detalle interesante.

Escribe la parte principal del artículo ● Presenta primero la información más importante y luego añade detalles. Al final, escribe algo que deje a los lectores pensando.

Revisar Mejorar lo que has escrito

Revisa tu trabajo ● ¿Presentaste todos los datos y detalles importantes? ¿Los pusiste en el mejor orden posible?

Corregir

Busca errores ● Fíjate si has escogido palabras específicas, si las escribiste bien y si pusiste las oraciones en el mejor orden. Fíjate también si escribiste bien los nombres. Pídele a alguien que revise tu escrito. Luego, haz una copia en limpio.

Escribe la introducción

El comienzo de un artículo noticioso es la **introducción,** donde se presenta un hecho importante o interesante. Puede ser una sola oración o un párrafo corto.

 Exprésate Repasa la introducción de Martín Barrera en su artículo "El fondo del mar" (página 159). ¿Cómo atrae a los lectores?

Para escribir una introducción puedes plantear una pregunta, hacer una comparación, presentar una nota de suspenso, hacer una descripción o incluir una cita.

Ejemplos de estudiantes

Mira estos ejemplos de introducciones. Luego, imagínate qué dirá el resto del artículo.

Pregunta: ¿Qué animal está causando sensación en la clase de ciencias? (artículo noticioso)

Cita: "¡Fue una victoria inolvidable!", exclamó el entrenador Pedraza. (artículo noticioso)

Sorpresa: El hombre más alto del mundo vive en esta ciudad. Se llama Emilio Romero, tiene 58 años de edad y mide ¡8 pies! (artículo especial)

Descripción: Imagínense una hermosa puesta de sol. Ahora, imagínense esa misma puesta de sol en una planta nuclear. (artículo especial)

Suspenso: Los estudiantes se ríen de las misteriosas comidas de la cafetería de la escuela. Pero lo que encontramos ayer en nuestros platos no era cosa de risa. Aquí tienen un vistazo a un asunto muy misterioso. (artículo noticioso)

Cartas al director

Cuando tienes una opinión firme sobre algo y la quieres dar a conocer, puedes escribirle una carta al director de un periódico.

Antes de escribir Hacer un plan

Escoge el tema ● Escoge como tema algo sobre lo que estés convencido y que también les interese a otras personas.

Reúne detalles ● Responde las cinco preguntas básicas: *¿Quién? ¿Qué? ¿Dónde? ¿Cuándo? ¿Por qué?* Expresa también lo que opinas sobre el tema.

Escribir el borrador

Comienzo ● En una carta al director de un periódico, el primer párrafo debe explicar la situación. Primero, presenta los hechos; luego, expresa tu opinión de la manera más clara.

Desarrollo ● En el desarrollo debes dar la información que apoya tu opinión. Luego, debes presentar detalles para que los lectores entiendan mejor el tema. Tu objetivo es que estén de acuerdo contigo.

Final ● Termina con una oración que apoye tu opinión.

Revisar Mejorar lo que has escrito

Revisa tu trabajo ● Asegúrate de haber incluido suficientes datos y detalles en la carta para explicar completamente tu idea u opinión. Presenta la información en el mejor orden posible.

Corregir

Busca errores ● Fíjate si pusiste bien las fechas, los nombres y otros detalles. Pídele a otra persona que revise tu carta. Haz las correcciones y luego escribe una copia en limpio.

Ejemplo **Carta al director**

1566 Telegraph Road
Enfield, CT 06082
15 de octubre de 2000

Director
El Clarín
555 Middle Road
Enfield, CT 06082

Estimado director:

La junta directiva de la escuela Gabriel Hernández
acaba de aprobar un plan para mejorar las
instalaciones de la biblioteca. Eso está muy bien, pero
la biblioteca necesita además libros nuevos, y los
estudiantes necesitamos más tiempo de lectura.

Nos hacen falta muchas de las obras de literatura en
español, como las obras completas de Miguel de
Cervantes, Platero y yo de Juan Ramón Jiménez, las
obras de Horacio Quiroga, Octavio Paz y otros escritores
latinoamericanos. El problema es que el presupuesto de
la escuela no alcanza para todo esto.

Mi papá dice que si usted publica mi carta, tal vez
algunas empresas o personas generosas decidan donar
dinero o libros para nuestra biblioteca.

Atentamente,

Amelia Venegas

Amelia Venegas

AMELIA VENEGAS
1566 TELEGRAPH ROAD
ENFIELD CT 06082

CARTAS AL DIRECTOR
EL CLARÍN
555 MIDDLE ROAD
ENFIELD CT 06082

Reseñas de libros

Comparte tu punto de vista

A los estudiantes de la escuela Benedicto Herrera les gusta mucho expresar lo que piensan y sienten en las reseñas de libros. Tienen toda clase de libros en el salón. Antes de sentarse a leerlos, leen las reseñas que otros estudiantes han escrito y así escogen qué libro leer.

¡Los expertos opinan!

A estos estudiantes también les encanta hacer reseñas porque pueden escribir sobre temas que les interesan mucho. Por ejemplo, a David y a Cristina les fascinan los deportes. Cuando leen buenos libros sobre deportes, lo que más desean es escribir algo sobre esos libros. Y cuando otros estudiantes quieren leer algo sobre deportes, leen las reseñas de David y Cristina.

En una reseña expresas lo que piensas de un libro que has leído.

Ejemplo **Reseña de un libro**

En este modelo, la estudiante Asunción Correa hace la reseña del libro titulado *Días y días de poesía*. Después de una corta introducción, Asunción responde tres preguntas básicas sobre el libro.

¿De qué trata el libro?

¿Cuál es el tema o mensaje del libro?

¿Qué me gusta del libro?

Días y días de poesía

Días y días de poesía, de Alma Flor Ada, es uno de los libros más hermosos que he leído.

Es una colección de 365 poemas, dichos y juegos recopilados por Alma Flor Ada y presentados en forma de calendario, con un poema para cada día. Los poemas son de diferentes autores y algunos de ellos vienen de la tradición popular de nuestros países.

Los temas son muy variados y hay poemas para todos los gustos. Algunos inclusive tienen música y el libro se puede conseguir con unas cintas en las que están grabadas las canciones.

Disfruté mucho leyendo este libro y aprendiendo las canciones con ayuda de las cintas. Creo que ésta es una forma ideal de conocer la obra de muchos poetas en un solo libro. Estoy segura de que todos encontrarán hermosas sorpresas al leerlo.

 **¡Ojo!** Nunca les cuentes a los lectores todo lo que sucede en el libro ni todas las razones por las que te gusta. Di sólo lo suficiente para que ellos decidan por sí mismos si lo quieren leer.

Reseñas de libros

Antes de escribir Hacer un plan

Escoge el tema ● Escoge cualquier libro que te interese. Puede ser de misterio, de aventuras, de poemas, un libro sobre tu deportista favorito, etc. La única condición es que te haya gustado o que te haya motivado.

Reúne ideas ● Tu reseña debe contestar tres preguntas básicas: *¿De qué trata el libro? ¿Qué me gusta del libro? ¿Cuál es el tema o mensaje?* (La "Tabla de ideas" de la página 169 te servirá para reunir información para la reseña.)

Escribir el borrador

Expresa tus ideas ● En el primer párrafo de la reseña, escribe el título del libro y el nombre del autor y da una idea general del tema del libro. Luego, responde las tres preguntas básicas en párrafos por separado. (**BUSCA** en las páginas 167 y 169.)

Revisar Mejorar lo que has escrito

Clarifica las ideas ● Fíjate que tus ideas hayan quedado claras y ordenadas. Fíjate también si dijiste demasiado o muy poco. (Uno de los problemas más comunes es decir demasiado. Es mejor no contar todo lo que pasa en el libro.)

Corregir

Vuelve a leer ● Verifica que la reseña sea fluida de principio a fin. Corrige la puntuación, la ortografía y las mayúsculas. (Recuerda que el título del libro debe ir subrayado o en letra cursiva.) Luego, pasa la reseña en limpio y léela de nuevo.

Tabla de ideas

Con esta tabla podrás contestar tres preguntas básicas en tus reseñas. Te servirá para hacer reseñas de libros de ficción y de no-ficción.

l. ¿De qué trata el libro?

Ficción: ¿Qué sucede en el relato? (No debes contarlo todo. Sólo resalta algunos sucesos.)

No-ficción: ¿Cuál es el tema principal del libro? Nombra alguna parte importante.

2. ¿Qué es lo que me gusta del libro?

Ficción: ¿El libro comienza con algo interesante o emocionante? ¿Tiene mucha acción o suspenso? ¿El personaje principal es valiente o fuerte? ¿El libro termina con una sorpresa?

No-ficción: ¿El libro contiene información interesante y fácil de entender? ¿Tiene buenos diagramas o ilustraciones a color?

3. ¿Cuál es el tema o mensaje del libro?

Ficción: ¿Qué mensaje expresa el autor acerca de la vida? (Por ejemplo: "No es fácil defender nuestros derechos.") ¿Qué detalles o sucesos del relato te llevaron a descubrir el tema?

No-ficción: ¿Por qué crees que el autor escribió el libro? ¿Qué información o mensaje quiere dar a conocer el autor?

Exprésate Cuando termines la reseña, léesela a tu clase o publícala en la Internet para que otros niños puedan leerla. (**BUSCA** en la página 269.)

Ejemplo **Reseñas en folleto**

Otra manera de escribir la reseña de un libro es hacer un folleto. El folleto contiene palabras e ilustraciones que invitan a los lectores a leer el libro.

En la portada

Invita a los lectores a leer el libro. (Haz dibujos o pon fotos que tengan que ver con el libro.) →

Dentro del folleto

Pon detalles sobre el libro para persuadir a los lectores a leer.

Días y días de poesía

por Alma Flor Ada

¡No te pierdas la belleza de sus versos!

Versos para cada día

- ★ 365 días del año
- ★ ¿Te gustan los poemas?
- ★ ¿Los juegos?
- ★ ¿Las canciones populares?

¡Aquí los encontrarás todos!

Diferentes autores

- ★ Tus poetas favoritos
- ★ Temas variados
- ★ Incluye versos de tradición popular

¡No olvides las cintas!

- ★ 42 canciones en cintas
- ★ Letra y música en el libro

Diario de reacciones

Hay muchas formas de pensar en lo que lees y de reaccionar, pero una de las mejores maneras es escribiendo un diario. En tu diario puedes hablar del personaje principal, adivinar qué va a pasar en el cuento o relacionar algún capítulo con cosas de tu vida.

Cómo reaccionar

Por cada libro que leas, trata de escribir en tu diario al menos tres veces. Si el libro es largo, escribe cuatro o cinco veces. Algunas de las ideas que anotes en tu diario te servirán para hacer reseñas. Estas preguntas también te servirán para reaccionar a lo que lees.

La primera impresión

¿Qué fue lo que más te gustó de los primeros capítulos? ¿Qué piensas de los personajes?

La historia avanza

¿Los sucesos del cuento son claros? ¿Aún piensas lo mismo de los personajes? ¿Qué crees que va a pasar ahora?

La segunda mitad

¿Qué cosas te parecen importantes ahora? ¿El libro todavía te parece interesante? ¿Cuál crees que será el final?

En resumen

¿Qué te parece el final? ¿El personaje principal cambió? ¿El libro contiene algo relacionado con tu vida? ¿Qué fue lo que más te gustó? ¿Qué fue lo que menos te gustó? ¿Por qué?

Exprésate Aquí tienes otras ideas: escribe un poema sobre el libro, dibuja un episodio del cuento, escribe otro final o haz un folleto. (**BUSCA** en la página 170.)

Escribir para explicar

¡A comer tierra!

¿Comer tierra? ¡Qué asco! Pero con esta receta te quedará riquísima. Primero, prepara un paquete de budín de chocolate instantáneo en un recipiente. Luego, muele un paquete de galletas de chocolate. Echa casi todas las galletas molidas en el budín y revuélvelo. Si quieres, echa después la "tierra" en una maceta NUEVA lavada. Mete gomitas en forma de gusanos. Luego, echa el resto de las galletas molidas encima de la tierra para que parezca suelo. Métela en el refrigerador por una hora. Por último, ¡a comer! Si no te gusta la tierra, prueba la arena. Prepárala con budín y galletas de vainilla.

¡Explícate!

Las instrucciones de "¡A comer tierra!" parecen cosa de chiste, pero si las sigues al pie de la letra, prepararás un delicioso postre. Muchas veces tendrás que dar instrucciones o explicaciones para hacer cosas como éstas:

- **fabricar o construir algo,**
- **llegar a un lugar,**
- **hacer algo o**
- **usar algo.**

Escribe una explicación

Antes de escribir Hacer un plan

Escoge el tema ● Explica cosas que sepas hacer: preparar un pastel, construir una pajarera o echar maromas. O piensa en un tema que te interese, por ejemplo, cómo proteger a los animales que están en peligro de extinción. También puedes explicar cómo funciona algo, por ejemplo, cómo digerimos los alimentos o cómo vuela un avión.

Reúne detalles ● Si necesitas reunir más detalles antes de sentarte a escribir, realiza la actividad, observa a otra persona hacerla, lee sobre la actividad o explora la Internet.

Escribir el borrador

Explícalo claramente ● Comienza con una oración o un título que mencione el tema. Explica paso por paso cómo se realiza la actividad. (Las explicaciones no tienen por qué ser aburridas, así que... ¡diviértete!)

Un consejo: Usa palabras como *primero, segundo, luego* y *después* para guiar a los lectores de un paso a otro.

Revisar Mejorar lo que has escrito

Haz la prueba ● Lee el borrador para ver si las instrucciones están claras y completas. Luego, pídele a alguien que lea la explicación para asegurarte de que no te has saltado ningún paso.

Corregir

Vuelve a leer ● Fíjate si la explicación se lee con fluidez y no tiene errores. Haz una copia en limpio y corrígela antes de publicarla.

Ejemplo **Escribir para explicar**

Cómo se llega. En el siguiente modelo, Elvira Beltrán le da instrucciones al chofer de una limusina para ir de paseo con sus amigos el día de su cumpleaños.

El paseo de mi cumpleaños

Para el paseo de mi cumpleaños, quiero ir desde mi casa hasta el restaurante La Joya por esta ruta. Primero, vaya cuatro cuadras hacia el norte hasta la calle Azucenas. Allí, doble a la izquierda. Siga derecho hasta pasar por la secundaria y dé vuelta a la izquierda por la segunda calle. Ahí tendrá que dar una vuelta grande y regresar. Cuando pasemos nuevamente la escuela, doble a la derecha y pase por la escuela Hernán Cortés. Siga derecho hasta la calle Gladiolas y doble a la derecha. Pasaremos frente a la casa de Tomás (pare y toque el claxon, por favor). Después de pasar el puente, doble a la derecha. La autopista 16 nos lleva a La Joya. ¡Gracias!

Cómo funciona. En este párrafo, Laura Núñez explica cómo funciona el aparato digestivo.

La digestión

El proceso de la digestión comienza en cuanto el alimento llega a la boca. El alimento se mastica con los dientes. Luego, las glándulas salivales producen un líquido llamado saliva. La saliva cubre el alimento masticado y éste baja por el esófago hasta el estómago. Allí, el alimento se mezcla y se cubre de jugo gástrico. Cuando el estómago termina de hacer su tarea, el alimento pasa al intestino delgado. Allí recibe otros líquidos digestivos del hígado y del páncreas. Luego, pasa del intestino delgado al torrente sanguíneo. Por último, los desechos de los alimentos pasan al intestino grueso y de ahí salen del cuerpo.

Cómo se prepara. Aquí tienes los pasos de la receta predilecta de Karina Tovar.

Mi receta favorita

Así es como mi abuela prepara el pan frito. Primero, echa un poco de harina en un tazón. Agrega polvo de hornear y sal. Echa lentamente agua tibia mientras va mezclando la harina para hacer la masa. Mezcla la masa hasta que queda suave. Luego la cubre con un paño y la deja reposar por 5 minutos. Pone aceite en una sartén y lo calienta en el fogón. Espera hasta que esté bien caliente. Para entonces, la masa ya está lista. Por último, pone a freír el pan. Deja freír los pedazos de masa hasta que quedan doraditos y deliciosos.

Cómo se hace. Benito Carvajal nos explica en una lista cómo podemos participar en una causa.

Protejamos la vida silvestre

Podemos disfrutar de la vida silvestre y a la vez protegerla. Campistas y caminantes deben seguir estas 10 reglas:

1. Llévense todo lo que trajeron. No dejen absolutamente nada.
2. Caminen por los senderos marcados para no estropear las plantas.
3. Acampen a unos 20 pies de distancia del agua y de los senderos.
4. Respeten a todos los animales, incluso a las serpientes y a las arañas.
5. Quemen con cuidado las sobras de comida o entiérrenlas.
6. No laven los platos ni se bañen en los ríos y lagos.
7. Hagan fogatas únicamente en los sitios designados o dentro de un círculo de rocas.
8. Observen, toquen y huelan, pero no se lleven nada de recuerdo.
9. No alimenten a los animales.
10. No hablen muy ALTO ni hagan mucho ruido.

Cartas formales

¡Vamos al punto!

Las cartas formales son un tipo de escrito muy común en el mundo de los negocios. Tendrás que escribir una carta formal cuando...

- **necesites información** (una carta de solicitud),
- **tengas un problema con un servicio o con un producto** (una carta de queja) **o**
- **quieras resolver un problema en la ciudad o en la escuela** (una carta al director o al funcionario).

Otros documentos formales son los memorandos y los mensajes electrónicos. En este capítulo aprenderás el formato que debes seguir en las cartas formales y en los memorandos. (**BUSCA** la información sobre los mensajes electrónicos en las páginas 146–147.)

Escribe una carta formal

Antes de escribir Hacer un plan

Escoge el tema ● Piensa para qué escribes la carta. ¿Qué quieres que el lector sepa o haga?

Reúne detalles ● Para reunir la información que vas a presentar en tu carta, haz una lista de detalles importantes.

Escribir el borrador

Sigue el formato ● En las páginas 178–179 se explica el formato que deben tener las cartas formales.

Comienzo ● Presenta el tema y explica por qué estás escribiendo.

Texto ● Explica los datos y detalles importantes en párrafos cortos. Sé cortés y positivo. Recuerda que debes decir *usted* en vez de *tú* para dirigirte al lector.

Final ● Explica lo que quieres que el lector haga y despídete con cortesía.

Revisar Mejorar lo que has escrito

Revisa tu trabajo ● Asegúrate de que has contestado cualquier pregunta que el lector pueda tener. Fíjate si la carta es fluida.

Corregir

Busca errores ● ¿Usaste bien las mayúsculas, la ortografía y la puntuación? Revisa de nuevo los datos y la ortografía de los nombres de personas y lugares. Recuerda que debes usar un formato especial.

Las partes de una carta formal

Encabezamiento **1** Aquí pones tu dirección y la fecha. Deja márgenes de una pulgada en la hoja.

Nombre y dirección **2** Aquí pones el nombre y la dirección de la persona o la compañía a la que le escribes. Deben ir contra el margen izquierdo y cuatro renglones debajo del encabezamiento. Si la persona tiene un cargo (por ejemplo, si es el director de un parque), pon una coma y el título después del nombre.

Sr. David Sánchez, Director

Saludo **3** Comienza dos renglones abajo del nombre y la dirección. Pon dos puntos al final del saludo.

- Si sabes el apellido de la persona, escríbelo así:

  Estimado Sr. Castillo:

- Si no conoces el apellido, dirígete a la persona con un lenguaje claro y cortés:

  Estimado Director: **Señores:**

Texto **4** Es la parte principal de la carta. Comienza dos renglones debajo del saludo y los párrafos no llevan sangría. Se dejan dos renglones entre los párrafos.

Despedida **5** La despedida se pone contra el margen izquierdo, dos renglones debajo del texto. Escribe *Atentamente* y pon después una coma.

Firma **6** Pon tu firma debajo de la despedida. Si escribes la carta en una computadora, deja cuatro renglones en blanco y escribe tu nombre completo.

Ejemplo **Carta de solicitud**

1
4824 Appleton Avenue
San Rafael, CA 94901
1 de enero de 2000

2
Sr. David Sánchez, Director
Yellowstone National Park
Box 168
Yellowstone National Park, WY 82190

3
Estimado Sr. Sánchez:

4
En mi familia estamos haciendo un concurso para ver quién planea las mejores vacaciones de verano. Quiero convencerlos a todos de que sería mucho mejor pasar una semana en el Parque Nacional Yellowstone que en la ciudad de Nueva York o en la playa. ¡No va a ser nada fácil!

Le agradeceré mucho cualquier ayuda que me pueda dar. Estoy muy interesado en obtener folletos con fotos y mapas del parque. También quisiera información sobre lugares en donde podemos hospedarnos y actividades que se pueden hacer.

Muchas gracias por su ayuda. Espero tener la oportunidad de conocerlo el próximo verano.

5
Atentamente,

6
Luis Ortiz

Luis Ortiz

Ejemplo **Carta de queja**

7534 Green Blvd.
Albany, NY 12204
27 de marzo de 2000

Sr. Wong-Tsu, Gerente
Mascotas
6574 Bubble Dr.
Albany, NY 12205

Estimado Sr. Wong-Tsu:

Comienzo
Explica el problema.

El pasado mes de febrero, nuestra clase de ciencias compró dos jerbos machos en su tienda Mascotas. Sin embargo, ¡ayer uno de los jerbos tuvo seis crías! Todos estamos muy contentos, pero nuestra maestra, la señorita López, dice que si el jerbo tiene otra camada tendremos que deshacernos de todos.

Texto
Sugiere una solución.

Sr. Wong-Tsu, quisiéramos intercambiar los jerbos. ¿Aceptaría usted el jerbo hembra y las crías a cambio de otro macho?

La próxima semana lo llamaré por teléfono para ver si acepta nuestra propuesta. Espero que sí. Todos en la clase queremos mucho a Harry, el jerbo macho, y deseamos que pueda encontrar un nuevo hogar para Francina y toda su camada. Esperamos que usted pueda ayudarnos a conservar a los jerbos. Muchas gracias. Espero su respuesta la semana que viene.

Final
Da información final.

Atentamente,

Félix Cortés

Félix Cortés

Dobla la carta

Cuando termines tu carta, dóblala en tres partes iguales.

Así:
- Dobla el tercio de abajo hacia arriba.
- Luego, dobla la parte de arriba hacia abajo.
- Repasa los dobleces.
- Métela en el sobre.

O así:
- Dobla la carta por la mitad.
- Luego, dóblala en tres partes.
- Repasa los dobleces.
- Métela en el sobre.

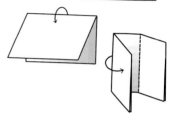

Pon la dirección en el sobre

- Escribe el nombre completo y la dirección de la persona a quien le envías la carta en el centro del sobre, un poco a la izquierda.
- Pon tu dirección en la esquina de arriba, a la izquierda del sobre y el sello en la esquina de arriba, a la derecha.

```
LUIS ORTIZ                                              USA
4824 APPLETON AVENUE                                     ¢
SAN RAFAEL CA 94901


              SR. DAVID SÁNCHEZ
              DIRECTOR
              YELLOWSTONE NATIONAL PARK
              BOX 168
              YELLOWSTONE NATIONAL PARK, WY 82190
```

¡Ojo! La oficina de correos prefiere que la dirección vaya en mayúsculas, sin puntuación y con la abreviatura del estado en dos letras. (**BUSCA** en la página 416.)

Escribe un memorando

El memorando es un mensaje corto que le envías a un maestro, a un pariente, a tu entrenador o al director de tu escuela. Los memorandos contienen preguntas y respuestas, dan instrucciones o son recordatorios. Puedes enviar memorandos en tu escuela o en tu casa.

Antes de escribir | Hacer un plan

Escoge el tema ● Concéntrate en el tema. ¿Por qué estás escribiendo? ¿Qué debe saber el lector?

Reúne detalles ● Enumera los detalles importantes.

Escribir el borrador

Sigue el formato ● Sigue el formato para escribir un memorando. (**BUSCA** en la página 183.)

Comienzo ● Escribe la fecha, el nombre del lector, tu nombre y el tema del memorando. Al comienzo del mensaje, expresa el punto principal.

Texto ● Presenta los detalles importantes del mensaje.

Final ● Concéntrate en lo que se debe hacer o la información que buscas. Termina cortésmente.

Revisar | Mejorar lo que has escrito

Revisa tu trabajo ● Fíjate que el memorando esté completo y sea claro. ¿Respondiste a las preguntas que pueda tener el lector? ¿Es fácil seguir los detalles?

Corregir

Busca errores ● Fíjate en la ortografía, las mayúsculas y la puntuación. ¿Escribiste bien el encabezamiento y los demás renglones? ¿Todas las oraciones están completas?

Ejemplo **Memorando**

Comienzo

Pon la fecha, el nombre del lector, tu nombre y el tema.

Fecha: 3 de abril de 2000

A: Sr. Rondón

De: Gloria Díaz

Asunto: Obra de teatro Rosalba y los llaveros

Esta nota es para recordarle que debe llamar al señor Jaime Méndez del teatro comunitario para pedirle los boletos de la obra Rosalba y los llaveros.

Ya averigüé lo que me pidió. Aquí tiene los datos:

Texto

Enumera los detalles importantes.

1. El señor Méndez atiende llamadas entre las 5:00 p.m. y las 7:00 p.m. entre semana en el teatro comunitario. El número de teléfono es: 970-555-0001.

2. El precio de los boletos para estudiantes es de $1.50 cada uno. Los maestros entran gratis.

3. Las dos funciones de matiné se presentan el 18 de mayo y el 25 de mayo. Todavía quedan boletos para ambos días. El Sr. Méndez recomienda que llame pronto porque los boletos se están vendiendo rápidamente.

Final

Pide la solución o respuesta que necesitas.

Cuando tenga hecha la reservación, me gustaría hacer yo misma el anuncio a la clase. Muchas gracias.

Escritos de investigación

Resúmenes

Aprende y recuerda

Piensa en todo lo que tienes que leer para la escuela. Todos los días te piden que leas notas, capítulos y cuentos. También tienes que leer otras cosas por tu cuenta para preparar informes y proyectos. ¡Cuánta lectura! Y, por si fuera poco, tienes que entender y recordar las ideas más importantes de lo que lees. Pero hay algo que te puede ayudar a recordar lo que lees: ¡los resúmenes!

Lo esencial

Al escribir un resumen, escoges solamente las ideas más importantes de la lectura. Luego, a partir de esas ideas, escribes uno o dos párrafos con tus propias palabras.

Escribir un resumen se parece un poco a sacar pasta de dientes del tubo: sólo sacas la cantidad que necesitas y dejas el resto en el tubo.

Escribe un resumen

Antes de escribir Hacer un plan

Lee por encima y haz una lista ● Aprende todo lo que puedas de una lectura antes de resumirla.

■ Primero, léela por encima (mira el título, las fotos, los encabezamientos, etc.) para captar la idea general. Luego, léela detenidamente.

■ Haz una lista de los puntos principales. Piensa cuál es la idea principal.

Escribir el borrador

En tus propias palabras ● Escribe un resumen con oraciones claras y completas. Hazlo con tus propias palabras, excepto cuando haya palabras clave.

■ Primero, escribe una oración que exprese la idea principal.

■ En las oraciones siguientes menciona solamente la información más importante. No pongas muchos detalles.

■ Ordena las ideas de manera que sea fácil seguirlas.

■ Si te parece necesario, escribe una conclusión.

 **¡Ojo!** La primera oración presenta el tema. Las demás oraciones deben apoyarla. (**BUSCA** en la página 187.)

Revisar Mejorar lo que has escrito

Revisa a fondo ● Hazte estas preguntas:

■ ¿Mencioné las ideas más importantes?

■ ¿Expresé esas ideas claramente y con mis propias palabras?

■ ¿Entenderán los lectores la idea principal de esta selección al leer mi resumen?

Ejemplo **Resumen**

Las hojas cambian de color en el otoño porque pierden su pigmento verde. También tienen pigmentos rojos, anaranjados y amarillos, pero el verde los oculta. Cuando llega el frío, el pigmento verde de la clorofila desaparece y por eso se pueden ver los demás colores. Después, las hojas se secan y el viento las arranca del árbol.

Lectura completa

¿Por qué cambian de color las hojas?

Aunque las hojas sólo se ven de color verde en el verano, también tienen otros colores. La clorofila de las hojas esconde los pigmentos de color rojo, anaranjado y amarillo que bloquean los rayos ultravioleta del sol. La clorofila es la sustancia que fabrica el alimento para el árbol.

Como en el otoño los días son más cortos y las noches son más frías, el pigmento verde de la clorofila se rompe y se va al interior del árbol. A medida que el color verde de las hojas desaparece, los otros colores se hacen visibles.

Cuando la clorofila se descompone, las hojas ya no pueden fabricar alimento. El xilema y el floema, los tubos que llevan el agua hasta las hojas, y el alimento a las otras partes del árbol, se tapan. Se forma una capa de corcho entre los tallos de las hojas y las ramas del árbol.

Poco después, las hojas se mueren y quedan colgadas de los tallos por unos filamentos. El viento del otoño seca y tuerce las hojas hasta que se desprenden del árbol y caen al suelo.

Informes de observación

Agudiza tus sentidos

¿Te gusta observar a la gente? Entonces seguramente te gustará escribir informes de observación.

En el recuadro de abajo hay una parte del informe de observación de una estudiante. Ella escogió como tema un parque, y con sus sentidos percibió distintas *imágenes, sonidos, olores* y *sensaciones*. Para escribir un informe de observación, sólo tienes que escoger un lugar y ponerte a mirar, escuchar, aprender... y escribir.

Oigo los gritos de los niños. Hay un extraño aroma en el aire. Siento una brisa ligera en mi cara. Son las 9:35 de la mañana del sábado y el parque se está llenando de niños. Los autos pasan a toda velocidad. De repente, un patinador pasa rápidamente...

Escribe un informe de observación

Antes de escribir Hacer un plan

Escoge un lugar • Elige un sitio de mucha actividad, como el salón de clase, un parque, un centro comercial, el zoológico, la cafetería de la escuela o algún lugar al que hayas ido de excursión recientemente.

Observa y escribe • Escribe en un cuaderno o en una computadora portátil lo que veas, oigas, huelas y sientas en ese lugar. Anota rápidamente lo que observas para que no se te escape nada. Quédate observando por lo menos 15 minutos.

¡Buena idea! También puedes grabar lo que observas con una cámara de video o una grabadora, pero primero pídele permiso a tu maestro.

Escribir el borrador

Prepara el informe • Puedes escribir el informe de observación de dos maneras:

1. Pon todos los detalles en orden cronológico: lo primero que viste y oíste, luego lo segundo, etc. Así está el ejemplo que damos al comienzo de este capítulo.

2. Organiza tus observaciones en torno a la idea principal, igual a como escribes un párrafo descriptivo. Así están los ejemplos de las páginas 104 y 190.

Revisar Mejorar lo que has escrito

Haz cambios • Anota en el borrador las observaciones más importantes. También fíjate que las oraciones estén en el mejor orden posible y que fluyan bien. Luego, mira si hay errores de ortografía, mayúsculas y puntuación.

Ejemplo | **Informe de observación**

Este autor expresa la idea principal en la primera oración. Luego enumera los demás detalles en el orden en que los observó.

Nuestra visita al Fuerte Laramie
por Daniel Cortés

Estamos sentados a la entrada del Fuerte Laramie, esperando a que abran. El inmenso cielo azul se extiende para encontrar a lo lejos la llanura cubierta de hierba. Mi hermanito tiene la cara y las manos embarradas de chocolate, y le pone un chocolate derretido en la mano a mamá. Ella hace un gesto y dice con desagrado: "¡Puaj!" Un hombre vestido de explorador pasa a nuestro lado con un rifle largo. Lleva una chaqueta de gamuza y un sombrero de piel. Le corre sudor por el rostro enrojecido, tostado por el sol. Una mujer con un largo vestido verde lleva un cesto de ropa hasta una enorme tienda blanca. Cuando camina, su falda hace ruido. De repente, suena un cañonazo y todos saltamos.

—Vamos —dice papá—, ya es hora de entrar.

Exprésate No te limites a contar lo que ocurre: Muéstralo. Daniel Cortés podría habernos dicho: "El hombre está sudando", pero prefirió escribir: "Le corre sudor por el rostro enrojecido, tostado por el sol", para mostrarnos lo que ve. (**BUSCA** los ejemplos de la página 58 en la sección "Muéstralo, no lo cuentes".)

Ejemplo **Informe de observación para ciencias**

Es posible que tu maestro de ciencias te pida algún informe de observación. Para un proyecto de ciencias, Emilio Sánchez observó cómo sale moho en distintos panes y tortillas. Aquí tienes parte de su informe final.

Observación del moho en el pan y las tortillas

PROCEDIMIENTO: El 27 de octubre llevé pan blanco, pan integral, tortillas de maíz y tortillas de harina a la escuela. Metí todo en bolsas de plástico por separado y esperé unos días a que les saliera moho.

OBSERVACIONES: El pan blanco fue el primero en llenarse de un moho verde y blanco. Nunca había visto moho que no fuera verde. Eso fue lo primero que aprendí sobre el moho.

En el pan integral empezaron a salir manchitas blancas. A los cuatro días ya tenía moho. Se puso verde, blanco y amarillo. Ya eran dos colores de moho que nunca había visto.

Las tortillas de maíz se pusieron pegajosas. Después les salió moho por ambos lados. Además empezaron a oler mal, lo cual no pasó con el pan.

Las tortillas de harina se pusieron duras pero no les salió moho. No sé bien por qué. Aprendí que las tortillas de harina se ponen duras pero no les sale moho.

CONCLUSIONES: Aprendí muchas cosas con esta observación. Aprendí que hay distintos colores de moho, vi cómo crece el moho y lo observé en el microscopio. Pero, sobre todo, aprendí qué debo comprar si quiero que me dure más tiempo: pan integral o tortillas de harina.

Informes para la clase

Peces voladores, acróbatas marinos

Un día, tu maestra dice: "Niños, hoy vamos a hacer un informe sobre los peces."

"¡Ay, no! ¿Más informes?", piensas. "A veces son tan aburridos…" Pero, espera, tu maestra dice que este informe será sobre algo especial de los peces, no lo mismo de siempre. A lo mejor has visto alguna película sobre peces, o has leído algo interesante en una revista. O tal vez has vivido una experiencia que quieras contar.

> Cuando vayas a escribir un informe, busca un tema sobre el que quieras aprender más; un tema sobre el que te guste leer y escribir, y que quieras compartir con los demás.

Escribe un informe para la clase

Sigue estos cuatro pasos para escribir un buen informe:
(1) escoge un tema interesante, (2) reúne información sobre
el tema, (3) haz un plan y (4) escribe tu informe.

Antes de escribir Escoger el tema

Escoge el tema ● Primero, busca un buen tema. Debe ser
interesante y específico. ("Los peces" es un tema general; "los
peces de agua salada" es más específico. Más adelante
hablaremos de esto.) Además, tiene que ser un tema adecuado
para la tarea. ¡Explora todas las posibilidades!

Haz un mapa de ideas o una lista ● Un mapa de ideas te
servirá para explorar el tema. Primero, anota el tema general
en el centro. Luego, conéctalo con preguntas que te interesen
sobre el tema.

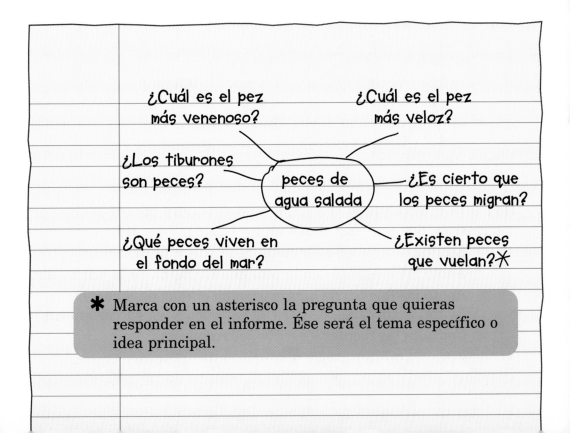

¿Cuál es el pez
más venenoso?

¿Cuál es el pez
más veloz?

¿Los tiburones
son peces?

peces de
agua salada

¿Es cierto que
los peces migran?

¿Qué peces viven en
el fondo del mar?

¿Existen peces
que vuelan?✗

✱ Marca con un asterisco la pregunta que quieras
responder en el informe. Ése será el tema específico o
idea principal.

Antes de escribir Reunir información

Haz una lista ● Cuando ya tengas un tema específico, piensa qué más quieres aprender. Haz una lista de preguntas, como ésta:

Peces voladores

1. ¿A qué velocidad vuelan?
2. ¿Cómo y por qué vuelan?
3. ¿Qué tan lejos pueden volar?
4. ¿Alguien los ha visto volar?
5. ¿Qué enemigos tienen?
6. ¿Desde cuándo existen?
7. ¿Cómo son?

¡Buena idea!

No hagas preguntas que se puedan responder con "sí" o "no". Casi siempre, las preguntas que empiezan con "¿Por qué..." tienen respuestas interesantes.

Consulta buenas fuentes ● Es imposible escribir un buen informe sin tener un buen tema y buena información. Éstas son algunas buenas fuentes de información:

■ Libros y revistas de la biblioteca. (**BUSCA** en la sección "La biblioteca" de las páginas 255–263.)

■ La Internet y CD-ROMs. (**BUSCA** en la sección "La Internet" de las páginas 264–269.)

■ Entrevista a personas que conozcan bien el tema. (**BUSCA** las ideas que damos en las páginas 46 y 159.)

Haz una cuadrícula ● La cuadrícula te servirá para organizar la información que reúnas. (**BUSCA** en las páginas 46 y 195.)

■ Escribe el tema en la esquina de arriba, a la izquierda.

■ Anota las preguntas en la columna izquierda de la cuadrícula.

■ Anota las fuentes de información en el renglón de arriba (libros, entrevistas, revistas, la Internet, y así sucesivamente).

■ Consulta las fuentes y escribe las respuestas.

Ejemplo **Cuadrícula**

Fuentes de información

Peces voladores	Libros y enciclopedias	Entrevista	Artículos de revista	Internet
1. ¿A qué velocidad vuelan?	Vuelan a 40 millas por hora. <u>Cómo vuelan los peces</u>, pág. 2		Más de 40 millas por hora. <u>Mundo marino</u>	
2. ¿Cómo y por qué vuelan?	Sacuden la cola 50 veces/segundo. <u>Cómo vuelan los peces</u>, pág. 2			Despliegan las aletas pectorales. <u>Peces tropicales</u>
3. ¿Qué tan lejos pueden volar?	Algunos vuelan la distancia de 3 campos de fútbol. <u>Peces voladores</u>, pág. 42			
4. ¿Alguien los ha visto volar?		Entrevista al pescador Abel Pinzón en el cuaderno del autor	Sí, los científicos. <u>Mundo marino</u>	
5. ¿Qué enemigos tienen?	Los delfines comen peces voladores.			
6. ¿Desde cuándo existen?	Desde la época de los dinosaurios. <u>Ayer, hoy y mañana</u>, pág. 92			
7. ¿Cómo son?	De 5 a 18 pulgadas de largo. <u>Enciclopedia Británica</u>			Tienen la misma forma de los arenques. <u>Peces tropicales</u>

Tus preguntas

Antes de escribir   Reunir información

Fichas de datos ● Seguramente tendrás que escribir mucha información en tu informe. Puedes anotar algunos datos en la cuadrícula, pero es posible que

todos no te quepan. Ahí es cuando tendrás que usar fichas de datos. Escribe la pregunta en la parte de arriba de la ficha y anota las respuestas debajo. En la parte de abajo, anota la fuente y las páginas que consultaste.

> ¿Cómo son los peces voladores?　　　　#7
> —miden de 5" a 18" de largo
> —hay varios tipos
> —aletas grandes
> —dos pares de aletas, adelante y atrás
> —plateados (foto)
>
> Peces en el aire, págs. 34–35

Citas ● Cuando leas en un libro o una revista algo que quieras citar al pie de la letra, cópialo tal y como está escrito. Haz lo mismo cuando

quieras citar algo que se dijo en una entrevista. (Recuerda: siempre debes poner comillas antes y después de una cita.)

> ¿Alguien los ha visto volar?　　　　#4
> 　"Vi que se acercaba por el aire y de pronto se enredó en el costado del bote. Casi me golpea, pero por suerte pasó a unas cuantas pulgadas. Si no, me habría lastimado. Antes de que yo pudiera reaccionar, ya se había soltado."
>
> Entrevista a Abel Pinzón, 15 de marzo

¡Ojo! Cuando cites palabras exactas sacadas de libros, revistas y entrevistas, debes darle crédito a las fuentes en tu informe.

Antes de escribir Organizar la información

Haz un plan ● Para organizarte cuando escribas el informe, haz un plan. Fíjate en el plan de cinco elementos que se preparó para el informe titulado "Peces voladores, acróbatas marinos".

Idea principal:	**Peces voladores**
Propósito:	**Dar información**
Tipo de escrito:	**Informe para la clase**
Lectores:	**Maestro y compañeros**
Voz:	**Seria**

Haz un esquema ● Para organizar los detalles que reúnas, haz un esquema como el de abajo o prueba con otra ayuda gráfica. (**BUSCA** en las páginas 48 y 333–336.)

Ejemplo de esquema de oraciones

I. Los delfines se comen a los peces voladores.
　　A. Los delfines son muy veloces.
　　B. Los peces voladores vuelan por encima del agua.
II. Describir a los peces voladores.
　　A. Vuelan con las aletas.
　　B. Vuelan a 40 millas por hora.
　　C. La altitud máxima que alcanzan al volar es de 45 pies sobre el agua.
III. Hablar de la entrevista a Abel Pinzón.
　　A. Un pez volador se enredó en el bote.
　　B. El pez se soltó y se fue.
IV. Hay peces voladores desde hace mucho tiempo.
　　A. Ya existían en la época de los dinosaurios.
　　B. Es muy probable que sigan existiendo.

Escribir el borrador

Cuando hayas organizado toda la información, empieza a hacer el borrador del informe. Sigue estas ideas para que quede claro e interesante.

COMIENZO

Comienza con algo llamativo ● Casi todos los escritos deben tener algo que llame la atención desde el principio. Por ejemplo, puedes empezar con un relato corto, o *anécdota*.

> **Dos delfines persiguen rápidamente un banco de peces voladores. Al advertir el peligro, los peces voladores nadan a toda velocidad. Pronto, van a 20 millas por hora. Cuando los delfines están a punto de alcanzarlos, los peces rompen la superficie. Despliegan las aletas laterales y comienzan a volar.**

Otras maneras de comenzar

- Pon una cita de una entrevista. ("Vi que se acercaba por el aire y de pronto se enredó en el costado del bote.")
- Escribe una oración que cause impacto. (Hay peces voladores que se elevan a 45 pies de altura sobre el agua, ¡lo suficiente para pasar por encima de una casa!)
- Presenta a un personaje o el tema. (Van a conocer a una inolvidable criatura extraña.)

Exprésate Cuando escribas un informe, exprésate con tus propias palabras. Está bien incluir citas directas de otras personas, pero recuerda que debes darles crédito. (Si no lo haces, cometerás *plagio*.)

DESARROLLO

Enlaza los datos • Si te limitas a enumerar los datos que reuniste, tu informe parecerá una lista de compras: será útil, ¡pero aburrido! Enlaza los datos de comienzo a fin y verás que el informe quedará mucho más interesante.

> A los peces voladores se les llama "libélulas del mar". No tienen alas como las libélulas y los pájaros, sino dos pares de aletas pectorales que les sirven de alas. Con las aletas de adelante se impulsan para salir del agua y con las de atrás levantan el vuelo.
>
> Pero en realidad no vuelan, sino que planean. Por eso no pueden recorrer grandes distancias como los pájaros. Pero pueden volar a 40 millas por hora y recorrer la distancia de tres campos de fútbol. La mayoría planea a 4 pies de altura sobre el agua, pero algunos se elevan a 45 pies, ¡lo suficiente para pasar por encima de una casa!

Añade la información que haga falta • Cuando hayas enlazado los datos, piensa si te hace falta más información. En ese caso, puedes poner citas o tablas. Con una cita, le darás vida a tu informe; con una tabla, será más fácil leerlo.

> Los peces voladores a veces aterrizan en los barcos de pesca. El pescador Abel Pinzón nos cuenta sobre el día en que un pez volador cayó en su bote. "Vi que se acercaba por el aire y de pronto se enredó en el costado del bote. Casi me golpea, pero por suerte pasó a unas pulgadas. Si no, me habría lastimado. Antes de que yo pudiera reaccionar, ya se había soltado."

Escribir el borrador

FINAL

Termina con algo convincente ● Al final del informe, resume las ideas principales, da una conclusión o escribe qué crees que pasará en el futuro.

> **La asombrosa capacidad de estos peces de volar para escapar de sus enemigos los ayuda a sobrevivir. Lo han hecho desde la época de los dinosaurios. Es probable que esta extraordinaria destreza les permita vivir en el mar por muchos siglos más.**

Revisar Mejorar lo que has escrito

Haz una lista de control ● Revisa tu informe tomando como guía las preguntas de abajo.

COMIENZO	¿Capta el primer párrafo la atención del lector? ¿Presenta un tema específico?
DESARROLLO	¿Presentan todos los párrafos información importante? ¿Están los párrafos en el mejor orden? ¿Hay que añadir o quitar información, o escribirla con más claridad?
FINAL	¿Resume el párrafo final las ideas principales? ¿Le deja al lector algo en que pensar?

Corregir

Cita datos precisos ● Fíjate si escribiste correctamente todos los datos que sacaste de las fuentes.

Busca errores ● Lee de nuevo la copia y fíjate si quedan errores de puntuación, ortografía, mayúsculas y gramática. Pídele a tu maestro o a uno de tus compañeros que la lea para ver si tiene errores.

Prepara una bibliografía

Seguramente tu maestro te pedirá una lista de las fuentes que consultaste para tu informe. En ese caso, tendrás que incluir al final una bibliografía. Sigue estos ejemplos:

LIBROS: Autor (primero el apellido). Título (subrayado). Ciudad donde se publicó el libro: Editorial, año de edición.

Athenton, Pike. <u>Peces alados</u>. Miami: Marine Press, 1990.

REVISTAS: Autor (primero el apellido). "Título del artículo". Nombre de la revista (subrayado) fecha (día, mes, año): números de las páginas del artículo.

Rosselli, Loreta. "Peces en el aire". <u>Mundo científico</u> 8 de junio 1998: 37–39.

ENCICLOPEDIAS: "Título del artículo". Nombre de la enciclopedia (subrayado). Edición o versión. Otro tipo (CD-ROM). Fecha de publicación.

"Peces voladores". <u>Enciclopedia Británica</u>. ed. 1993.

PELÍCULAS, DIAPOSITIVAS, VIDEOCASETES: Título (subrayado). Tipo (película, videocasete). Compañía productora, fecha, duración.

<u>Peces que vuelan, aves que no vuelan: ¿Errores de la naturaleza?</u> Videocasete. Pedagogía de las ciencias, 1998, 30 min.

ENTREVISTAS: Nombre del entrevistado (primero el apellido). Tipo de entrevista. Fecha (día, mes, año).

Pinzón, Abel. Entrevista personal. 15 de enero de 2000.

INTERNET: Autor <dirección electrónica>. "Título publicado". <u>Nombre del sitio Web.</u> Fecha de publicación o actualización más reciente. Patrocinador del sitio. Fecha de acceso. <Dirección electrónica>.

Sarabel y Chino <chino@lix.intercom.es>. "Pescados típicos en Lanzarote". <u>Web de Lanzarote</u>. 31 de enero de 2000. Sarabel y Chino. 3 de febrero de 2000. <http://www. mundo-canario.com/lanzarote/pescados.htm>

Informe para la clase

Escribe tu informe en limpio con tinta azul o negra. Escribe en un solo lado de la hoja y, a partir de la página 2, pon el número de la página en la esquina de arriba, a la derecha. (Tu maestro te dirá dónde debes poner tu nombre.)

20 de febrero de 2000

Comienzo
El informe comienza con mucha acción.

Peces voladores, acróbatas marinos

Dos delfines persiguen rápidamente un banco de peces voladores. Al advertir el peligro, los peces voladores nadan a toda velocidad. Pronto, van a 20 millas por hora. Cuando los delfines están a punto de alcanzarlos, los peces rompen la superficie, despliegan las aletas laterales y comienzan a volar.

Desarrollo
Esta parte contiene muchos detalles y un dibujo.

A los peces voladores se les llama "libélulas del mar". No tienen alas como las libélulas y los pájaros, sino dos pares de aletas pectorales que les sirven de alas. Con las aletas de adelante se impulsan para salir del agua y con las de atrás levantan el vuelo.

3

Bibliografía

Athenton, Pike. <u>Peces alados</u>. Miami: Marine
Press, 1990.
Rosselli, Loreta. "Peces en el aire". <u>Mundo</u>
~~~~tífico 8 de junio de 1998: 37–39.

2

Pero en realidad no vuelan, sino que
planean. Por eso no pueden recorrer grandes
distancias como los pájaros. Pero pueden
volar a 40 millas por hora y recorrer la
distancia de tres campos de fútbol. La mayoría
planea a 4 pies de altura sobre el agua, pero
algunos se elevan a 45 pies, ¡lo suficiente
para pasar por encima de una casa!

Los peces voladores a veces aterrizan en
los barcos de pesca. El pescador Abel Pinzón
nos cuenta sobre el día en que un pez volador
cayó en su bote. "Vi que se acercaba por el
aire y de pronto se enredó en el costado del
bote. Casi me golpea, pero por suerte pasó a
unas pulgadas. Si no, me habría lastimado.
Antes de que yo pudiera reaccionar, ya se
había soltado."

La asombrosa capacidad de estos peces
de volar para escapar de sus enemigos los
ayuda a sobrevivir. Lo han hecho desde la
época de los dinosaurios. Es probable que
esta extraordinaria destreza les permita vivir
en el mar por muchos siglos más.

Desarrollo
Se incluyen citas de una entrevista.

Final
Se añade una idea final para dejar pensando a los lectores.

Informes en multimedia

Imágenes y sonido

La palabra *multimedia* significa "usar más de un medio para comunicarse". Los informes presentados en multimedia contienen texto, sonidos grabados y hasta imágenes en movimiento.

Hay dos tipos básicos de informes en multimedia:

- **Informes interactivos,** o informes hechos en computadora con conexiones que el lector selecciona para ver más información.
- **Presentaciones en multimedia,** o informes orales (charlas) en los que se presentan diapositivas con una computadora.

Para preparar un informe en multimedia, necesitas un programa especial de computadora como Hyperstudio™ o PowerPoint™. También puedes presentar tu informe en una página *Web* de la Internet. (**BUSCA** en la página 269.)

En el mundo de los negocios son muy comunes las presentaciones en multimedia. Las enciclopedias en CD-ROM usan informes interactivos para complementar los textos con imágenes y sonido.

Informes interactivos

Un informe interactivo es una presentación en multimedia que se pone en un disco que contiene todo el texto del informe y conexiones para ir de una página a otra.

Cómo se prepara

Comienza con una charla o con un informe escrito ● Cualquiera de los dos es una buena idea. (**BUSCA** en las páginas 192–203 ó 311–317.)

Diseña la página ● Haz un diseño para todo el informe.

Pon una nueva página para cada idea principal ● Si hiciste un esquema para la charla o informe escrito, los encabezamientos te servirán de guía para crear cada página. Si no, haz una nueva página para cada párrafo. Es buena idea hacer un plan.

Añade efectos especiales ● Pon asteriscos y tablas para agrupar los detalles. (**BUSCA** en la página 207.) Añade imágenes y sonidos que ayuden a entender el informe. Puedes sacarlos del programa que estés usando o crearlos tú mismo. (Cada imagen y sonido debe complementar el mensaje, no distraer al lector.)

Agrega conexiones ● Pon en cada página un botón de "adelante" para ir a la página siguiente y un botón de "atrás" para regresar a la anterior. También puedes conectar términos especiales del informe con una página de definiciones, poner botones para escuchar sonidos, conectar imágenes fijas a segmentos de video, etc.

Para presentarlo

Guarda tu trabajo en un disquete que tenga tu nombre y el título del informe. Pídele a tu maestro instrucciones para entregar el disquete.

Recuerda que la persona que quiera ver tu informe en multimedia debe tener el mismo programa de computadora que tú usaste para prepararlo.

Presentaciones en multimedia

En un programa computarizado de multimedia podrás crear varias páginas conectadas, como si fuera una presentación con diapositivas. Cada vez que hagas "clic" con el ratón (o que oprimas la tecla *"Return"* o *"Enter"*) aparecerá el detalle o página que sigue.

Prepara la presentación

Busca un tema ● Toma en cuenta a los espectadores.

Prepara la charla ● En las páginas 311–317 encontrarás ideas para preparar la charla.

Diseña la página ● Piensa en un diseño que los espectadores puedan leer bien.

Pon una nueva página para cada idea principal ● Usa el esquema de la charla como guía para crear las páginas. Te servirá mucho hacer un plan. (**BUSCA** en la página 315.)

Presenta un solo detalle a la vez ● Aprende bien cómo se usa el ratón para mostrar un detalle a la vez. (Pídele a tu maestro que te enseñe.)

Añade imágenes y sonidos ● Pon ayudas visuales, igual que con cualquier presentación oral. Busca ejemplos en tu programa, saca otros de la Internet, o incluye los tuyos.

 **¡Ojo!** No distraigas a tus espectadores. No pongas demasiados "efectos especiales" ni efectos visuales o de sonido que no tengan que ver con el mensaje.

Realiza la presentación

En la página 316 encontrarás ideas para practicar y presentar la charla. Recuerda que también tienes que practicar en qué momento debes hacer "clic" con el ratón para mostrar una nueva página o idea.

Ejemplo **Historieta ilustrada en multimedia**

La siguiente historieta ilustrada convierte la charla de la página 317 en una presentación de multimedia.

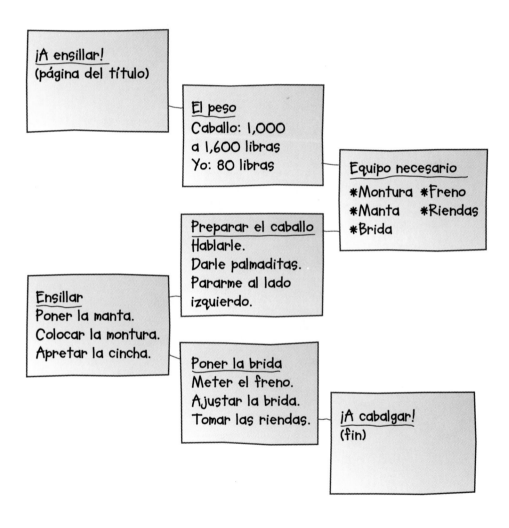

Relatos, cuentos y obras de teatro

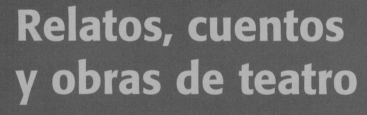

Relatos fantásticos

Inventa lo imposible

¿Alguna vez has soñado despierto? ¿O has tenido un amigo imaginario? ¿Has jugado a que puedes volar o a que descubres tierras desconocidas? ¿Te has inventado tu propio mundo o te has convertido en uno de los personajes de tu libro favorito? Si has hecho cualquiera de estas cosas, has usado la imaginación. Cuando lo haces, todo puede pasar... ¡hasta lo imposible!

¿Animales que hablan?

Siempre que escribes cuentos, te dejas llevar por tu imaginación, sobre todo cuando escribes *relatos fantásticos*. En estos cuentos, una araña podría salvar a un cerdito. Veamos un relato fantástico escrito por una estudiante.

> "Al escribir un cuento, puedes imaginártelo como tú quieras; lo importante es que te lo crean tus lectores."
>
> **—NANCY BOND, AUTORA**

Ejemplo **Relato fantástico: copia final**

En este relato, Lupe y sus amigos tratan de averiguar por qué la gata Maraca se comporta de una manera tan extraña.

El misterio de Maraca
por Patricia Zamora

Comienzo

El primer párrafo describe el ambiente.

Había una vez un establo hecho de una madera gris muy vieja. Los clavos ya estaban oxidados. Al lado del establo había un silo muy antiguo. Parecía cansado y se veía tan viejo como el establo.

De pronto, apareció Lupe en la puerta del establo. Los animales la miraron con cara de sorpresa. ¡Lupe nunca iba al establo a esa hora del día!

—¡Hay que tener una reunión ahora mismo! —exclamó Lupe.

Pepito, el cerdito, dejó de revolcarse en el lodo. El señor Arreola, conocido también como el gallo Pecos, dejó de molestar a las gallinas en el corral. Dardo, el perro, dejó de beber agua. Ojeda, el buey, lanzó un gran bramido desde el fondo del establo, y todos entraron para llevar a cabo la reunión.

Desarrollo

Patricia presenta el problema del cuento a través de un diálogo.

—¿Qué sucede? —preguntó la oveja Beeeatriz.

—Sí, ¿qué pasa? —dijeron en coro los demás.

—¿Alguien ha visto a Maraca? —preguntó Lupe.

—No —respondió el coro de animales.

—Pues yo tampoco, y ya me estoy empezando a preocupar. Hace mucho que no la veo —dijo Lupe.

—Pues, sí —comentó Ojeda, el muy observador—. Hoy le noté algo raro a Maraca. Se portó muy bien con Pepito y eso indica que algo anda mal.

—Señor Arreola, ¿usted cree que debamos meternos en la vida de Maraca? —preguntó Dardo.

—No, pero puede estar pasándole algo malo... aunque no es asunto mío —dijo Pepito.

—Muy bien —dijo Ojeda—. Esto es lo que haremos: Arreola, tú serás el jefe de la agencia de espionaje. Nosotros haremos las rondas, vigilaremos a Maraca de cerca y dejaremos mensajes en la oficina.

—¿Y yo? —preguntó Lupe.

—Tú anotarás toda la información que obtengan los espías —indicó el señor Arreola.

En ese momento, Maraca entró silenciosamente al establo.

—¿Por qué me miran así? No me pasa nada —dijo. Y sin más, se dio la vuelta y salió rápidamente.

Horas más tarde, nadie sabía todavía qué le pasaba a Maraca. Pepito estaba en su escritorio y movía nerviosamente una pata. El señor Arreola se acomodó las plumas y empezó a jugar impacientemente con sus pulgares. Lupe apuntaba todos los mensajes que recibía de los espías, pero nada era suficiente para resolver el misterio.

En eso estaban, cuando se abrió la puerta del establo y Maraca entró en silencio. Seis pares de ojos se dirigieron a la puerta.

—¿Saben? Se los debería de haber contado antes... —dijo Maraca. Todos escuchaban, intrigados.

—Ya saben que los gatos somos muy discretos —continuó Maraca. Y en ese momento entraron tímidamente dos gatitos—. Nacieron hace tres semanas. El pequeñín se llama Ratón...

Y, llena de orgullo, Maraca presentó a sus gatitos.

Así, en un lugar en las montañas, hay seis animales adultos felices, dos gatitos felices y una niña feliz en un establo.

Desarrollo

Los personajes hacen un plan para resolver el problema.

Final

Después de horas de suspenso, se aclara el misterio.

¿Qué es un relato fantástico?

Los relatos fantásticos hablan de algo imposible como si fuera real. En el relato de Patricia, los animales hablan, se mueven y hacen gestos, ¡como si fueran personas!

Haz que parezca real. Es posible que te preguntes: "Si algo es imposible, ¿cómo lo van a creer mis lectores?" No te preocupes: a los lectores les gusta echar a volar su imaginación, siempre y cuando tenga sentido lo que hagan los personajes.

En el ejemplo de las páginas 210 y 211, los animales tienen que resolver un misterio. Todo es imaginario: sus charlas, sus planes y hasta sus movimientos. Entonces, ¿por qué lo creemos? Porque todo lo que hacen se necesita para resolver el misterio y tiene sentido.

Reúne ideas. Pero, ¿de dónde sacamos ideas para escribir un relato fantástico? Muy sencillo: ¡de todas partes! Muchos escritores llevan siempre un cuaderno en el que escriben sus ideas a medida que se les ocurren. Un nombre gracioso, un objeto raro o un pensamiento chistoso pueden hacer que se te ocurra un relato. ¡Sólo tienes que usar tu imaginación!

Piensa: ¿Qué pasaría si...? Muchos escritores se hacen preguntas como éstas: ¿Qué pasaría si los frijoles crecieran hasta llegar al cielo? ¿Qué pasaría si existieran los gigantes? Después, el escritor piensa cómo escribir el relato. ¿Qué pasará primero? ¿Y después? ¿Qué hace cada personaje? Así... ¡empieza a formarse el relato!

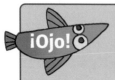 En cuanto se te ocurra una idea, ponte a escribir. En las dos páginas siguientes aprenderás el método de escribir un relato fantástico.

Escribe un relato fantástico

Antes de escribir Hacer un plan

Inventa los personajes ● Los personajes de un relato fantástico pueden ser personas, animales, dragones o criaturas inventadas. (Piensa en un personaje principal y en uno o dos personajes secundarios.)

 Exprésate ¿Cómo se llaman los personajes? ¿Cómo son físicamente? ¿Qué les gusta hacer? Escribe sobre ellos para averiguarlo.

Plantea un problema ● El personaje principal puede estar buscando un tesoro, o el camino de regreso a casa, o tratando de entender algo. (La forma en que se resuelve el problema es el desarrollo, o parte principal, del relato.)

Planea el ambiente ● Los relatos fantásticos pueden ocurrir en cualquier parte y en cualquier momento: desde tu vecindario hasta un mundo mágico. (Da detalles físicos para que los lectores puedan imaginarse el ambiente.)

Escribir el borrador

Comienza ● Al comienzo del relato puedes presentar al personaje principal o describir el ambiente. O puedes empezar a mitad de la acción: dos personajes discuten, alguien se salva, etc. El comienzo debe guiar hacia el problema principal.

Continúa ● Trata de que el personaje principal encuentre cada vez más dificultades a causa del problema. Usa muchos diálogos. (**BUSCA** en la página 215.) Así, mantendrás el interés de los lectores.

Termina ● Cuando se resuelva el problema, has llegado al final del relato. Algunos autores no saben cuándo detenerse y escriben demasiado. ¡No cometas ese error!

Revisar Mejorar lo que has escrito

Guárdalo ● Cuando termines de escribir el relato, guárdalo por un tiempo. Más tarde, cuando vuelvas a leerlo, imagínate que otra persona lo escribió para ver qué te parece.

Haz que parezca real ● Recuerda que tu relato debe ser imaginario y al mismo tiempo parecer real. Pregúntate: "¿Lo que hacen los personajes tiene sentido con las demás cosas que suceden? ¿Sus acciones son lógicas en este ambiente?"

Muéstralo ● Escucha con atención las preguntas que te hagan tus amigos después de leer o escuchar el relato. Tal vez alguno quede confundido con algo que hayas dicho. O puede ser que a otro no le parezca real una parte del relato. Mejora el relato a partir de las preguntas y comentarios que te hagan.

Un consejo: Si no te gusta el final, fíjate si tu relato quedaría completo quitándole la última oración o el último párrafo.

Corregir

Haz correcciones ● Cuando hayas hecho los cambios mayores, lee con atención las palabras y oraciones específicas del relato. ¿Escogiste las palabras adecuadas para describir el ambiente, los personajes y la acción? ¿Son interesantes y claras las oraciones? ¿Pusiste suficientes diálogos y usaste bien la puntuación?

Vuelve a leer ● Antes de mostrar la versión final del relato, fíjate si quedan errores de ortografía, gramática, mayúsculas y puntuación.

Exprésate Es muy divertido escribir y leer relatos fantásticos. Quizas conozcas a alguno de estos autores de relatos fantásticos: Horacio Quiroga, Ricardo Alcántara, Margarita Robleda Moguel, Marta Osorio... ¿Cuál es tu favorito?

Escribe diálogos

El diálogo es una de las herramientas más útiles de los escritores. Cuando una conversación entre dos personajes está bien escrita, los lectores se meten de lleno en la acción.

Sin diálogo

> **Ojeda sugirió que pusieran una agencia de espías. Arreola sería el director general. Los demás seguirían a Maraca y presentarían informes en la oficina. Lupe llevaría nota de todo.**

Con diálogo

> **—Muy bien —dijo Ojeda—. Esto es lo que haremos: Arreola, tú serás el jefe de la agencia de espionaje. Nosotros haremos las rondas, vigilaremos a Maraca de cerca y dejaremos mensajes en la oficina.**
> **—¿Y yo? —preguntó Lupe.**
> **—Tú anotarás toda la información que obtengan los espías —indicó el señor Arreola.**

Con el diálogo, vemos y oímos a los personajes en plena acción. No sólo nos enteramos de *qué* hacen, sino *cómo* lo hacen. Sin el diálogo, los personajes son menos interesantes.

La puntuación

Fíjate en la puntuación que lleva el diálogo de *El misterio de Maraca*. Sigue estas reglas para aclarar quién habla:

- Señala lo que dice el personaje que habla con términos como *dijo* y *preguntó*.
- Usa una raya cada vez que un personaje hable.
- Comienza un nuevo párrafo cada vez que entre un nuevo personaje.
- Escribe los signos de puntuación después de la raya.

Cuentos exagerados

¡Arre, mosquito!

Un cuento exagerado no es cualquier cuento. ¡Es un relato increíble sobre un personaje increíble que hace cosas increíbles! Los cuentos exagerados están llenos de humor y exageraciones. Muchas veces se basan en personajes de la vida real, como Juana de Arco o Daniel Boone.

Daniel Boone contó que una vez le dio un golpe a un mosquito con su hacha "para calmarlo un poquito". Luego, le puso una montura y salió cabalgando en él.

Los cuentos exagerados son relatos sobre personajes y lugares asombrosos y sobre cosas fuera de lo común. Cuando los leas, ¡tu risa se oirá en toda la ciudad!

Ejemplo **Cuento exagerado**

Nacho Fortacho y el incendio de Loma Gris

Comienzo

Conocemos a Nacho Fortacho.

Nacho Fortacho vivía en su ranchito al pie de Loma Gris. Era un tipo de muy buenos sentimientos y le encantaba ayudar a sus vecinos. A pesar de tener la fuerza de trescientos hombres, trabajaba como cualquier otro campesino. Nacho podía enlazar veinte reses y echárselas al hombro y podía arar todos los campos de los alrededores en un día, pero no le gustaba presumir.

Su vecina, doña Eufrasia, era una viejita que tenía un sembrado de flores, las cuales vendía en el mercado de los domingos. Sembraba claveles, rosas, dalias y otras flores de nombres complicados y deliciosos perfumes.

Desarrollo

El héroe tiene que solucionar un problema.

Un día, hubo un gran incendio en Loma Gris. El cielo se llenó de nubarrones negros de humo. El viento soplaba en dirección a las granjas del pie de la loma. Todos intentaban apagar el fuego, desesperados, pero el incendio continuaba extendiéndose. Finalmente, alguien corrió a avisarle a Nacho Fortacho que el fuego estaba fuera de control. Doña Eufrasia era la más angustiada, porque sus flores se estaban chamuscando.

Final

Con su fuerza legendaria, Nacho Fortacho soluciona el problema.

Nacho echó un vistazo a su alrededor, se frotó las manos, tomó su azadón más grande y, en un abrir y cerrar de ojos, abrió una zanja profunda y ancha en la base de la loma. Con otro golpe del azadón, desvió la corriente del río que cruzaba el valle para que las llamas no pudieran pasar a las tierras de cultivo. Y, como si nada hubiera pasado, se sacudió la tierra de la ropa y las manos, y se unió a los que estaban tratando de apagar el incendio.

—¡No fue nada! —dijo, cuando le vinieron a dar las gracias—. ¡Ahora sí, a trabajar!

Escribe un cuento exagerado

Antes de escribir Hacer un plan

Para escribir un cuento exagerado, sigue este método:

Inventa un héroe ● El personaje principal, o héroe, siempre es más fuerte, más valiente y más inteligente. Exagera las cosas cuando lo describas. Puede que sea...

tan fuerte como 10 gigantes.

capaz de pensar más rápidamente que una computadora.

Escoge un adversario poderoso ● Piensa en un enemigo poderoso o en un gran peligro que el héroe tenga que enfrentar. El enemigo puede ser...

un mosquito tan descomunal que necesita una pista de aviones para aterrizar.

un tipo tan malvado que hasta Supermán le tiene miedo.

Muestra la valentía del héroe ● Para escapar del enemigo o para dominarlo, el héroe puede...

salir vencedor en un combate.

enlazar un ciclón.

¡Grandísimos personajes!

Es posible que te sirva conocer a estos dos personajes famosos para escribir tu cuento:

■ **Juana de Arco oyó a los trece años unas palabras divinas que le ordenaban liberar a Francia del dominio inglés. Aunque era casi una niña, capitaneó un ejército pequeño y logró liberar la ciudad de Orleans, y hacer que Carlos VII fuera coronado.**

■ **Cuando Atahualpa se estaba preparando para ser emperador de los Incas, tuvo que atravesar llanuras envueltas en llamas y escalar los riscos más altos del imperio para demostrar su valor.**

Escribe tu propio cuento

Como los cuentos exagerados son para divertir y entretener, ponle muchas exageraciones y humor a tu cuento. Si incluyes diálogos, haz que el héroe diga tonterías y fanfarronerías.

¡Buena idea! Los cuentos exagerados generalmente pasan de una generación a otra. Cuando escribas, piensa que eres una cuentista narrando un buen cuento.

Comienza con mucho ingenio • Presenta al personaje principal de manera ingeniosa. (En el ejemplo, Nacho Fortacho podía enlazar a veinte reses y cargarlas en su hombro.) Recuerda que también debes dar detalles exagerados sobre el enemigo o el peligro al que se enfrenta el héroe.

Continúa con el relato • No le pongas nada fácil al héroe. Haz que tenga que vencer muchos obstáculos antes de enfrentarse a su enemigo. Luego, cuando estén cara a cara, haz que la lucha sea encarnizada.

Termina • Casi siempre el personaje principal de un cuento exagerado es el vencedor. Tu héroe debe hacer uso de su fuerza, su inteligencia o su valentía para derrotar a su adversario. Si quieres, agrega algo sorprendente al final.

Añade dibujos • Haz un dibujo del personaje principal, o ilustra tu escena preferida.

Relatos realistas

Amanda cobra vida

Amanda Rojas es una niña de 10 años. Tiene tres hermanos que la fastidian todo el tiempo. Su cabello rojo y rizado va muy bien con su carácter explosivo. Amanda podría ser una persona real, pero no lo es. Es un personaje de un relato realista de Sara Cervantes.

¿Qué es un relato realista?

Los relatos realistas son en parte reales y en parte inventados. Generalmente tienen personajes que nos recuerdan a alguien que conocemos, como Amanda. Estos personajes tienen problemas reales que deben resolver. Amanda, por ejemplo, tiene un problema con sus hermanos, lo cual es muy común para una niña de 10 años. Los detalles y sucesos inventados le dan un toque de suspenso o de humor al relato.

Muchas veces, los autores sacan ideas de sus propias experiencias o intereses para escribir relatos realistas. Pero el producto final es más ficción (algo inventado) que realidad.

Escribe un relato realista

Antes de escribir Hacer un plan

Antes de escribir tu relato, piensa en un personaje que parezca real y que tenga que resolver un problema fácil de creer.

Inventa al personaje ● Escoge tres personas que conozcas y anota en una tabla sus características y sus costumbres. Usa detalles de cada persona para inventar al personaje principal de tu relato. Es posible que Sara Cervantes usara una tabla como ésta para inventar a Amanda:

Nombre	Cabello	Edad	Usa	Carácter	Le gusta	No le gusta
Susana	lacio negro	10	anteojos	terca	mascar chicle	nadar
Ana	corto rubio	9	joyas	traviesa	deportes	hermanos
Carolina	rizado rojo	11	zapatos negros	explosiva	TV	tareas
Amanda	rizado rojo	10	anteojos	explosiva	deportes	hermanos

Busca un problema real ● Piensa en problemas que tú y tus amigos hayan tenido *en la escuela, con amigos* o *con la familia.* Luego, decide cuál quieres que tu personaje resuelva.

Escuela: la puerta del armario siempre se traba, las matemáticas me cuestan trabajo

Amigos: amigo que le platicó mi secreto a alguien, amiga que me avergonzó

Familia: mis hermanos me fastidian, mi hermana se pone mis patines

Problema de Amanda: Mis hermanos me fastidian.

Guía para hacer el plan

Una hoja de ideas como la de abajo te servirá para anotar todas las ideas que se te ocurran. No es necesario que planees los cinco elementos del relato antes de sentarte a escribir. A veces querrás cambiar datos de la hoja cuando ya hayas empezado a escribir. Apenas termines el borrador, revisa la hoja de ideas para ver si mencionaste lo más importante.

Hoja de ideas

Personajes:
(Describe primero al personaje principal. ¿Qué edad tienen los personajes y cómo se llaman? ¿Cómo son, de qué hablan y cómo se comportan?)

Ambiente:
(Describe dónde y cuándo tiene lugar el relato.)

Problema:
(¿Qué problema tendrá que resolver el personaje principal?)

Escenas:
(Enumera las cosas que el personaje va a hacer para solucionar el problema.)

Propósito:
(¿El relato será serio, sorprendente, de miedo, chistoso o triste? Escoge una de estas opciones para tu relato.)

 Exprésate Comenta tus ideas con algunos de tus compañeros antes de escribir el borrador. Pídeles sugerencias. Haz lo mismo cuando les muestres el borrador.

Escribir el borrador

Hay muchas maneras de comenzar un relato: con una conversación, con un personaje que esté ocupado haciendo algo, con una descripción del ambiente, etc. Sea como sea, el comienzo de tu relato debe ser realista e interesante.

Comienza ● Aquí hay cinco maneras de comenzar un relato.

Comienza con acción o diálogo:

—¡Miren lo que le hicieron a mis patines! —gritó Amanda.

Haz una pregunta:

¿Qué hice yo para merecer estos hermanos tan fastidiosos?

Describe el ambiente:

Nuestra casita blanca de la calle Los Pinos parece completamente normal desde afuera.

Comienza con antecedentes:

Mis tres hermanos me enseñaron a jugar baloncesto muy bien. Ahora juego mucho mejor de lo que ellos creen.

Haz que el personaje principal se presente a sí mismo:

Soy Amanda, la hermana de Jaime, Eric y Mateo Rojas.

Continúa ● No dejes que el personaje resuelva el problema fácilmente. Ponlo a hacer dos o más cosas primero.

Solución 1: **Arma un berrinche.**

Solución 2: **Habla con alguien.**

Solución 3: **Hace un plan para resolver el problema.**

Termina ● Dale un final realista al relato: el personaje no queda contento con la solución, otra persona resuelve el problema o el problema persiste. Debe ser un final creíble.

¡Ojo! Muchas personas cambian cuando se enfrentan a un problema. Muestra cómo cambia tu personaje al final del relato.

Revisar Mejorar lo que has escrito

Revisa tu trabajo ● Repasa el borrador para asegurarte de que todo lo que dicen y hacen los personajes tiene sentido. También fíjate que el relato no sea demasiado corto ni demasiado largo. Si algunas partes te parecen aburridas, cámbialas o quítalas. Si te parece que algo sucede muy rápidamente, añade más detalles para explicarlo mejor.

Dale vida al relato ● Si crees que debes darle más sabor al relato, agrega nuevos detalles, diálogos o más acción.

Pon detalles específicos.
¿Que imágenes, sonidos, olores o sensaciones interesantes puedes describir?

Crea diálogos interesantes.
Los diálogos revelan lo que sienten los personajes. ¿En qué parte del relato puedes poner a conversar a los personajes?

Describe acciones que los lectores crean.
Un poco de acción o de suspenso hará más emocionante tu relato. ¿Qué puedes poner a hacer a tus personajes?

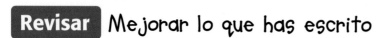

Corregir

Lee el relato ● Después de hacerle cambios a tu relato, pídele a un amigo que te lo lea en voz alta. ¿Es claro y fluido de comienzo a fin?

Busca errores ● Por último, fíjate si quedan errores de ortografía, puntuación y gramática. Pásalo en limpio y léelo antes de mostrárselo a tus compañeros. Si tienes tiempo, divide el relato en secciones, ilustra las páginas y encuadérnalas. (**BUSCA** en la página 73.)

Ejemplo **Relato realista**

Ya viste cómo Sara Cervantes creó algunas partes de su relato. Ahora lee "Amanda se defiende" para ver cómo enlazó esas partes.

Comienzo

Amanda se presenta y plantea su problema.

Desarrollo

Amanda prueba varias soluciones.

Final

Amanda resuelve por fin el problema.

Amanda se defiende

Soy Amanda, la hermana de Jaime, Eric y Mateo Rojas. No es fácil tener tres hermanos mayores. El día que le quitaron las ruedas a mis patines para armar un carrito me enojé tanto que echaba humo por las orejas.

Cuando papá se enteró, los castigó por dos días. ¡Dejaron de fastidiarme por toda una semana! Pero después encontré arañas de plástico en mi zapato.

Por eso tenía que pensar en un plan para que dejaran de fastidiarme. La única que sabía que yo era una excelente jugadora de baloncesto era mi amiga Anya, así que un día les dije a mis hermanos:

—¿Quién quiere jugar básquet?

—¡Yo! —dijo Eric.

—Muy bien —contesté—. Si yo gano, los tres tienen que prometer que nunca volverán a fastidiarme.

El juego comenzó. Después de un rato, Eric y yo íbamos empatados. Él se acercó a la canasta, dio una vuelta y lanzó. El balón giró en el borde de la canasta... y se volvió a salir. Llegué hasta la canasta con la pelota en la mano derecha, di una vuelta y encesté con la izquierda.

—¡Gané! —grité de emoción—. Y si creen que pueden romper el trato, les tengo una sorpresa.

En ese instante, Anya salió de su escondite con una cámara de video.

—Si vuelven a fastidiarme, ¡le mostraré esta cinta al mundo entero!

Relatos históricos

Hace mucho tiempo, en un lejano lugar...

- **¿Quieres descubrir América?**
- **¿Quieres conocer a Abraham Lincoln?**
- **¿Quieres caminar por la Luna?**

Podrás hacer cualquiera de estas cosas si escribes un relato histórico. Los relatos históricos son cápsulas de tiempo que te llevan adonde quieras ir. Algunos narran los sucesos históricos tal y como ocurrieron. Otros hablan de lo que podría haber ocurrido.

> Los relatos históricos son en parte reales y en parte ficción, pero todo debe ser fácil de creer.

Escribe un relato histórico

Antes de escribir Hacer un plan

Colócate en la historia ● En un relato histórico describes una época, un personaje o un suceso. Puedes escribir sobre una persona real o inventarte un personaje que participe en un suceso real. Piensa en una época interesante de la historia y trata de imaginártela. *¿Quién serías? ¿Qué harías? ¿Cómo cambiarías la historia?* Mientras piensas en estas preguntas, te vendrán a la mente ideas para tu relato.

Lista de ideas ● Haz una lista de *épocas, lugares, sucesos* o *personajes* históricos sobre los que te gustaría escribir. (**BUSCA** la cronología de las páginas 478–487.) Aquí tienes unas ideas:

Emiliano Zapata
(personaje)

el Descubrimiento de América
(suceso)

la década de 1960
(época)

las pirámides de Teotihuacán
(lugar)

Escoge el tema ● Mira la lista y encierra en un círculo la idea que más te interese. Será el punto de partida para empezar tu relato. Escribe todo lo que se te ocurra sobre el tema por 3 ó 5 minutos. Así sabrás qué más necesitas investigar.

Reúne datos ● Antes que nada, busca datos sobre el tema en tu libro de historia. Luego, busca en otros libros de consulta, en la Internet o en videos. Pídele ayuda a tu maestro o al bibliotecario. Escribe todos los datos y cifras importantes que encuentres.

Los datos de abajo, sobre el Descubrimiento de América, se reunieron para escribir un relato. Este tipo de datos te da información específica e interesante para tu trabajo. (Recuerda que no tienes que poner toda la información que encuentres.)

Datos sobre el Descubrimiento de América

- Antes del Decubrimiento de América, se creía que la Tierra era plana.
- Cristóbal Colón era un navegante genovés que creía que la Tierra era redonda.
- En 1484, planea la "Aventura de las Indias".
- No logra convencer al rey Juan II de Portugal para que lo apoye.
- En 1492, convence a los Reyes Católicos de España.
- La expedición parte del Puerto de Palos el 3 de agosto de 1492.
- Las tres carabelas de Colón eran la Pinta, la Niña y la Santa María.
- El 12 de octubre divisaron tierra por primera vez.

¡Buena idea! También puedes contestar estas preguntas básicas para reunir información: *¿De quién fue la idea de que la Tierra era redonda? ¿Por qué quería Colón viajar hacia el oriente? ¿A dónde llegaron cuando tocaron por primera vez el suelo americano?*

Identifica los elementos ● Después de reunir los datos, planea los elementos que componen tu relato: los personajes, el ambiente y la acción. Una hoja de ideas como la de abajo te servirá para que no se te olvide nada. Sigue la hoja mientras escribes, pero haz los cambios que quieras a medida que avances.

Hoja de ideas

Personajes:

(Decide cómo es cada personaje, qué dice y cómo se comporta. ¡Ten en cuenta la época en que se desarrolla el relato!)

Ambiente:

(Describe el momento y el lugar en que se desarrolla el relato. Recuerda que tienen que concordar con la época de la historia.)

Acción principal:

(¿En qué acción o suceso va a participar tu personaje? Los detalles de esta parte pueden ser verídicos o inventados, pero deben convencer al lector. La acción principal generalmente habla de un problema que hay que resolver.)

Escenas:

(Piensa en lo que va a hacer el personaje en el relato: ¿Explorar? ¿Gobernar? ¿Esconderse?)

Tipo de escrito:

(Escoge el tipo de escrito: puede ser una narración común y corriente o algo distinto, como las páginas de un diario o una serie de cartas.)

Escribir el borrador

Comienza ● Para que los lectores se interesen de inmediato en tu relato, presenta a los personajes y describe la época desde el comienzo. Puedes empezar con un diálogo, con alguna acción o con una descripción. Raúl, un joven escritor, comenzó así su relato:

> Ya llevábamos más de dos meses navegando y sólo veíamos el mar frente a nosotros. Todos empezamos a preguntarnos si el Almirante tenía razón, o si todo lo que nos había dicho era falso, y nos íbamos a caer del borde de la Tierra. Yo, Américo Vespucio, estaba más nervioso que los demás, y por eso me ofrecí a tomar turnos extra para ver el horizonte a través del catalejo. ¡No quería que el borde de la Tierra nos tomara por sorpresa!

Continúa ● Cuando empiece la acción principal, haz que los personajes se muevan hacia el final del suceso. Incluye detalles donde hagan falta. Esta escena es del desarrollo del relato de Raúl:

> El 12 de octubre, estaba observando el horizonte a la madrugada, cuando de pronto me pareció ver como una lucecita que danzaba a lo lejos. ¿Me estaría quedando dormido? Me froté los ojos una y otra vez, pero la lucecita seguía danzando como si nada. "No puede ser el borde de la Tierra", pensé, "porque ahí no habría dónde colgar faroles y, si lo hubiera, se caerían al abismo fácilmente." ¿Sería que finalmente habíamos llegado a las Indias? ¡Ya era hora! La paciencia de todos los miembros de la tripulación se estaba acabando, y peleábamos por cualquier cosa.
>
> Volví a mirar por el catalejo y, como la lucecita seguía danzando tan campante, llamé a los demás para que la vieran.

Termina ● No hagas el relato demasiado largo. Termínalo poco después de que concluya la acción principal. Recuerda que no todos los relatos tienen que tener un final feliz.

Así concluyó Raúl su relato:

> **Todos miraron a través del catalejo y llegamos a la conclusión de que se trataba de tierra firme. Felices, lanzamos nuestras gorras al aire. Todavía tardamos varias horas en ver la costa. Desde el barco se veían unos árboles muy verdes cubiertos de frutos, y las aguas del mar eran de un azul tan claro que se podían ver a los pececillos nadando.**
>
> **El Almirante decidió anclar y desembarcar para averiguar a dónde habíamos llegado. Había algunas personas en la costa, pero por su aspecto, sospechamos que no estábamos en las Indias Orientales. El Almirante dijo que estábamos en las Indias Occidentales. ¡Habíamos llegado al final de nuestro viaje!**

Revisar Mejorar lo que has escrito

Estas preguntas te servirán de guía para revisar tu escrito:

- ¿Tu relato se basa en hechos históricos?
- ¿Lo que dicen y hacen los personajes tiene sentido en esa época? (Cristóbal Colón no se fijaría en su reloj a las 8 de la noche para decir: "¡Es hora de rumbear!".)
- ¿El relato genera interés? (El personaje principal debe realizar alguna acción o resolver algún problema.)
- ¿Las oraciones son fluidas? (Pídele a un amigo que te lea el relato en voz alta.)
- ¿La copia en limpio quedó lo más correcta posible?

Obras de teatro

Usa tus sentidos

¿Te gusta imaginar que eres otra persona, inventar conversaciones y resolver problemas poco comunes? Entonces seguramente te gustará escribir obras de teatro. Sólo necesitas unos cuantos personajes, un problema que deban resolver y algo de imaginación.

Puedes sacar ideas para escribir obras de teatro de la vida real y de tu imaginación. Piensa en cosas que les pasan a ti y a los demás todos los días. Usa esas experiencias para escribir una obra de teatro. También encontrarás muchas ideas en los cuentos, los libros y los programas de televisión.

En una obra de teatro, el argumento se cuenta en forma de diálogo. La acción se desarrolla a medida que los personajes hablan. Tus intereses, tus experiencias y tu imaginación cobrarán vida cuando escribas una obra de teatro.

Escena 1

Al comienzo de la obra se presentan los personajes principales y el problema que tendrán que resolver. En este ejemplo, Enrique y Marisol se han metido en un aprieto y deben buscar una salida.

¿Qué le diremos a papá?

Personajes: ENRIQUE, 12 años de edad   PAPÁ, el padre
MARISOL, 11 años de edad   MAMÁ, la madre

Ambiente: Sala de una cabaña, cerca de un río

ESCENA 1

(No hay nadie en la sala. De repente, MARISOL abre la puerta de un golpe y entra. ENRIQUE la sigue.)

ENRIQUE: *(la empuja)* ¡Es tu culpa!

MARISOL: *(le devuelve el empujón)* ¡No! Fuiste tú el que no quiso esperar a que mamá y papá regresaran de hacer sus compras. Tenías que salir a pescar apenas llegamos a la cabaña. Nunca debí dejar que me convencieras.

ENRIQUE: Sólo quería sorprenderlos con un pescado para la cena. Bueno, al fin y al cabo fuiste tú la que se llevó la nueva caña de pescar de papá.

MARISOL: Sí, pero no fui yo quien la rompió.

MAMÁ: *(desde fuera del escenario)* ¿Marisol? ¿Enrique? ¡Vengan a ayudarnos con las bolsas!

ENRIQUE: ¡Ay, no! ¡Ya llegaron! ¿Qué vamos a hacer?

MARISOL: Pues le diremos a papá que se nos rompió...

ENRIQUE: *(la interrumpe)* ¿Decírselo? ¿En serio? Las vacaciones terminarán antes de haber comenzado. Lo que debemos hacer es evitar que papá piense en la pesca.

MARISOL: ¿Pero cómo?

Escribe una obra de teatro

Antes de escribir Hacer un plan

Planea las partes ● Necesitas por los menos dos personajes, un problema y un lugar (el ambiente) donde se desarrolle la acción. Los personajes se pueden basar en personas que conozcas. El problema y la acción se pueden basar en sucesos reales que te hayan hecho reír o llorar, o en hechos imaginarios. El ambiente puede ser un lugar conocido.

Reúne detalles ● Planea los detalles de tu obra en una hoja de ideas o en una lista de control. No hagas un plan muy complicado. A veces, te dará la impresión de que son los personajes los que "escriben" la obra.

Hoja de ideas

Personajes principales #1 y #2:
(Dale a cada personaje un nombre y una edad adecuada. Describe cómo son y qué hacen.)

Otros personajes:
(Identifica y describe a los otros personajes.)

Ambiente:
(Describe el lugar o lugares en donde se desarrolla la obra. Si es importante, indica en qué época sucede.)

Problema u objetivo:
(Di cuál es el problema u objetivo de tus personajes.)

Acción:
(Describe lo que hacen los personajes para resolver el problema o alcanzar su objetivo.)

Solución:
(Haz que los personajes resuelvan el problema.)

Escribir el borrador

Organiza la obra • Antes de empezar a escribir, debes ponerle título a la obra, escoger los nombres de los personajes y definir el ambiente donde se desarrolla la acción. (**BUSCA** en la página 233.)

Comienza • En el primer diálogo, puedes hacer que los personajes describan el lugar donde se encuentran o hablen del problema u objetivo que tienen. Cada vez que un personaje empiece a hablar, debes escribir su nombre seguido de dos puntos.

Resuelve el problema • En el desarrollo, los personajes hacen lo posible por resolver el problema o alcanzar su objetivo. Aquí ocurre la mayor parte de la acción. Lo que dicen y hacen los personajes le da movimiento a la obra. En el ejemplo que comienza en la página 233, Enrique y Marisol planean toda clase de actividades divertidas para que su papá no piense en la pesca.

¡Ojo! Para que la obra sea emocionante y divertida, puedes hacer que los personajes no estén de acuerdo sobre cómo resolver el problema.

Termina • Al final de la obra, muestra cómo los personajes resuelven el problema o alcanzan su objetivo. Si quieres, haz que las soluciones fracasen, como pasa a veces en la vida real.

El final de la obra debe ser convincente. Como Enrique y Marisol no son millonarios, ¡no podrán ir en su avión privado a una fábrica para comprarle otra caña de pescar al papá!

Revisar Mejorar lo que has escrito

Lee en voz alta ● Lee tu obra en voz alta y decide si es fluida y clara. Fíjate si hay que quitar o añadir algo. Pon una marca (√) en las partes que quieras volver a escribir.

Escribe el diálogo ● El diálogo es lo que se dicen los personajes. Lo ideal es que hablen como personas reales. Presta atención a la manera de hablar de tu familia, tus amigos y otras personas, y usa las mismas expresiones. ¿Cuál de estas oraciones te parece más real?

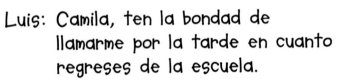

Luis: Camila, ten la bondad de llamarme por la tarde en cuanto regreses de la escuela.

O

Luis: Camila, llámame por la tarde, ¿sí?

Comunica un mensaje ● Las obras de teatro generalmente comunican un mensaje sobre la vida con lo que dicen y hacen los personajes. Al final de *¿Qué le diremos a papá?*, los espectadores, junto con Enrique y Marisol, llegan a la conclusión de que siempre es mejor decir la verdad. Fíjate si el mensaje de tu obra está claro.

¡Buena idea! Pídeles a varios compañeros que lean tu obra de teatro en voz alta. Escucha con atención para ver si tienes que cambiar el diálogo o la acción.

Corregir

Vuelve a leer ● Fíjate si hay errores de ortografía, uso de mayúsculas y gramática. Luego, pasa tu escrito en limpio, siguiendo el formato del ejemplo de la página 233. Lee de nuevo la copia final antes de mostrársela a los demás.

Escena 2

Esta obra, que comenzó en la página 233, fue escrita por la estudiante Verónica Bermúdez. En la primera escena, Enrique y Marisol han roto la caña de pescar nueva de su padre y no quieren que él se entere. En la Escena 2, Verónica continúa la acción y agrega un poco de suspenso.

ESCENA 2

(La familia acaba de cenar; ahora todos charlan en la sala.)

MAMÁ: Niños, ¿qué hicieron mientras nos fuimos de compras?

MARISOL: *(con voz temblorosa)* Pues... nos... este...

ENRIQUE: *(interrumpe a MARISOL)* Jugamos a las cartas.

MARISOL: *(mira a ENRIQUE)* También fuimos a la playa. Yo empujé a Enrique al agua. Pensé que le sentaría bien refrescarse.

PAPÁ: A propósito... ¿mañana quieren ir de pesca o prefieren hacer una caminata?

ENRIQUE Y MARISOL: *(a la vez)* ¡LA CAMINATA!

PAPÁ: Muy bien, está decidido. Mañana haremos una caminata.

MAMÁ: *(bostezando)* Se está haciendo tarde.

MARISOL Y ENRIQUE: *(saliendo de la sala)* Hasta mañana, mamá.

MARISOL: ¡Por poco nos pillan!

ENRIQUE: Estuvo cerca...

MARISOL: *(sintiéndose culpable)* Oye, no puedo más con este secreto. ¡Voy a contarle a papá lo que pasó!

ENRIQUE: *(aterrado)* ¡No se lo digas! Se va a enojar. Son sus primeras vacaciones en tres años.

MARISOL: Tienes razón...

Lee y actúa en obras de teatro para aprender a escribirlas bien. Sobre todo, observa y escucha a las personas que te rodean.

Poesía

Escribir poemas

Palabras que vuelan

Los poemas no son como los demás tipos de escritos. Tienen una forma y un sonido especial. Lee muchos poemas y verás que los entenderás cada vez mejor. ¡Algunos hasta se harán tus amigos! Prueba esto:

- Lee mentalmente el poema varias veces.
- Lee el poema en voz alta; presta atención a lo que dice.
- Léeselo con emoción a tus amigos o compañeros.
- Habla o escribe sobre el poema.
- Copia el poema en un cuaderno.

¿Qué son las palabras?

Escritas, son garabatitos,
manchitas de tinta
en un papel.
Dichas, son un soplo,
buchitos de aire
que se lleva el viento.
Buchecitos de aire
y manchitas de tinta
que nos hacen pensar
y reír y llorar.

¿Por qué son especiales?

Los poemas no se parecen a la prosa (la forma común de escribir). Esto es lo que los hace distintos:

1 **Tienen una forma diferente.** Es fácil reconocer los poemas. Están escritos en versos y estrofas (grupos de versos). Algunos son tan cortos que caben en una tarjeta. Otros ocupan varias páginas. Aquí tienes un poema de ocho versos.

> **Al revés**
> Todo está muy claro,
>   pero nada es lo que es.
> Hay algo aquí muy raro.
>   ¡El mundo está al revés!
> Mirando cada día
>   de cerca y de lejos,
>   la mente es mi guía
> ¡en un mundo de espejos!

2 **Le hablan a la mente y al corazón.** Puede que un poema te guste por las cosas que dice (lo que le dice a tu mente) o por lo que te hace sentir (lo que le dice a tu corazón). Lo que la poesía le dice al corazón es lo que la diferencia de los demás tipos de escritos.

3 **Dicen mucho en pocas palabras.** Con las palabras, los poetas dibujan imágenes, sonidos, olores, sabores y sensaciones físicas relacionadas con el tema.

¡Qué bonita es la mañana,
cuando sale el primer sol! (imagen)
El pájaro en mi ventana
hace de despertador. (sonido)
Llega lento hasta mi cama
el olor de la cocina (olor)
y suavemente me llama
¡a empezar un nuevo día!

4 **Se expresan de una manera especial.** A veces, los poetas sugieren imágenes por medio de comparaciones. Quizás pongan una *metáfora* o un *símil*, como "subí lenta, como una hormiga". ¿Qué comparación crees que se hace en este ejemplo?

> **Luna, brillante topacio**
> **que, entre nebuloso tul,**
> **cruzas la techumbre azul**
> **de las alas del espacio.**
>
> —Fragmento de "Una pregunta",
> de José Gautier Benítez

5 **Suenan bien.** Los poetas ordenan las palabras con mucho esmero hasta que los poemas suenan perfectos. A veces ponen palabras que riman. Otras veces repiten una vocal o una consonante para que el poema suene bien. Fíjate en la rima de este poema de Rubén Darío:

> **A Margarita Debayle**
> **Margarita, está linda la <u>mar</u>,**
> **y el <u>viento</u>**
> **lleva esencia sutil de <u>azahar</u>;**
> **yo <u>siento</u>**
> **en el alma una alondra <u>cantar</u>:**
> **tu <u>acento</u>.**
> **Margarita, te voy a <u>contar</u>**
> **un <u>cuento</u>.**

Pausa y piensa

A veces encontrarás sonidos agradables, detalles físicos, símiles y metáforas en los escritos comunes. La diferencia es que en los poemas son más notorios.

Poesía de verso libre

La poesía de verso libre no sigue un formato específico y generalmente no tiene rima. Estas ideas te servirán cuando escribas poemas de verso libre.

Antes de escribir   Hacer un plan

Escoge el tema • Escribe un poema sobre un tema que te interese: un lugar, un amigo, tu animal favorito, música, etc.

Reúne ideas • Para empezar a reunir ideas, ponte a escribir todo lo que se te ocurra sobre el tema. Esto fue lo primero que escribió Ana María sobre un perro callejero que conocía.

Conocí a un viejo perro callejero.
Mi madrastra me dijo que jamás lo
tocara. Pero una vez le di la mitad
de mi pan y él se puso a bailar. Y
otra vez me bajé por la escalera,
y él se sentó calladito a mi lado. Nos
quedamos sentados mirando el
atardecer en el muro de ladrillo. Allí
estuvimos hasta que anocheció.

Escribir el borrador

Empieza el poema ● El siguiente paso consiste en poner lo que has escrito en forma de poema. Copia las palabras, empezando un renglón nuevo donde creas que la oración deba tener una pausa. En esta etapa puedes cambiar palabras o ponerlas en otro lugar.

Añade palabras nuevas ● Ahora puedes añadirle a tu poema otras palabras y frases. Así fue como Ana María convirtió su primer escrito en un poema.

Ana María puso la primera frase como título.	El perro callejero
Comenzó un renglón nuevo cada vez que la oración necesitaba una pausa.	Mi madrastra me dijo que jamás lo tocara. Pero una vez le di la mitad de mi pan y él se puso a bailar. Y otra vez me bajé por la escalera,
Añadió y cambió palabras para que el poema fuera más interesante.	y él se sentó calladito a mi lado. Nos quedamos sentados observando el Sol en el muro de ladrillo hasta que anocheció.

Revisar Mejorar lo que has escrito

Ahora, revisa tu poema para convertirlo en un poema especial.

Añade imágenes con palabras ● Pregúntate qué palabras le darán más vida al poema. Incluye símiles, metáforas y personificaciones. (**BUSCA** en la sección "Los sonidos de la poesía" en la página 245.)

Inventa la forma ● Trata de escribir las palabras de manera que reflejen el tema a través de la forma y el sonido.

El perro callejero

–¡No lo toques! –gritó mi madrastra
como un tren chillón. Pero yo,
una vez, de mi pan le di la mitad,
y él se puso a bailar
como una hoja en el viento.
Y, otra vez,
       bajé
          lenta
             como hormiga
                   por la escalera,
y él se acercó,
se detuvo
y siguió
como un auto indeciso,
y ahí nos quedamos,
mirando al Sol empujar
el muro de ladrillo
hacia la oscuridad.

Ana María cambió de lugar algunas palabras y puso símiles.

Escribió las palabras con la forma de una escalera.

También usó personificación.

Revisar y corregir

■ **Asegúrate de que esté completo.** ¿Le presenta al lector una imagen vívida del tema?

■ **Revisa los versos uno por uno.** ¿Le dan a tu poema el significado, sonido o ritmo que deseas?

■ **Fíjate en la armonía.** Al leerlo, ¿te trabas en algunas palabras o versos? Haz los cambios necesarios.

■ **Escríbelo en limpio.** Incluye todas las correcciones. Revísalo por última vez antes de mostrarlo.

Los sonidos de la poesía

Estas son algunas técnicas que se usan al escribir poemas.

Aliteración ● Repetición de consonantes al principio de las palabras, como _tres, tristes_ y _trompos_.

Asonancia ● Repetición de vocales al final de las palabras, despúes de la última vocal acentuada, como _roca, sopa, coma_.

Consonancia ● Repetición de sonidos (incluyendo consonantes) al final de las palabras, despúes de la última vocal acentuada, como _asoma_ y _aroma_, _siento_ y _miento_.

Metáfora ● Comparación que no usa palabras como _igual que_, o _como_: _La luna es un globo de plata._

Onomatopeya ● Palabras que imitan un sonido, como _pum, miau, zas._

Personificación ● Darle cualidades humanas a algo que no es humano: _Las vacas nos sonrieron._

Repetición ● Repetir una palabra o frase para darle ritmo al verso: _Y bajó... y bajó... y bajó volando de las altas ramas._

Ritmo ● El patrón de sonidos; cadencia.

Símil ● Comparación que utiliza las palabras _igual que_ y _como_: _Tu vestido es como un jardín florido._

Poesía **tradicional**

Hay muchas maneras de escribir poemas. Las tradicionales, como las que verás a continuación, se han usado por muchos años.

Balada ● Poema narrativo que cuenta una historia. A veces, el segundo y el cuarto verso riman. Ésta es la primera estrofa de "La pobre viejecita" de Rafael Pombo.

> Érase una viejecita
>
> sin nadita qué comer
>
> sino carnes, frutas, dulces,
>
> tortas, huevos, pan y pez.

Copla ● Estrofa de cuatro versos que generalmente habla de temas populares y sencillos.

> Subiendo la cuesta
>
> de aquella colina
>
> se encuentra la casa
>
> de doña Celina.

Lira ● Tiene cinco versos. El primero, tercero y cuarto tienen siete sílabas, y el segundo y quinto tienen once. El primer verso rima con el tercero, y el segundo con el cuarto y el quinto.

> La luna está colgada
>
> entre estrellas y nubes y vapores,
>
> y medio acurrucada,
>
> la veo entre las flores
>
> de la vieja cortina de colores.

Quintilla • Estrofa que tiene cinco versos de ocho sílabas con dos rimas diferentes. Fíjate que no puede haber tres versos seguidos que tengan la misma rima.

> La suave brisa yo siento.
> Mi cometa alza su vuelo
> y se eleva hacia el cielo,
> bailando con movimiento
> a la música del viento.

Redondilla • Estrofa de cuatro versos: el primero rima con el último y el segundo con el tercero.

Hombres necios que acusáis

a la mujer sin razón

sin ver que sois la ocasión

de lo mismo que culpáis.

—Sor Juana Inés de la Cruz

Verso libre • El verso libre no tiene un determinado ritmo o rima. (**BUSCA** el ejemplo de la página 244.)

Juguemos a los poemas

A los poetas les encanta inventar formas nuevas de escribir poemas. Aquí tienes algunas ideas para inspirarte.

Poema alfabético ● Toma unas letras del alfabeto e inventa un poema.

> **F**río
> **G**uantes
> **H**elado
> **I**nvierno

Poema concreto ● Las palabras tienen una forma especial que representa algo relacionado con el tema.

> que no tiene fin.
> pero es tan alta
> quiero yo subir,
> Por la escalera

Poema que define ● Piensa en una idea y explícala por medio de un poema.

> **Amistad**
> Amistad es compartir,
> amistad es comprender;
> amistad es un sentir,
> amistad es un querer.

Poema de cinco preguntas ● Cada verso responde a una de las preguntas básicas: *¿quién?, ¿qué?, ¿dónde?, ¿cuándo?* y *¿por qué?*

> Mi hermanita (quién)
> guarda flores (qué)
> en su bolsa de colores, (dónde)
> mientras corre por el parque (cuándo)
> porque se le ha hecho tarde. (por qué)

Poema en lista ● ¿Se te había ocurrido que una lista podía ser un poema? En el título puedes decir de qué trata tu lista.

¿QUÉ HAY EN MI BOLSILLO?

Cuatro canicas,
un trompo roto,
un viejo anzuelo
y un lápiz rojo.

Acróstico ● En un acróstico usas las letras de un nombre o de una palabra al comienzo de cada verso.

Pintada está de rojo su nariz,

Adornado con plumas su sombrero,

Calza enormes zapatos de bombero,

Ombligo al aire, este payaso fiero.

Poema "telefónico" ● Los poemas están en todas partes, ¡inclusive en tu número de teléfono! Intenta escribir un poema en el cual cada verso tenga tantas sílabas como las cifras de tu número telefónico. Si tu teléfono es, por ejemplo, 424-2676, podrías escribir un poema como éste:

La ventana	(4 sílabas)
chica	(2 sílabas)
de mi cuarto	(4 sílabas)
mira	(2 sílabas)
hacia la montaña,	(6 sílabas)
y recoge olores	(7 sílabas)
de frutas y flores.	(6 sílabas)

Poema breve ● Intenta escribir un poema corto y simpático con versos que tengan el mismo número de sílabas.

Tamales	Estrellas	Helado
Esponjosos	Brillantes	Refrescante
Deliciosos	Distantes	Emocionante

Adivinanzas

¡A ejercitar la mente!

Pregunta: **¿Por qué la letra *a* se parece a los signos de interrogación?**

Respuesta: **Porque en la adivinanza, siempre está al comienzo y al final.**

¿Por qué será que nos gustan tanto las adivinanzas? Tal vez porque casi siempre nos hacen reír o nos sorprenden. Trata de adivinar ésta:

Adivinanza: **Mi madre es tartamuda, mi padre es buen cantor. Tengo blanco mi vestido y amarillo el corazón. ¿Quién soy?**
(La respuesta está abajo.)

Cuando estés listo para inventar adivinanzas, escribe primero adivinanzas chistosas o algunas que pregunten al final "¿Quién soy?"

Escribir adivinanzas es un ejercicio mental. Como generalmente contienen juegos de palabras, te ayudarán a desarrollar tus destrezas de lenguaje. Además son divertidas y le dan rienda suelta a tu imaginación.

Respuesta: *El huevo*

Adivinanzas chistosas

Adivinanza: **¿Qué dijo el pollito cuando se escapó de su casa?**
Respuesta: **¡No dijo ni pío!**

Adivinanza: **Oro no es. Plata no es. ¿Qué es?**
Respuesta: **El plátano**

En estas adivinanzas, la respuesta es un juego de palabras. En la primera, la respuesta dice que el pollito no dijo palabra alguna, pero también quiere decir que ni siquiera pió. En la segunda, la adivinanza tiene escondida la respuesta: "plata no es" puede entenderse también como "plátano es".

Escribe adivinanzas chistosas

1 **Busca palabras o frases que suenen parecido.**
Ejemplo: es pera   espera

2 **Piensa en una oración (o frase) en que ambas palabras tengan sentido.**
Si quieres saber, *espera*.
Si quieres saber, *es pera*.

3 **Hazte preguntas.**
¿Sobre qué queremos preguntar en la adivinanza?
    (sobre frutas, ya que la pera es una fruta)
¿Quién quiere saber?
    (alguien que es muy impaciente, y no quiere esperar)

4 **Formula la adivinanza.**

Adivinanza: **¿Qué es lo que tengo en mi mano?**
No es manzana… no es melón…
Si quieres saber… espera.
Respuesta: **(pera)**

Adivinanzas que preguntan "¿Quién soy?"

Estas adivinanzas se usan desde hace mucho tiempo. La idea es descifrar qué se describe en la adivinanza. Aquí tienes tres maneras de escribirlas.

Con metáforas. Puedes describir un objeto comparándolo con otro. Este tipo de comparación se llama *metáfora*. En la adivinanza que sigue, los dientes se comparan con treinta caballitos blancos y las encías con una colina roja.

> **Treinta caballitos blancos
> en una colina roja.
> Corren, muerden, están quietos
> y se meten en tu boca.**

Con personificación. Puedes describir una idea o un objeto como si fuera un ser vivo. (Esto se llama *personificación*.) En la adivinanza que sigue, los ojos se describen como niñas.

> **Dos niñas asomaditas
> cada una a su ventana;
> lo ven y lo cuentan todo
> sin decir una palabra.
> ¿Quiénes son?**
> *(los ojos)*

Con finales sorpresivos. Usa tu imaginación para combinar detalles que parecen comunes y corrientes pero al final toman un giro gracioso.

> **¿Qué animal es gris, tiene las orejas grandes y hace chirridos? (Parece ser un ratón. ¡Pero podría ser un elefante con zapatos nuevos!)**

Escribe una adivinanza con la pregunta "¿Quién soy?"

1 **Haz una lista de ideas y objetos de la vida diaria (sustantivos).**

Lista: flor, noche, estante, alegría, balón, bicicleta, radio, computadora

2 **Escoge un sustantivo y descríbelo.**

Escoge: noche *(la respuesta de tu adivinanza)*
Describe: oscura, callada, suave, llega lentamente cada día, puede causar miedo, no es humana

3 **Compara el sustantivo con algo que sea distinto (metáfora) o descríbelo como si fuera un ser vivo (personificación).**

Compara: Mira la lista de palabras descriptivas para sacar ideas. Puedes describir la noche como si fuera una gata negra. Ambas son oscuras y calladas.

4 **Escribe tu adivinanza.**

Escribe: **Soy oscura y callada. Todos los días entro de puntitas a tu casa. ¿Quién soy?**

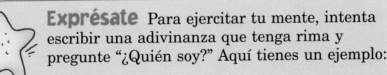

Exprésate Para ejercitar tu mente, intenta escribir una adivinanza que tenga rima y pregunte "¿Quién soy?" Aquí tienes un ejemplo:

**Llevo mi casa al hombro,
camino sin una pata.
Y voy marcando mi huella
con un hilito de plata.
¿Quién soy?**

Respuesta: *El caracol*

Buscar información

La biblioteca

¡Pregúntales a los expertos!

Imagínate que tienes que escribir un informe sobre las ballenas. Podrías basarte en tu propia experiencia o hablar con alguien para obtener información. Pero, ¿qué puedes hacer si nunca has estado en el mar o si tus conocidos nunca han visto una ballena? Hay otra manera de buscar información. En la biblioteca puedes investigar el tema de las ballenas, leer informes de gente que se dedica a observarlas, buscar en CD-ROMs y muchas otras cosas más.

Dónde se busca

En las bibliotecas hay un catálogo de fichas o un catálogo en computadora. En el catálogo de fichas están enumerados los libros de la biblioteca. La información está escrita en tarjetas de papel que se archivan en cajones. Hoy en día, muchas bibliotecas tienen un catálogo en computadora. Toda la información está almacenada en un programa. Cuando vayas a una biblioteca, tu primera parada debe ser en uno de estos catálogos.

Los datos del catálogo

En ambos catálogos, las fichas contienen tres tipos de datos sobre cada libro:

1. El **título:** si empieza con *Un, Una, El, La, Los* o *Las*, busca la segunda palabra.

> ### Las tortugas gigantes

2. El **autor:** el nombre del autor del libro siempre empieza por el apellido.

> ### Benítez, Carolina

3. El **tema:** también aparece el tema general del libro.

> ### REPTILES — HISTORIA NATURAL

Catálogo de fichas

Para buscar un libro con el catálogo de fichas, haz lo siguiente:

1. Si conoces el **título** del libro, busca la ficha de título.

2. Si conoces el **autor** del libro, busca la ficha de autor. (Puede haber más de una ficha por autor.)

3. Si lo único que sabes es el **tema** que quieres investigar, busca la ficha de tema.

Ejemplos de fichas de catálogo

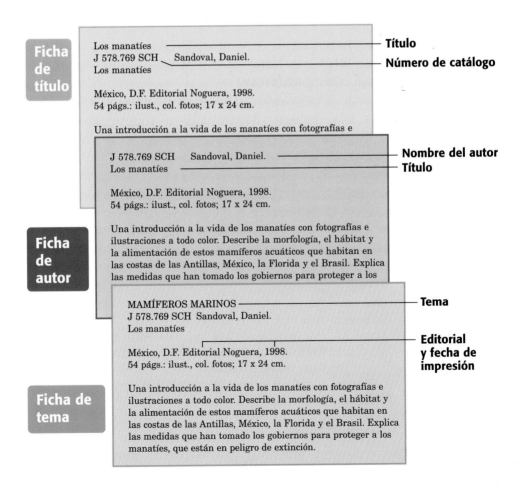

Catálogo en computadora

En el catálogo en computadora puedes buscar información de la misma manera que en el catálogo de fichas:

1. Teclea el **título** del libro si lo sabes.

2. Teclea el nombre del **autor** si lo conoces. (Si en la biblioteca hay varios libros del mismo autor, encontrarás más de un libro.)

3. Si sólo sabes el **tema** que quieres investigar, teclea el tema o una palabra clave (una palabra que esté relacionada con el tema).

Palabras clave

Si tu tema es...

mamíferos que viven en el mar,

las palabras clave pueden ser...

mamíferos marinos, ballenas, marsopas.

 **¡Ojo!** No todos los catálogos en computadora son iguales. Pide ayuda o consulta las instrucciones la primera vez que uses uno.

Ejemplo de registro

Autor:	Sandoval, Daniel
Título:	Los manatíes
Publicado:	México, D.F. Editorial Noguera, 1998.
54 págs.:	ilust., col. fotos; 17 x 24 cm.
Sinopsis:	Una introducción a la vida, características y hábitos de estos mamíferos marinos, comúnmente llamados vacas marinas.
Temas:	Mamíferos marinos, Biología marina
Situación:	No prestado
Número de catálogo:	J 578.769 SMI
Sección:	Juvenil en español

Cómo se busca

Libros de no-ficción ● Los libros de no-ficción están organizados en los estantes según su número de catálogo.

■ **Algunos números de catálogo tienen decimales.**
   El número 973.19 es menor que el 973.2 (esto se debe a que 973.2 quiere decir 973.20). El número 973.19 está antes del 973.2 en el estante.

■ **Algunos números de catálogo tienen letras.**
   El número 973.19D va antes del 973.19E.

Los números de catálogo generalmente se basan en el **sistema de clasificación decimal Dewey.** Este sistema clasifica toda la información en 10 categorías.

Categorías del sistema decimal Dewey

000 Temas generales	**500 Ciencias puras**
100 Filosofía	**600 Tecnología (Ciencias aplicadas)**
200 Religión	**700 Artes, recreación**
300 Ciencias sociales	**800 Literatura**
400 Lenguaje	**900 Geografía e historia**

Biografías ● Las biografías están ordenadas alfabéticamente según el apellido de la persona de quien trata el libro. El número de catálogo que les corresponde a las biografías es el 921. En el lomo del libro aparece tanto este número como el apellido de la persona. (El libro de la biografía de Diego Rivera tiene escrito **921 RIVERA** en el lomo.)

Libros de ficción ● Los libros de ficción están ordenados alfabéticamente según las tres primeras letras del apellido del autor. Estos libros están en una sección especial de la biblioteca.

La enciclopedia

Una enciclopedia es una serie de libros (o un CD-ROM) donde hay artículos sobre miles de temas. Los temas están en orden alfabético. Cada artículo contiene gran cantidad de información.

Ideas para usar la enciclopedia

● A veces, al final del artículo hay una lista de temas relacionados. Consúltalos si quieres más información sobre el tema que estés investigando.

● El índice te dice todos los sitios de la enciclopedia donde podrás encontrar información sobre el tema. Generalmente, aparece al final del último tomo o en un tomo aparte.

● El índice puede darte ideas sobre el tema. Por ejemplo, quizás decidas investigar en qué benefician los manatíes a los ríos y sistemas de irrigación de las zonas costeras, o qué esfuerzos se hacen para evitar que los manatíes se extingan.

Ejemplo de índice

Aquí tienes lo que podrías encontrar sobre *los manatíes* en el índice de una enciclopedia:

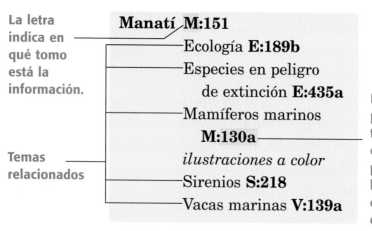

La letra indica en qué tomo está la información.

Manatí M:151
Ecología **E:189b**
Especies en peligro
de extinción **E:435a**
Mamíferos marinos
M:130a
ilustraciones a color
Sirenios **S:218**
Vacas marinas **V:139a**

Temas relacionados

Número de la página (la letra te indica la columna de la página: la *a* es la primera columna y la *b* es la segunda.

Otros libros de consulta

Ésta es una lista de libros de consulta que encontrarás en muchas bibliotecas.

- ***Enciclopedia Británica de hechos fascinantes*** Tiene información sobre gran cantidad de temas: animales, personas, lugares, la naturaleza, etc.

- ***Enciclopedia de los niños*** Una obra completa sobre miles de temas que les interesan a los niños.

- ***Aprendamos computación*** Una colección ilustrada de doce tomos para aprender a manejar las computadoras.

- ***Enciclopedia de los animales*** Doce tomos gráficos sobre los animales, organizados por grupos: mamíferos, aves, peces, insectos, etc.

- ***El libro ilustrado de las preguntas y las respuestas*** Un libro enciclopédico con más de 250 respuestas ilustradas en gran detalle.

- ***Gran Diccionario de las Ciencias*** **Larousse** Ilustrado a todo color, consta de ocho tomos organizados alfabéticamente por tema.

- ***Colección explora y aprende con la*** **National Geographic** Una colección con gran cantidad de ilustraciones que pone al alcance de los niños y los jóvenes los avances científicos de nuestro tiempo.

- ***Colección preguntas y respuestas*** Una colección sobre las preguntas más frecuentes de los niños, en cuatro tomos: la tierra, el mar y el cielo; el cuerpo humano; edificios, puentes y túneles; y flores, árboles y plantas.

Partes de un libro de no-ficción

Para saber cómo buscar información en un libro de no-ficción debes conocer bien sus partes. Aquí tienes una descripción corta de cada una.

- La **portada** es normalmente la primera página impresa del libro. Menciona el título, el nombre del autor, el nombre de la editorial y la ciudad donde se publicó.

- La **página de derechos** viene después de la portada y dice en qué año se publicó el libro. Este dato es importante porque es posible que la información que encuentres en libros viejos ya no sea válida.

- El **prefacio, prólogo, introducción** o **lista de menciones** viene antes de la tabla de contenido y explica de qué trata el libro. A veces también menciona por qué se escribió el libro.

- La **tabla de contenido** muestra cómo está dividido el libro. Da los títulos y las páginas de las secciones y capítulos.

- El **texto** está compuesto por todas las páginas que hablan del tema.

- El **apéndice** da información adicional, como mapas, tablas y listas. (A veces hay más de un apéndice, pero otras veces no hay ninguno.)

- El **glosario** (si lo hay) explica términos especiales que se usan en el libro. Es como un pequeño diccionario.

- La **bibliografía** (si la hay) dice qué libros o artículos consultó el autor para escribir el libro. (La bibliografía te servirá para encontrar más información sobre el tema.)

- El **índice** es una lista en orden alfabético de todos los temas que se tratan en el libro y da el número de la página para cada tema. Te servirá para encontrar temas específicos.

Cómo usar la *Children's Magazine Guide*

Otro recurso muy útil para buscar información en la biblioteca es la *Children's Magazine Guide,* que es una guía de revistas infantiles publicadas en inglés. Se publica cada uno o dos meses.

Cuando tengas que usar esta guía, simplemente selecciona los ejemplares que contengan artículos sobre las épocas que quieres investigar y luego busca el tema. (Todos los temas aparecen en orden alfabético.)

Pausa y piensa Si no encuentras el tema, piensa en otro tema relacionado. Por ejemplo, si tienes que preparar un informe sobre *los fósiles,* puedes buscar *animales prehistóricos.*

Cómo se lee

Cuando encuentres un artículo que quieras leer, dale al bibliotecario el título de la revista y la fecha de publicación del artículo para que te lo busque.

Ejemplo tomado de *Children's Magazine Guide*

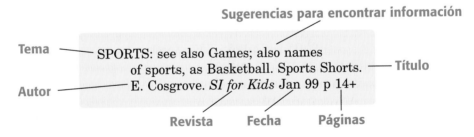

Sugerencias para encontrar información

Tema

SPORTS: see also Games; also names of sports, as Basketball. Sports Shorts. — Título

Autor — E. Cosgrove. *SI for Kids* Jan 99 p 14+

Revista   Fecha   Páginas

- **Tema** del artículo (Los temas están en orden alfabético.)
- **Título** y **autor** del artículo
- **Revista** que publicó el artículo (En el interior de la cubierta delantera hay una lista de las abreviaturas de las revistas.)
- **Fecha** (mes, día y año) en que se publicó la revista
- **Páginas** de la revista que contienen el artículo
- **Sugerencias** que indican dónde más se puede encontrar información

La Internet

¿Qué es la Internet?

La Internet es una red mundial de computadoras. Es como un sistema de autopistas que conecta las computadoras de todo el mundo. Por estas autopistas transitan mensajes: mensajes electrónicos, páginas Web, transferencias de dinero, *software*, pedidos de compra y todo lo que se puede hacer con una computadora. En la Internet, los mensajes viajan por diversas rutas. Si una de las rutas está congestionada o cerrada, el "tráfico" puede circular por otra ruta.

Cómo se usa

Seguro que has oído hablar mucho de la Internet. Muchas personas exploran la *World Wide Web,* o red mundial, y se comunican mediante mensajes electrónicos. A lo mejor, tú mismo has visto páginas Web, y has enviado un correo electrónico a algún amigo. Este capítulo te dará ideas para usar la Internet, la Web y el correo electrónico.

> La Internet crece más y más cada día. Es un medio de comunicación totalmente nuevo.

¿Qué es la World Wide Web?

La Web es como una gran biblioteca. Un sitio Web es como un libro de esa biblioteca, y cada página Web es como una página de ese libro. La página principal (*home page*) es la portada.

Páginas Web ● Como las páginas impresas, las páginas Web contienen texto e imágenes. También se les puede poner animación y sonido, y muchas veces tienen hiperenlaces *(hyperlinks),* con otras páginas Web. Por ejemplo, una página Web sobre "los búhos" puede conectarte con otros sitios, o con videos, archivos de sonido y hasta programas sobre los búhos.

Direcciones electrónicas ● Cada sitio Web tiene una dirección electrónica. Para Hampton-Brown, es **<www.hampton-brown.com>**. Las **www** conectan tu computadora a la World Wide Web. El **.com** quiere decir que es un sitio comercial. Otros sufijos comunes son **.net** (*network* o red); **.org** (organización); y **.gov** (gubernamental).

Programa de búsqueda *(browser)* ● Es un programa que te lleva a los sitios de la Internet y a las páginas Web.

Ejemplo **Ventana de un *browser***

Botones de navegación

Dirección electrónica

Enlaces

¡Todo sobre los BÚHOS!

Bienvenido a la página Web sobre los búhos.

Si quieres oír un búho, haz clic aquí.

Si quieres ver más imágenes de búhos, haz clic aquí.

Si quieres leer sobre los búhos, haz clic en la imagen de arriba.

Escribe "en línea"

Para comunicarte a través de la Internet debes saber cómo escribir bien. Aquí tienes ideas:

Correo electrónico

Enviar un mensaje electrónico es como enviar una carta de tu computadora a otra computadora a través de la Internet. Escribir un mensaje electrónico es muy parecido a escribir una carta. (**BUSCA** en las páginas 146–147.) ¡Hasta puedes poner imágenes y sonido en tus mensajes! Recuerda:

- **Pon siempre un encabezamiento.** El lector debe saber de qué trata el mensaje.
- **No esperes una respuesta inmediata.** Hay personas que no leen su correo todos los días.
- **No mandes archivos muy grandes.** Pueden tardar mucho en cargar de tu computadora y bajar a la otra.
- **Nunca abras ningún archivo si no sabes qué es.** ¡Puede contener un virus e infectar tu computadora!

Ejemplo de mensaje electrónico con archivo

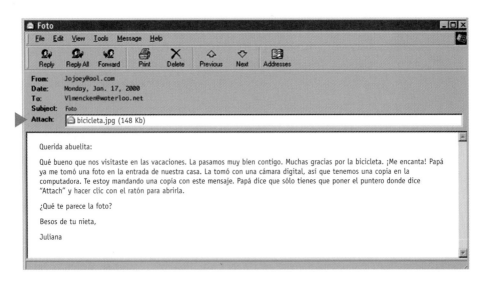

Sistema de tableros de anuncios

BBS es la abreviatura de *bulletin board system,* que quiere decir **sistema de tableros de anuncios.** El BBS es un lugar de la Internet donde puedes publicar mensajes, de la misma forma en que los publicarías en el tablero de anuncios de tu escuela. Otras personas leen el mensaje y más tarde publican una respuesta. Éstas son algunas cosas que puedes publicar en el BBS:

- **Noticias del lugar donde vives.**
- **Reseñas de libros que hayas leído y te hayan gustado.**
- **Cuentos, relatos y poemas que hayas escrito.**

Urbanidad en la Internet

Si escribes en la Internet, ten buenos modales y sé respetuoso con tus lectores. Sigue estas reglas:

No GRITES.

Si escribes todo en mayúsculas, es como si estuvieras GRITANDO. En vez de "gritar", pon asteriscos (*así*) si quieres resaltar ciertas palabras.

Sé cortés.

Procura que nadie se moleste con tus palabras. Si quieres, añade una carita sonriente como ésta: **:-)**

Sé comprensivo.

Si alguien te dice algo que te parece descortés o ridículo, pregúntale a la persona qué quiso decir. A lo mejor, su intención era distinta.

Ten cuidado.

Nunca le digas a nadie tu nombre completo, tu dirección ni tu teléfono, a menos que tus padres te hayan dado permiso.

Cómo se explora

En la Internet puedes encontrar muchísima información. Ésta es la mejor manera de explorarla:

Teclea una dirección. Si sabes la dirección de un sitio de la Internet, tecléala en la barra superior de la ventana del *browser* y luego oprime la tecla "return" o "enter". En esta dirección podrás visitar la página de Hampton-Brown: **<hampton-brown.com>**.

Usa un motor de búsqueda. Hay sitios Web especiales para explorar la Internet. Se llaman motores de búsqueda *(search engines)*. Teclea el tema que quieres investigar y haz clic con el ratón en el botón "search" para iniciar la búsqueda. El motor te dará una lista de sitios Web sobre ese tema.

Un consejo: Ve a la página Web de Hampton-Brown para encontrar motores de búsqueda: **<hampton-brown.com>**.

¡Guarda lo que encuentres!

- Imprime una copia del sitio Web. Anota su dirección para que puedas volver a encontrarlo. Si vas a usar la información del sitio para un informe, averigua quién es el autor o la fuente de esa información. No te olvides de poner este dato al final de tu informe. (**BUSCA** en la página 201.)

- Guarda en tu computadora o en un disquete una copia electrónica del sitio. Ve a la sección "File" del menú del *browser* para saber cómo hacerlo. Si quieres guardar gráficas por separado, ve a la sección "Help" o pídele ayuda a un experto.

- Guarda la dirección electrónica de los sitios que quieras visitar otra vez. Podrás hacerlo con las opciones "Bookmark" o "Favorites" de la barra del menú.

¡Ojo! No todo lo que encuentres en la Web es cierto o correcto. Si no estás seguro de algo, pregúntale a un adulto o consulta un buen libro sobre el tema. (**BUSCA** en la página 329.)

¡Publica en línea!

Muchos estudiantes publican sus trabajos en la Web. ¿Te gustaría publicar los tuyos?

- **Envía tu trabajo** a sitios Web que publiquen trabajos de estudiantes. (**BUSCA** en la página 72.)
- **Haz un sitio Web como proyecto para la clase.** Pregúntale a tu maestro qué opina de esta idea.
- **Crea tu propia página Web.** Es posible que tu proveedor de servicios de la Internet te pueda dar espacio para tu página. Pídele a un adulto que te ayude.

Crea tu propia página Web

Para publicar tu trabajo en la Web, debes guardarlo en un formato especial, llamado HTML. Muchos programas de procesamiento de texto te permiten guardar archivos en este formato. También hay programas de *browser* con los que puedes hacer una página Web. Ciertos programas de multimedia (**BUSCA** en las páginas 204–207) se pueden guardar en formato HTML. Sigue las instrucciones de tu programa de procesamiento de texto, del *browser* o del programa de multimedia.

Publícala

El siguiente paso es publicar tu página en la Internet. Para esto necesitas un programa especial, y una contraseña para llegar al sitio donde vas a ponerla. Pídele ayuda a tu maestro o a un experto en computadoras.

Anúnciala

Cuando hayas publicado tu trabajo en la Web, envía mensajes electrónicos a tus amigos y familiares con la dirección electrónica de tu página.

Lectura y ortografía

Estrategias de lectura

El plan en acción

Los buenos lectores comprenden y recuerdan lo que leen. Prestan atención cuando leen y muchas veces siguen un plan. Aquí tienes un plan muy fácil de seguir:

- **Lee con frecuencia.**
- **Lee de todo:** libros, periódicos, revistas, sitios Web... ¡y hasta las cajas de cereal!
- **Lee con inteligencia:** usa una estrategia de lectura.

Una estrategia es un plan, o una manera de hacer algo. Una estrategia de lectura es un plan para leer. En este capítulo te damos varias estrategias para entender, recordar y disfrutar todo lo que lees.

Estrategia para pensar y leer

Antes de leer

Predice. Piensa en lo que ya sabes del tema y en lo que esperas aprender con la lectura.

- Hazte preguntas sobre el tema.

Echa un vistazo. Mira los títulos, los encabezamientos y las palabras del texto que están escritas en negrita o en cursiva.

- Fíjate en las fotos, los mapas, las gráficas y los diagramas.
- Lee el resumen que hay al final de la lectura.

Mientras lees

Haz pausas. Piensa a fondo en lo que estás leyendo. Haz una pausa después de cada sección o página y pregúntate: "¿Qué acabo de leer?" Contesta con tus propias palabras.

 Exprésate A veces tendrás que leer una sección varias veces para entenderla bien.

Toma apuntes. Anota las palabras, frases o datos importantes. Anota también las respuestas a las preguntas que tengas.

Después de leer

Repasa. Fíjate de nuevo en los encabezamientos, en las palabras que están en negrita y en cursiva, y en las ilustraciones.

- Pregúntate: "¿Cuál es la idea principal de lo que leí?"
- "¿Hay algo que todavía no entiendo?"

Reacciona. Habla con un compañero o con tus padres sobre lo que leíste. Hablar con alguien puede aclarar tus ideas.

Escribe. Escribe sobre lo que acabas de leer en tu diario personal o en tu diario de estudio. Haz una actividad de escribir para aprender. (**BUSCA** en las páginas 354–355.)

SQA (Sé, Quiero saber, Aprendí)

SQA es una estrategia para leer libros escolares y libros de no-ficción. Mira la tabla de abajo.

1 **Lo que sé.** Escribe todo lo que sabes del tema debajo de la "S". Eso te pondrá a pensar. Te vendrán a la mente preguntas que te llevarán a la segunda columna.

2 **Lo que quiero saber.** En la columna de la "Q", escribe todo lo que quieres aprender del tema. Eso será en lo que más te fijes durante la lectura. (A lo mejor tu maestro también te dirá en qué debes fijarte.)

3 **Lo que aprendí.** Después de leer, escribe lo que aprendiste en la columna de la "A". Fíjate si todavía quedan preguntas sin contestar en la "Q". (Es posible que tengas que buscar las respuestas en otra fuente.)

Murallas y muros famosos del mundo

(S) Lo que sé	(Q) Lo que quiero saber	(A) Lo que aprendí
1. Sé de dos murallas: la Gran Muralla china y la Muralla de Adriano.	1. ¿Cuántas murallas famosas hay?	1. Hay muchas murallas y muros famosos: el Muro de las Lamentaciones, la Muralla de Adriano, el Muro de Berlín...
2. El muro de Berlín dividía la ciudad en dos.	2. ¿Cuánto mide la Gran Muralla china?	2. La Gran Muralla se construyó hace más de 2,000 años.
	3. ¿Cuándo se construyó?	3. El Muro de Berlín fue derribado en 1989.

Echa un vistazo, lee y reacciona

Echa un vistazo. Cuando leas un escrito de no-ficción, es buena idea echarle un vistazo al material. Mira los títulos, los encabezamientos, las ilustraciones, las tablas y las palabras en negritas.

Lee. Leer no sólo consiste en mirar las palabras. Tienes que pensar, estudiar y volver a leer cuando sea necesario.

Reacciona. Toma apuntes, comenta con alguien lo que acabas de leer, escribe sobre el tema o haz preguntas.

Echar un vistazo

Whales   **999**

Las **ballenas azules** son los animales más grandes que han existido en la Tierra. Algunas miden 100 pies (30 metros) de largo y pesan 150 toneladas. Su piel tiene manchas de color azul grisáceo y blanco, tienen aletas delgadas y una cola larga y poderosa. Viven en todos los océanos.

Sacan su alimento del agua con 260 a 400 láminas córneas, llamadas **barbas,** que les cuelgan a ambos lados de la boca. Se alimentan principalmente de krill, un animal parecido al camarón. Arremeten contra los bancos de krill y absorben agua y alimento. Al cerrar la boca, sacan el agua a través de las barbas y dejan adentro los krill.

Las ballenas azules no se sumergen a más de 300 pies (90 metros) de profundidad porque el krill vive en aguas poco profundas. Las ballenas salen a la superficie para respirar rápidamente tres a seis veces seguidas y luego se sumergen por varios minutos. Cuando salen a la superficie, exhalan por el orificio que tienen en la parte superior de la cabeza y producen un sonido muy fuerte.

Leer

Las **ballenas azules** son los animales más grandes que han existido en la Tierra. Algunas miden 100 pies (30 metros) de largo y pesan 150 toneladas. Su piel tiene manchas de color azul grisáceo y blanco, tienen aletas delgadas y una cola larga y poderosa. Viven en todos los océanos.

Sacan su alimento del agua con 260 a 400 láminas córneas, llamadas **barbas,** que les cuelgan a ambos lados de la boca. Se alimentan principalmente de krill, un animal parecido al camarón. Arremeten contra los bancos de krill y absorben agua y alimento. Al cerrar la boca, sacan el agua a través de las barbas y dejan adentro los krill.

Las ballenas azules no se sumergen a más de 300 pies (90 metros) de profundidad porque el krill vive en aguas poco profundas. Las ballenas salen a la superficie para respirar rápidamente tres a seis veces seguidas y luego se sumergen por varios minutos. Cuando salen a la superficie, exhalan por el orificio que tienen en la parte superior de la cabeza y producen un sonido muy fuerte.

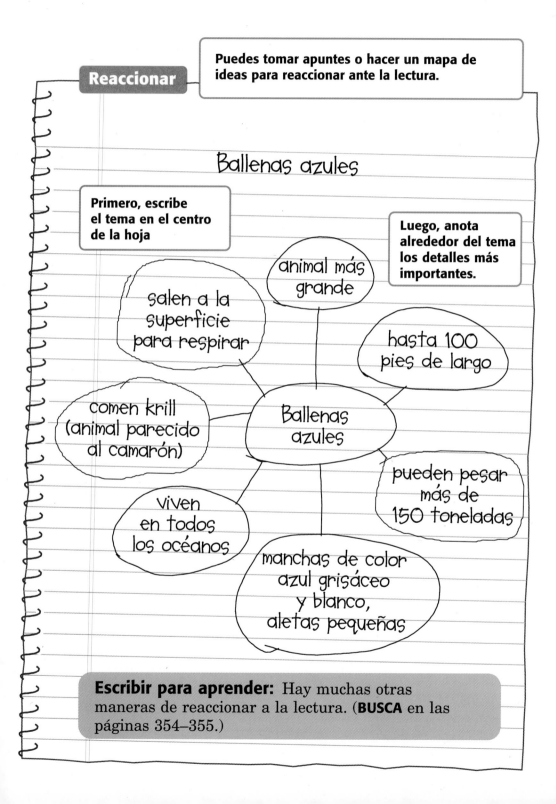

Reaccionar

Puedes tomar apuntes o hacer un mapa de ideas para reaccionar ante la lectura.

Ballenas azules

Primero, escribe el tema en el centro de la hoja

Luego, anota alrededor del tema los detalles más importantes.

animal más grande

salen a la superficie para respirar

hasta 100 pies de largo

comen krill (animal parecido al camarón)

Ballenas azules

pueden pesar más de 150 toneladas

viven en todos los océanos

manchas de color azul grisáceo y blanco, aletas pequeñas

Escribir para aprender: Hay muchas otras maneras de reaccionar a la lectura. (**BUSCA** en las páginas 354–355.)

Estrategia para leer libros de ficción

Cuando leas libros de ficción, usa como guía el curso del argumento para seguir la historia. Casi todos los cuentos, novelas y otras obras de ficción tienen cinco partes:

1. La **presentación** describe el ambiente y presenta a los personajes principales.

2. En la **acción ascendente** se plantean los problemas que los personajes deben enfrentar.

3. El **clímax** es la parte de mayor acción o suspenso.

4. La **acción descendente** sucede después del clímax.

5. El **desenlace** es el final; cuenta cómo termina todo.

Ejemplo **Curso del argumento**

"El pastorcito mentiroso"

Nadie le cree al niño.

Un lobo ataca a las ovejas.

clímax

Miente una y otra vez.

El lobo se come a las ovejas.

El pastorcito miente acerca de un lobo.

acción ascendente

acción descendente

Ovejas, pradera, pastorcito

El niño se queda sin trabajo y sin amigos.

presentación

desenlace

Elementos de los libros de ficción

Cuando lees un libro, sabes enseguida si es bueno o no. Pero, ¿podrías expresar por qué te gustó? Éste es un glosario de los elementos que hay en las obras literarias. Te ayudará a entender mejor lo que lees y a expresar tu opinión.

Acción ● Todo lo que sucede en una historia.

Antagonista ● La persona o cosa que lucha contra el héroe (a veces se le dice "el villano").

> El lobo es el antagonista de los tres cochinitos.

Personaje ● Persona, o un animal que se comporta como persona, en la historia.

Conflicto ● "Problema" que se presenta en la historia. Hay cinco tipos de conflictos:

- *Persona contra persona:* Dos personajes tienen un conflicto o desacuerdo.
- *Persona contra la sociedad:* Un personaje tiene un conflicto con la sociedad, por ejemplo, con la escuela, la policía, etc.
- *Persona contra sí misma:* Un personaje tiene un conflicto interior, por ejemplo, una decisión difícil.
- *Persona contra la naturaleza:* Un personaje tiene un conflicto con la naturaleza: una sequía, un tornado.
- *Persona contra el destino:* Un personaje tiene un conflicto con algo que está más allá de su control, como un accidente o una discapacidad.

Diálogos ● Conversaciones entre los personajes de la historia. (**BUSCA** en la página 215.)

Emoción ● Sentimiento que comunica la historia: felicidad, tristeza, suspenso, etc.

Moraleja ● Enseñanza que el autor quiere transmitir a los lectores. La moraleja de "El pastorcito mentiroso" es que si decimos mentiras, nadie nos va a creer cuando digamos la verdad.

Narrador ● Persona que cuenta lo que sucede.

Argumento ●
Acción o serie de sucesos que componen la historia.

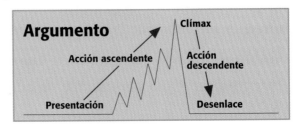

Punto de vista ●
Ángulo desde el que se narra la historia.

■ Si el narrador cuenta lo que le sucede, se llama *punto de vista en primera persona.*

> Sí, me habían advertido que las libélulas me coserían la boca, pero mi amigo no siempre tenía razón.

■ Cuando el narrador cuenta lo que les sucede a otros, se llama *punto de vista en tercera persona.*

> Sí, a ella le habían advertido que las libélulas le coserían la boca, pero su amigo no siempre tenía razón.

Protagonista ● Héroe de la historia.

Ambiente ● Época y lugar donde se sitúa la historia.

Tema general ● Idea principal de la historia. El tema general de *La telaraña de Carlota* es la importancia de la amistad.

Géneros de obras literarias

Autobiografía • El autor cuenta su propia vida.

Biografía • El autor cuenta la vida de otra persona.

Comedia • Historia que tiene un final feliz o que hace reír a los lectores.

Drama • Nombre que se da a las obras de teatro y también a las obras serias.

Fábula • Historia con moraleja. Los personajes generalmente son animales.

Ficción • Historia que habla de personajes y sucesos inventados.

Cuento folklórico • Historia inventada, relatada por la gente del pueblo.

Ficción histórica • Historia que se basa en hechos reales, pero con una parte inventada.

Mito • Relato que se transmite de generación en generación y que explica algo sobre la vida o la naturaleza.

No-ficción • Trata de personas y sucesos de la vida real.

Novela • Libro que cuenta un relato inventado (ficción).

Ciencia-ficción • Se basa en inventos reales o imaginarios. Algunas historias se sitúan en el futuro, en otros planetas o en las profundidades del mar.

Tragedia • Historia con un final triste.

Gráficas

Una imagen vale más que…

¿Sabías que las primeras formas de escritura usaban dibujos en vez de palabras? Para estudiar, los niños egipcios de hace cinco mil años "leían" un tipo de escritura gráfica llamada **jeroglíficos:**

C L E O P A T R A

Las tribus indígenas americanas también tenían un sistema de escritura gráfica para comunicarse con otras tribus que no hablaban el mismo idioma. Ésa es una de las ventajas de los dibujos: tienen el mismo significado para todos. "Oso" se dice *bear* en inglés, *ours* en francés y *honaw* en hopi, pero todo el mundo sabe lo que esto quiere decir:

Símbolos

Los dibujos en que se basa la escritura gráfica se llaman "símbolos". Un **símbolo** es una ilustración sencilla que representa algo.

Símbolos concretos ● Es fácil saber el significado de un símbolo cuando la imagen representa algo concreto.

Signos y símbolos abstractos ● A veces, los símbolos representan cosas que no se pueden dibujar, como el signo de igual. En ese caso, el símbolo representa una idea, algo abstracto; si tenemos conocimientos básicos de matemáticas, sabemos que = significa "igual". Aquí tienes algunos ejemplos de signos y símbolos abstractos que se aplican en diversos temas. ¿Cuáles conoces?

 Si ves un símbolo y no sabes qué significa, fíjate en el apéndice o glosario del libro que estés leyendo. También puedes buscarlo en la tabla de contenido de tu diccionario.

Diagramas

Los **diagramas** son dibujos sencillos que generalmente contienen palabras (rótulos). Los diagramas sirven para mostrar muchas cosas, desde los componentes de una computadora hasta los huesos de la mano.

Diagramas cíclicos ● Muestran cambios que ocurren al pasar el tiempo. Muestran sucesos que ocurren una y otra vez y llegan siempre al punto de origen.

Diagramas lineales ● Muestran en dónde encaja una persona o una cosa en una situación determinada, como en un árbol genealógico. Los diagramas lineales también te muestran cómo se agrupan las cosas.

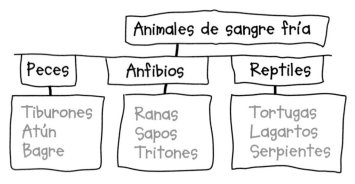

Diagrama ilustrado ● Los diagramas ilustrados muestran, mediante dibujos, las partes de un objeto, su estructura o cómo funciona.

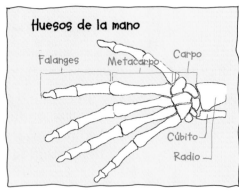

Gráficas

Las **gráficas** muestran cómo cambian las cosas con el paso del tiempo o comparan cosas distintas. Te dan una representación visual de lo que la página explica con palabras. Además, te dejan ver en conjunto toda la información. Hay distintos tipos de gráficas para distintos tipos de información: **gráficas de barras, gráficas lineales** y **gráficas circulares.**

Gráficas de barras ● Comparan dos o más cosas en un momento específico, como una foto instantánea. Las barras pueden ir hacia arriba, hacia abajo o hacia los lados. Las dos gráficas de abajo comparan la cantidad de peces que quedan en el acuario de cuarto grado con la cantidad que tiene el acuario de quinto grado al final del año escolar.

Ejemplo   Gráficas de barras

La cantidad total de peces de los grados 4to y 5to

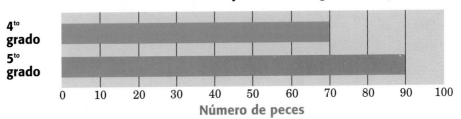

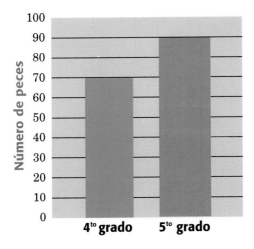

La cantidad total de peces en los grados 4to y 5to

Gráficas lineales ● Se hacen en una "cuadrícula". La parte horizontal (de izquierda a derecha) representa el tiempo transcurrido. La parte vertical (de arriba a abajo) representa el tema de la gráfica. La línea que se dibuja en la cuadrícula muestra lo que sucede con el tema al pasar el tiempo.

La gráfica lineal de abajo muestra cuántos peces había en el acuario de quinto grado cada mes durante el año escolar. El *tema* de la gráfica es "Cantidad de peces"; el *tiempo* se mide en meses (de septiembre a junio).

Ejemplo **Gráfica lineal**

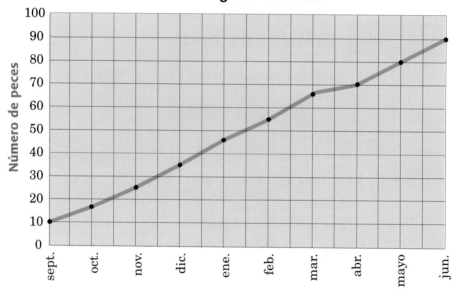

Cantidad de peces en el acuario de 5° grado cada mes

¡Ojo! A veces, en las gráficas lineales se ponen puntos gruesos en la línea para que sea más fácil leerlas. (Fíjate en la gráfica de esta página.) Otras veces, la línea no tiene nada marcado y tendrás que imaginarte los puntos.

Gráficas circulares • Se ve cada parte comparada con las demás partes y con todo el conjunto. La gráfica de abajo muestra qué parte (es decir, qué porcentaje) de la cantidad total de peces hay en el acuario de cada grado. Por ejemplo, si en toda la escuela hay 100 peces, entonces quinto grado tiene 62 peces, porque el 62% de 100 es 62.

Ejemplo **Gráfica circular**

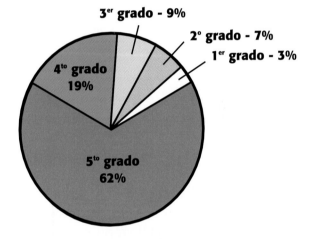

3ᵉʳ grado - 9%

2° grado - 7%

1ᵉʳ grado - 3%

4ᵗᵒ grado 19%

Porcentaje de peces de cada grado

5ᵗᵒ grado 62%

Guía rápida para interpretar gráficas

- Todas las gráficas tienen un tema, como los párrafos.
- En las **gráficas de barras** se comparan dos o más cosas.
- En las **gráficas lineales** se muestra cómo cambian las cosas con el tiempo.
- En las **gráficas circulares** se ve cada parte en comparación con las demás partes y con todo el conjunto.
- Algunas gráficas repiten información; otras dan información adicional.

Tablas

Al igual que los diagramas y las gráficas, las tablas presentan información en forma de "imagen". Las **tablas** tienen *filas* horizontales y *columnas* verticales. Las filas muestran un tipo de información y las columnas otro.

Horario ● La tabla de abajo es un horario de autobús. Las filas muestran los días de la semana; las columnas muestran la hora. La marca ✔ quiere decir que el autobús sale a esa hora ese día.

Salida del autobús	8 a.m.	Mediodía	6 p.m.
lun. a vier.		✔	✔
sábado	✔	✔	
domingo		✔	
feriados	✔	✔	✔

Tabla de distancias ● La tabla de distancias o millas es otro tipo de tabla muy común. Primero, hay que buscar el lugar de salida y luego el de llegada en el lado opuesto de la tabla. Se mira el número en que la fila y la columna coinciden; ese número es la distancia que hay entre esos dos lugares. Por ejemplo, entre Nueva York y Seattle hay 2,912 millas.

Distancia en millas	Los Ángeles	Seattle	Baltimore
Los Ángeles	0	1,141	2,701
Nueva York	2,787	2,912	197
Tampa	2,591	3,096	997

Otros tipos de tablas ● Observa los demás tipos de tablas que aparecen en el "Almanaque del estudiante" de este manual. (**BUSCA** en las páginas 431–487.)

Tabla de conversión ● Las tablas de conversión sirven para convertir un tipo de información a otro. La tabla de abajo te muestra algunas medidas que se usan en los Estados Unidos, convertidas a medidas del sistema métrico.

MEDIDAS EN EE.UU.		MÉTRICO
1 pulgada		2.54 centímetros
1 pie	12 pulgadas	0.3048 metros
1 yarda	3 pies	0.9144 metros
1 pinta	2 tazas	0.4732 litros
1 cuarto de galón	2 pintas	0.9463 litros

Otras tablas ● Puedes inventar tu propia tabla para mostrar cualquier tipo de información. Imagínate que para el proyecto de ciencias tienes que estimar el peso de ciertos animales o personas, y luego debes pesarlos para saber si acertaste. Podrías hacer una tabla como ésta:

Cosas que pesé	Peso estimado	Peso real	Diferencia sobró (+) faltó (−)
hámster	1 libra	7 onzas	+ 9 onzas
gato	5 libras	8 libras	−3 libras
perro	50 libras	68 libras	−18 libras
amigo	100 libras	75 libras	+25 libras
mamá	250 libras	118 libras	+132 libras
yo	90 libras	75 libras	+15 libras

Enriquece tu vocabulario

Herramientas para aprender

Tu vocabulario es como una caja de herramientas para leer, escribir y hablar. Mientras más herramientas tengas, más podrás hacer con el idioma.

Imagínate que tu amigo Santiago te dice: "Jaime donó $10 para el club, ¡y ahora dice que era un préstamo!" Si no sabes qué significan *donó* y *préstamo*, no vas a entender por qué Santiago está enojado. Pero si tienes esas palabras en tus "herramientas", lo entenderás: Santiago pensó que el dinero era un *regalo*, pero ahora Jaime le dice que *se lo devuelva*.

Las maravillosas, poderosas e ingeniosas palabras son el pan de cada día de los escritores.

¡Enriquece tu vocabulario!

1 Lee y busca el significado.

Cuando encuentres una palabra que no conozcas, fíjate en las palabras que la rodean para entender lo que quiere decir. Aquí tienes algunas ideas:

- Estudia la oración que tiene la palabra y las oraciones que están **antes y después de esa oración.**

- Busca **sinónimos** (palabras con el mismo significado).
  Los perros me fascinan, pero ninguno es como mi <u>mastín</u>.
  (Un *mastín* es un "perro".)

- Busca **antónimos** (palabras que significan lo contrario).
  Pescar no es <u>tedioso</u>; es emocionante.
  (*Tedioso* es "aburrido", lo contrario de "emocionante".)

- Busca la **definición** de la palabra.
  Vimos <u>cactos</u>, unas plantas que crecen en el desierto.
  (Los *cactos* son plantas que crecen en el desierto.)

- Busca **palabras conocidas en la serie** de palabras donde está la que no conoces.
  El zorro, el lobo y el <u>chacal</u> son animales carnívoros.
  (El *chacal* es un animal parecido al zorro y al lobo.)

- Fíjate en las palabras que tengan **varios significados.**
  En ese parque actúan unos <u>mimos</u>.
  Adoro los <u>mimos</u> y las palabras dulces de mamá.

- Fíjate en los **modismos** (palabras cuyo significado no es el que da el diccionario).
  Papá me agarró con las <u>manos en la masa</u>. (Papá me soprendió haciendo algo indebido.)

- Fíjate en el **lenguaje figurado,** como los símiles y metáforas. (**BUSCA** en las páginas 126–127.)

2 Consulta un diccionario.

Siempre puedes buscar el significado de una palabra en un diccionario. El diccionario también te aclara lo siguiente:

Ortografía ● Si no sabes bien cómo se escribe una palabra, búscala en el diccionario.

Mayúsculas ● El diccionario te dice si hay que escribir la palabra con mayúscula.

Acentos ● El diccionario te indica si la palabra lleva acento y qué sílaba debes acentuar.

Partes de una oración ● El diccionario te dice qué parte de la oración es la palabra que buscas (sustantivo, verbo, etc.)

Etimología ● Etimología es el origen de la palabra. Algunos diccionarios dicen de dónde viene la palabra o qué cambios ha tenido su significado con los años. Esta información aparece entre corchetes [ ].

Sinónimos y antónimos ● Aparecen los sinónimos (palabras que tienen el mismo significado o uno parecido), y a veces se dan ejemplos. Algunos dan los antónimos (palabras con significado contrario).

Significado ● Algunas palabras tienen un solo significado. Otras tienen varios, y debes escoger el más apropiado.

División por sílabas ● Algunos diccionarios te dicen cómo dividir la palabra en sílabas.

Uso ● El diccionario te dice si la palabra se usa en sentido familiar, figurado, informal o despectivo, entre otros.

¡Buena idea! Es posible que tu computadora tenga un diccionario como parte del programa que usas para escribir, o puede que esté en un CD-ROM.

Ejemplo Página de un diccionario

Mus/música

Ortografía y uso de mayúsculas — **Mus** Provincia de Turquía, en Anatolia Oriental.

mu•sa [del griego, *mousa*] s. **1.** Cada una de las diosas que, en la mitología griega, protegían las artes y las ciencias. **2. musa. a.** Un espíritu guía. **b.** Una fuente de inspiración.

Palabras guía

Sinónimos: **1.** pegásides, piérides. **2.** numen.

mu•sa•ra•ña [del latín, *musaraneus*] s. **1.** Cualquier sabandija, insecto o animal pequeño. **2.** *Familiar.* Figura contrahecha o fingida de una persona.

Uso

División por sílabas — **mus•ca•ri•na** s. Sustancia tóxica contenida en la seta *Amarita muscaria*, que produce intoxicación aguda y grave del sistema nervioso.

mus•cu•la•tu•ra s. **1.** Conjunto y disposición de los músculos. **2.** Grado de desarrollo y fortaleza de los músculos.

Sinónimos: carnadura.

Acento gráfico — **mús•cu•lo** [del latín, *musculus*] s. Cualquiera de los órganos compuestos principalmente de fibras que tienen la propiedad específica de contraerse.

Partes de la oración

mus•cu•lo•so adj. **1.** Dícese de la parte del cuerpo que consiste en músculo: un brazo musculoso. **2.** Alguien con músculos fuertes, bien desarrollados: un gimnasta musculoso.

adj.	adjetivo
adv.	adverbio
art.	artículo
conj.	conjunción
interj.	interjección
prep.	preposición
pron.	pronombre
s.	sustantivo
v.	verbo

Sinónimos — Sinónimos: muscular, atlético, fornido, fortachón. Todos estos adjetivos se refieren a una constitución fuerte y poderosa. *Levanto pesas porque quiero tener un cuerpo más musculoso. La atlética muchacha ganó la carrera. Necesitamos unos amigos fortachones que nos ayuden a mover el piano. El puerto estaba repleto de hombres fornidos, esperando a descargar los barcos.*

Antónimos — Antónimos: flaco, enclenque, debilucho.

mu•se•o [del griego, *mouseion*] s. **1.** Edificio o lugar destinado al estudio de las ciencias, letras humanas y artes liberales. **2.** Lugar en que se guardan colecciones de objetos artísticos, científicos o de otro tipo, y en general, de valor cultural, colocados para ser examinados.

mus•go [del latín, *muscus*] s. Planta briofita que crece sobre las piedras, cortezas de los árboles, etc.

Etimología — **mú•si•ca** [del latín, *musica*] s. **1.** Melodía y armonía, y las dos combinadas. **2.** Sucesión de sonidos modulados para recrear el oído. **3.** Concierto de instrumentos o voces, o de ambas cosas a la vez.

Sinónimos: melodía, armonía. Antónimo: ruido.

3 Usa un diccionario de sinónimos.

Los diccionarios de sinónimos dan una lista de sinónimos (palabras que significan lo mismo) para cada palabra. A veces también dan antónimos (palabras que significan lo contrario). El diccionario de sinónimos te ayudará a enriquecer tu vocabulario y a escribir mejor. Consúltalo cuando conozcas el significado de una palabra pero quieras usar otra.

Ejemplo | **Página de un diccionario de sinónimos**

Palabra   *Sinónimos*

agrandar, ampliar, ensanchar, estirar
Estos verbos significan hacer más grande una cosa. **Agrandar**, el más general de todos, se refiere a aumentar algo de tamaño: *Las burbujas se agrandaron hasta alcanzar un tamaño increíble.* **Ampliar** es hacer que algo quede con un tamaño mayor que el original: *A Susana le gustó tanto esa foto que quiere ampliarla.* **Ensanchar** es aumentar el ancho de una cosa: *Van a ensanchar la playa para que quepan más bañistas.* **Estirar** es agrandar un objeto aplicándole una fuerza: *El cuero del tambor debe quedar bien estirado para que dé un buen sonido.*

Ejemplos

Antónimo: achicar

Antónimo

Escoge una palabra: El diccionario de sinónimos puede tener las palabras en orden alfabético, igual que en un diccionario normal, pero es posible que tengas que buscar la palabra en el índice. El ejemplo de arriba se usó para encontrar la palabra más apropiada para el espacio en blanco:

■ Papá ha decidido que necesitamos más espacio en casa, por eso en la primavera la va a ___*ampliar*___ .

4 Haz un diccionario personal.

¡Enriquece tu vocabulario! Cada vez que leas o escuches una palabra nueva, ponla en tu diccionario personal.

1. **Busca las palabras nuevas** en un diccionario para aprender qué significan y cómo se escriben.
2. **Escribe la palabra** y la parte de la oración en una tarjeta o en un cuaderno.
3. **Escribe el significado** (o significados) de la palabra.
4. **Escribe una oración** con esa palabra.
5. **Escribe también algunos sinónimos.**

desembaular (verbo)
 1. Desahogarse, serenarse confiando en alguien
 2. Desempaquetar
Nada como una buena amiga con quien desembaular la tristeza.
sinónimos: consolarse, aliviarse, animarse

arcaico (adjetivo)
 – algo de hace mucho tiempo

La pintura de las cavernas es un arte arcaico.

sinónimos: antiguo, primitivo, prehistórico

5 Aprende las partes de una palabra.

Podrás deducir el significado de las palabras nuevas si conoces las tres partes básicas de una palabra:

- **prefijo** (comienzo de la palabra)
- **sufijo** (terminación de la palabra)
- **raíz** (base de la palabra)

Aprende el significado de algunos prefijos, sufijos y raíces.

El prefijo **sub** significa "debajo".

La raíz **terra** significa "tierra".

Busca esas partes de la palabra siempre que encuentres una palabra nueva.

El relato es sobre una ciudad **subterránea.**

(Si sabes que *sub* significa "debajo" y *terra* significa "tierra", puedes deducir que *subterránea* significa "debajo de la tierra".)

6 Fíjate en las familias de palabras.

Las familias de palabras son grupos de palabras que provienen de la misma palabra base. Si conoces el significado de la palabra base, muchas veces puedes deducir el significado de otras palabras de la misma "familia".

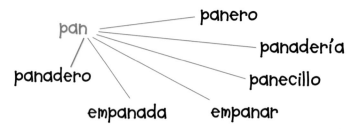

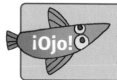

¡Ojo! En las próximas 10 páginas encontrarás una lista de los prefijos, sufijos y raíces más comunes de la lengua española.

Prefijos

El **prefijo** viene *antes* de la raíz (*pre* quiere decir *antes*). Los prefijos pueden cambiar el significado de una palabra.

a, an *[sin]*
asimétrico *(sin simetría)*
anestesia *(sin sensibilidad)*

ambi, anfi *[ambos]*
ambidextro *(usa las dos manos con destreza)*
anfibio *(puede vivir en la tierra o en el agua)*

anti *[opuesto]*
antiácido *(se opone a la acción de los ácidos)*
antideslizante *(impide que algo se deslice)*

astro *[estrella]*
astronauta *(viaja por el espacio)*
astronomía *(estudio de las estrellas)*

bi *[dos]*
bilingüe *(habla dos idiomas)*
bimestral *(se repite cada dos meses)*

ex *[fuera, más allá]*
excéntrico *(fuera del centro)*
extraer *(sacar una cosa de donde estaba)*

hemi, semi *[medio]*
hemisferio *(mitad de una esfera)*
semicírculo *(mitad de un círculo)*

in *[sin, no]*
incómodo *(sin comodidad)*
intocable *(no se puede tocar)*

inter *[entre, en medio]*
intergaláctico *(pertenece a los espacios que existen entre las galaxias)*
internacional *(pertenece a dos o más naciones)*

micro *[pequeño]*
microbios *(seres vivos muy pequeños)*
microscopio *(instrumento para observar objetos diminutos)*

mono *[uno]*
monocromático *(de un solo color)*
monolito *(monumento de piedra de una sola pieza)*

octa, octo *[ocho]*
octágono *(figura con ocho lados)*
octópodo *(molusco con ocho tentáculos, como el pulpo)*

penta *[cinco]*
pentágono *(figura con cinco lados)*
pentagrama *(conjunto de cinco líneas paralelas para escribir música)*

poli *[muchos]*
policromo *(de varios colores)*
políglota *(habla varios idiomas)*

pre *[antes]*
precursor *(va antes)*
prematuro *(ocurre antes de tiempo)*

re *[repetición]*
reafirmar *(afirmar de nuevo)*
reconstruir *(volver a construir)*

seudo *[falso]*
seudónimo *(nombre falso)*
seudópodo *(pie falso)*

sobre *[exceso]*
sobrecarga *(exceso de carga)*
sobrehumano *(se pasa de lo humano)*

sub *[debajo de]*
subestimar *(estimar a alguien por debajo de su valor)*
subterráneo *(debajo de la tierra)*

trans, tras *[al otro lado, a través de]*
transoceánico *(atraviesa un océano)*
trasnochar *(pasar parte de la noche sin dormir)*

tri *[tres]*
triángulo *(figura con tres ángulos)*
triciclo *(vehículo de tres ruedas)*

uni *[uno]*
unicornio *(animal con un cuerno en la frente)*
uniformes *(dos o más cosas que tienen la misma forma)*

Prefijos numéricos

Prefijo	Símbolo	Equivalencia	Prefijo	Símbolo	Equivalencia
deca	*da*	diez veces	**deci**	*d*	una décima
hecto	*h*	cien veces	**centi**	*c*	una centésima
kilo	*k*	mil veces	**milli**	*m*	una milésima
mega	*M*	un millón de veces	**micro**	*u*	una millonésima
giga	*G*	mil millones de veces	**nano**	*n*	una cienmillonésima
tera	*T*	un billón de veces	**pico**	*p*	una billonésima

Sufijos

El **sufijo** es la parte final de la palabra. Algunos sufijos cambian el significado de las palabras (cant*ante*, can*ción*) y otros ayudan a describirlas (*casucha, caserón*).

ante, ente, iente *[realiza la acción]*

> **estimulante** *(estimula)*
> **sorprendente** *(sorprende)*
> **perteneciente** *(pertenece)*

able, ible *[digno de]*

> **adorable** *(digno de adoración)*
> **creíble** *(digno de ser creído)*

ción *[acción y efecto]*

> **construcción** *(acción y efecto de construir)*
> **producción** *(acción y efecto de producir)*

dad *[cualidad]*

> **bondad** *(calidad de bueno)*
> **crueldad** *(acción cruel e inhumana)*

dero *[lugar]*

> **aparcadero** *(donde se aparca)*
> **lavadero** *(donde se lava)*

dor *[realiza la acción]*

> **jugador** *(juega)*
> **patinador** *(patina)*

ería *[lugar]*

> **juguetería** *(donde se venden juguetes)*
> **zapatería** *(donde se hacen o venden zapatos)*

ero *[ocupación]*

> **cocinero** *(cocina)*
> **panadero** *(hace pan)*

ico, ín, illo, ito *[diminutivo]*

> **barquito** *(barco pequeño)*
> **florecilla** *(flor pequeña)*

ísimo *[indica intensidad]*

> **altísimo** *(muy alto)*
> **chistosísimo** *(muy chistoso)*

ista *[ocupación]*

> **maquinista** *(dirige las máquinas)*
> **pianista** *(toca el piano)*

logía *[estudio]*

> **biología** *(estudio de los seres vivos)*
> **geología** *(estudio de la formación de la Tierra)*

miento *[acción y efecto]*

> **pensamiento** *(acción y efecto de pensar)*
> **sentimiento** *(acción y efecto de sentir)*

ón, ote *[aumentativo]*

> **barrigón** *(de barriga grande)*
> **gusanote** *(gusano grande)*

oso *[lleno de]*

> **grasoso** *(lleno de grasa)*
> **miedoso** *(lleno de miedo)*

Raíces

La **raíz** es la parte principal de una palabra y te puede ayudar a entender lo que la palabra significa. Si conoces la raíz, ¡verás qué fácil es aprender palabras nuevas!

aero *[aire]*
   aeronave *(vehículo que navega por el aire)*
   aerolínea *(compañía de transporte aéreo)*

agro *[campo]*
   agricultura *(cultivo de la tierra)*
   agronomía *(conocimientos que se aplican al cultivo de la tierra)*

algia *[dolor]*
   neuralgia *(dolor en un nervio)*
   mialgia *(dolor en un músculo)*

antropo *[hombre]*
   antropoide *(animal que se parece al hombre)*
   antropomorfo *(tiene forma humana)*

arquía *[gobierno]*
   monarquía *(gobierno bajo el mando de un príncipe)*
   oligarquía *(gobierno de pocos)*

audi *[oír]*
   audible *(se puede oír)*
   audífono *(aparato para oír mejor)*

auto *[mismo]*
   autógrafo *(escrito de mano del mismo autor)*
   automóvil *(se mueve por sí mismo)*

biblio *[libro]*
   bibliografía *(lista de libros)*
   biblioteca *(lugar donde se colocan los libros)*

bio *[vida]*
   biología *(estudio de los seres vivos)*
   biosfera *(conjunto que forman los seres vivos y su ambiente)*

cardio *[corazón]*
   cardiología *(estudio del corazón)*
   cardiopatía *(enfermedad del corazón)*

centri *[centro]*
   centrífugo *(se aleja del centro)*
   concéntricos *(tienen un centro común)*

ciclo *[rueda, círculo]*
   bicicleta *(vehículo con dos ruedas)*
   reciclar *(someter al mismo ciclo una y otra vez)*

cosmo *[universo, mundo]*

cosmogonía *(estudio del origen y evolución del universo)*

cosmonauta *(viajero del universo)*

crono *[tiempo]*

crónico *(viene de tiempo atrás)*

cronómetro *(reloj para medir tiempos muy cortos)*

demo *[pueblo]*

democracia *(gobierno en el que el pueblo interviene)*

demografía *(estudio de los pueblos)*

dent *[diente]*

dentición *(aparición de los dientes)*

dentífrico *(pasta para limpiar los dientes)*

derm *[piel]*

dermatitis *(inflamación de la piel)*

dermatólogo *(especialista en enfermedades de la piel)*

dinam *[fuerza]*

dinámico *(enérgico y activo)*

dinamita *(explosivo muy poderoso)*

equi *[igual]*

equidistantes *(a igual distancia)*

equilátero *(figura geométrica de lados iguales)*

fero *[produce]*

melífero *(produce miel)*

petrolífero *(produce petróleo)*

filia, filo *[amistad, afición]*

anglofilia *(simpatiza con los ingleses)*
bibliófilo *(ama los libros)*

fobia *[temor]*

claustrofobia *(temor a los lugares cerrados)*
agorafobia *(temor a los lugares abiertos)*

fono *[voz, sonido]*

fonógrafo *(aparato que registra y reproduce sonidos)*
teléfono *(aparato por el que se transmite la voz a distancia)*

foto *[luz]*

fotografía *(imagen obtenida por medio de la luz)*
fotosensible *(sensible a la luz)*

gastro *[estómago]*

gastritis *(inflamación del estómago)*
gastronomía *(arte de preparar buena comida)*

genia, geno *[origen]*

congénito *(presente desde el nacimiento)*
génesis *(origen o principio de una cosa)*

geo *[tierra, la Tierra]*

geografía *(descripción de la Tierra)*
geología *(estudio de la formación de la Tierra)*

glosa *[explicación]*

desglosar *(quitar las notas de un escrito)*
glosario *(palabras de un texto, con definiciones)*

gono *[ángulo]*

polígono *(figura geométrica con tres o más ángulos)*
isógono *(de ángulos iguales)*

grad *[peldaño]*

grada *(conjunto de escalones)*
gradilla *(escalerilla portátil)*

grafía, grafo *[dibujo, escritura]*

caligrafía *(arte de escribir con buena letra)*
ortografía *(manera de escribir las palabras correctamente)*

greg *[rebaño, grupo]*

congregar *(juntar, reunir)*
gregario *(vive en manadas o en grupos)*

habit *[vivir]*

hábitat *(territorio en el que vive una especie)*
habitante *(vive en alguna parte)*

hemato, hemo *[sangre]*

hematología *(estudio de la sangre)*
hemorragia *(derrame de sangre)*

hetero *[desigual, diferente]*

heterogéneo *(formado por elementos de diferente clase)*
heterodoxo *(está en desacuerdo con una doctrina)*

hidro *[agua]*

deshidratar *(privar de agua)*
hidroavión *(avión que puede posarse sobre el agua)*

homo *[semejante]*

homogéneo *(formado por elementos de la misma clase)*
homónimos *(tienen el mismo nombre)*

iso *[igual]*

isógono *(de ángulos iguales)*
isotermo *(de igual temperatura)*

magno *[grande]*

magnificar *(engrandecer)*
magnitud *(grandeza o importancia de algo)*

mancia *[adivinación]*

cartomancia *(adivinar el futuro por medio de los naipes)*
quiromancia *(adivinar el futuro en las líneas de las manos)*

manía *[locura]*

cleptomanía *(impulso anormal de robar)*
maníaco *(loco)*

mega *[grande]*

megalópolis *(ciudad gigantesca)*
megáfono *(aparato que aumenta el volumen de un sonido)*

meta *[cambio]*

metáfora *(cambio del sentido de algo que decimos)*
metamorfosis *(transformación de una cosa en otra)*

metría, metro *[medida]*

métrica *(arte de medir los versos)*
termómetro *(instrumento para medir la temperatura)*

minus *[menos]*

minúsculo *(muy pequeño)*
minusválido *(persona que no puede hacer ciertas cosas)*

morfo *[tiene forma]*

amorfo *(sin forma)*
morfología *(estudio de la forma)*

mort *[muerte]*

inmortal *(no muere)*
mortífero *(puede causar la muerte)*

nat *[nacer]*

natal *(se refiere al nacimiento)*
innato *(cualidad con la cual se nace)*

necro *[muerto]*

necrología *(biografía de alguien que acaba de morir)*
necrópolis *(cementerio enorme)*

neo *[nuevo]*

neófito *(persona que acaba de unirse a un grupo)*
neologismo *(palabra nueva en un idioma)*

neuro *[nervio]*

neurosis *(enfermedad de los nervios)*
neurona *(célula nerviosa)*

noct *[noche]*

noctámbulo *(que sale, pasea o se divierte de noche)*
nocturno *(pertenece a la noche)*

oligo *[poco]*

oligarquía *(gobierno de pocos)*
oligofrenia *(deficiencia mental)*

omni *[todo]*

omnipotente *(todo lo puede)*
omnívoro *(come de todo)*

onimia, ónimo *[nombre]*

seudónimo *(nombre falso)*
acrónimo *(palabra formada por las iniciales o sílabas de otras palabras)*

orto *[recto, correcto]*

ortodoncia *(tratamiento para enderezar los dientes)*
ortografía *(manera de escribir las palabras correctamente)*

oto *[oído]*

otalgia *(dolor de oídos)*
otitis *(inflamación del oído)*

patía *[enfermedad]*

cardiopatía *(enfermedad del corazón)*
patología *(estudio de las enfermedades)*

piro *[fuego]*

pirograbado *(grabado en madera por medio de un punzón caliente)*
pirotecnia *(arte de preparar fuegos artificiales)*

podo *[pie]*

podología *(estudio de las afecciones de los pies)*
trípode *(armazón de tres pies)*

porta *[lleva]*

portador *(lleva algo de un sitio a otro)*
portátil *(se puede llevar de un lugar a otro)*

proto *[primero]*

prototipo *(ejemplar original, modelo de algo)*
protocolo *(primeras escrituras)*

psico *[mente, la mente]*

psicología *(estudio de la mente)*
psicopatía *(enfermedad mental)*

ptero *[ala]*

díptero *(tiene dos alas)*
pterodáctilo *(reptil con alas)*

quin *[cinco]*

quinto *(adjetivo que corresponde al cinco)*
quinteto *(conjunto musical de cinco instrumentos)*

ragia *[derrame]*

hemorragia *(derrame de sangre)*
verborragia *(exceso de palabras)*

scopio *[instrumento para ver]*

periscopio *(instrumento para ver desde un submarino)*
telescopio *(instrumento para ver objetos lejanos)*

sema *[señal, signo]*

semáforo *(aparato con señales para regular el tráfico)*
semántica *(estudio del significado de los signos de un idioma)*

taqui *[rápido]*

taquicardia *(velocidad en los latidos del corazón)*
taquigrafía *(escritura muy rápida)*

tecnia *[técnica]*

mnemotecnia *(técnica para mejorar la memoria)*
pirotecnia *(arte de preparar juegos artificiales)*

tele *[a distancia]*

teléfono *(aparato por el que se transmite la voz a distancia)*
televisión *(transmisión de la imagen a distancia)*

terapia *[curación]*

fototerapia *(curación por la acción de la luz)*

hidroterapia *(curación por la acción del agua)*

termo *[calor, caliente]*

termómetro *(instrumento para medir la temperatura)*

termostato *(instrumento para controlar la temperatura)*

tomía *[corte, división]*

anatomía *(estudio de las distintas partes del cuerpo)*

átomo *(partícula tan pequeña que no se puede dividir)*

topo *[lugar]*

topografía *(descripción de la superficie de un lugar)*

topónimo *(nombre propio de un lugar)*

turbo *[tiene una turbina en el motor]*

turbogenerador *(generador eléctrico movido por una turbina)*

turbohélice *(motor de aviación en que una turbina mueve la hélice)*

vero *[verdad]*

verídico *(dice la verdad)*

verosímil *(parece verdad)*

voro *[come]*

carnívoro *(come carne)*

herbívoro *(come hierba)*

xilo *[madera]*

xilofóno *(instrumento musical con varillas de madera)*

xilografía *(arte de grabar en madera)*

zoo *[animal]*

protozoo *(animal microscópico)*

zoología *(estudio de los animales)*

Usa bien las palabras

Cada vez que aprendas una palabra nueva, averigua en qué casos puedes usarla. Recuerda que hay diferentes formas de expresar lo que quieres escribir, algunas informales y otras formales, y es posible que tengas que usar palabras diferentes según el tipo de escrito que estés planeando.

Lenguaje formal

Es el que utilizas cuando escribes artículos informativos, trabajos de investigación o cartas formales.

- Escoge las palabras con cuidado.
- Sigue las reglas de redacción formal.
- Mantén un tono serio.

> **La intensidad de las corrientes marinas que fluyen a las Islas Galápagos hacían que una travesía para llegar a ellas tomara varias semanas. Con frecuencia, la niebla las ocultaba de la vista de los marineros, por lo cual se les conoce también como Islas Encantadas.**

Lenguaje informal

Es el que utilizas cuando escribes una carta a un amigo o a alguien de tu familia, y cuando escribes una narración personal o una descripción de alguien que conoces.

- Usa palabras sencillas.
- Sigue las reglas elementales de gramática.
- Escribe en un tono ligero y amistoso.

> **Al día siguiente, vimos por fin a las tortugas. Ahora entiendo por qué las llaman gigantes. ¡Algunas pesaban casi 500 kilos! ¿Puedes creer que los piratas se las llevaban en sus barcos y se las comían? Menos mal que no se las comieron todas.**

Mejora tu ortografía

¡Manos a la obra!

Al escribir algo, compartes con tus lectores algunas de tus mejores ideas, y por eso haces lo posible por utilizar palabras brillantes y descriptivas. ¡Eso está muy bien! Pero no se te olvide que debes escribir las palabras correctamente.

¿Te preguntas por qué? *Porqe si escrives con herores de ortografia, tus lectores no te entenderan vien y no ce dáran cuenta de lo hintelijente que erez.*

Sigue estos consejos para mejorar tu ortografía:

1 Haz un diccionario de ortografía.

2 Utiliza estrategias para recordar.

3 Revisa la ortografía de tus escritos.

4 Aprende algunas reglas de ortografía.

1 Haz un diccionario de ortografía.

Rotula las páginas de un cuaderno con las letras del alfabeto y escribe las palabras nuevas que encuentres, para repasarlas más adelante. ¡Pronto sabrás escribirlas!

2 Utiliza estrategias para recordar.

Usa los sentidos. Observa la palabra y dila en voz alta; escríbela mientras dices cada letra; léela, revísala y luego… ¡escríbela otra vez!

Piensa en familias de palabras. Piensa en la familia a la cual pertenece una palabra para recordar su ortografía.

CoCina – CoCer   CoStura – CoSer

3 Revisa la ortografía de tus escritos.

Lee tu escrito al revés para ver cada palabra por separado. Si encuentras un error, tacha la palabra incorrecta y escríbela correctamente arriba. (*Recuerda:* deja un renglón de por medio en el borrador. ¡Así tendrás espacio para hacer correcciones!) Marca las palabras dudosas y búscalas en el diccionario. Si hiciste tu escrito en una computadora, usa el corrector de ortografía. ¡Pero recuerda que la computadora no puede remplazarte! No va a saber si escribiste *caza* en lugar de *casa,* y no te puede ayudar con los nombres propios. Por último, pídele a otra persona que revise tus correcciones y se asegure de que no haya otros errores. ¡Cuatro ojos ven más que dos!

¡Ojo! Hay más ideas en estas páginas:
Plurales (página 414)
La palabra correcta (páginas 417–418)

4 Aprende algunas reglas de ortografía.

Si conoces algunas reglas elementales de ortografía, podrás escribir correctamente muchas palabras dudosas.

Uso de la h.
Se escriben con **h**...
- todas las formas de los verbos **haber, hablar** y **hacer**.
- las palabras que empiezan con **hie-, hue-, hum-, herm-, horm-** *(hielo, hueco, humo, hermoso, hormiga)*.
- las palabras que empiezan con **hidr-, hipo-, horr-, hosp-** *(hidratar, hipopótamo, horroroso, hospital)*.

Uso de la b y la v.
Se usa la **b**...
- antes de otra consonante *(blusa, bruja, observar)*.
- en todas las formas de los verbos **haber** y **hablar**.
- en las palabras que empiezan con **bi-, bis-, biz-, bu-, bur-** y **bus-** *(bilabial, bisabuelo, bizco, burro, burla, buscar)*.
- en las terminaciones **-ble, -bilidad, -bundo** *(amable, habilidad, vagabundo)*.
- en el tiempo imperfecto de los verbos terminados en **-ar** *(hablaba, jugaba)*.

Se usa la **v**...
- en los adjetivos que terminan en **-ava, -ave, -avo, -eva, -eve, -evo, -ivo, -iva** *(octava, suave, octavo, breve, nuevo, festivo)*.
- después de **b, d** y **n** *(obvio, advertir, enviar)*.
- en las formas del presente del verbo **ir** y en algunas formas de los verbos **estar, andar** y **tener** *(voy, estuviste, anduvo, tuvieran)*.
- en las palabras que terminan en **-evedad, -ividad** *(brevedad, actividad)*.

Uso de la m y la n
- Se escribe **m** antes de **p** y **b** *(costumbre, amplio)*.
- Se escribe **n** antes de **v** y **f** *(infancia, invitar)*.

Uso de la c y la s

Se usa la **c**...

- en las palabras que terminan en **-cia, -cio, -cie** *(ambulancia, beneficio, especie)*.
- en las palabras que terminan en **-ción** que vengan de palabras terminadas en **-do** y **-to** *(animado, animación; atento, atención)*.
- en el plural de los sustantivos que terminan en **z** *(luz, luces; pez, peces)*.

Se usa la **s**...

- en las palabras que terminan en **-oso, -osa** *(generoso, vistosa)*.
- en los adjetivos en grado superlativo que terminan en **-ísimo, -ísima** *(hermosímo, purísima)*.
- en las palabras que terminan en **-ismo** *(optimismo, pesimismo)*.

Uso de la g y la j

Se escriben con **g**...

- las palabras que empiezan con **geo-, gem-, gen- geo-, gem-, gen-** y **gest-** *(geología, gemelos, general, gestión)*.
- la mayoría de los verbos terminados en **-ger, -gir, -giar** *(escoger, corregir, refugiar)*.
- muchas palabras con la sílaba **gen** *(gente, ingenioso)*.
- las palabras que terminan en **-gía, -gico, -gésimo** *(biología, trágico, vigésimo)*.

Se escriben con **j**...

- las palabras que empiezan con **adj-, eje-** *(adjetivo, ejecutar)*.
- las palabras que terminan en **-aje, -eje, -jería, -jero, -jera** *(coraje, eje, relojería, pasajero, flojera)*.
- el pretérito de los verbos terminados en **-decir, -ducir** y **-traer** *(dije, dedujo, trajiste)*.

Uso de la rr

Sólo se escribe **rr** entre dos vocales *(guerra, carro, perro)*.

310

Cómo hablar y escuchar mejor

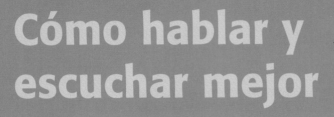

Hablar en público

¡Vamos a charlar!

¿Cómo reaccionas cuando te piden que des una charla en público? ¿Te alteras y te pones nervioso? ¿O te gusta expresar en público lo que sientes y piensas? Hay quienes por naturaleza se sienten a gusto hablando en público. Otros tienen que aprender a disfrutarlo.

Sea cual sea tu caso, te será más fácil hablar en público si conoces bien el tema del que hables. Por eso, cuando tengas que presentar un informe o una charla ante la clase, es importante que escojas un buen tema.

No es raro que las personas que se sienten a gusto "en escena", con el tiempo lleguen a ser maestros, actores, políticos o abogados. Es posible que sientan que se les va a salir el corazón del pecho cuando se paran frente a los espectadores, pero eso es parte de la emoción de aparecer en público.

El método de hablar en público

Para preparar una charla, sigue estos nueve pasos:

1 ## Decide qué tipo de charla vas a dar.

Al buscar un buen tema, primero debes preguntarte:
"¿Por qué voy a dar esta charla?" ¿Vas a presentar
información, demostrar algo o quieres convencer al público?

Charlas para informar

En una **charla informativa** se presentan datos y detalles
interesantes o importantes sobre un tema. Por ejemplo,
podrías informar sobre un nuevo invento para construir
carreteras con plástico reciclado, más resistentes al desgaste.

Charlas para demostrar

Una **charla demostrativa** muestra cómo se hace
algo. Por ejemplo, podrías mostrar cómo se ensilla
y se le pone la brida a un caballo, o cómo se
prepara el guacamole.

Un consejo: Los informes en multimedia
son otra manera de presentar
información. (**BUSCA** en las
páginas 204–207.)

Charlas para persuadir

El objetivo de las **charlas
persuasivas** es convencer de
algo a los espectadores.
Podrías tratar de convencerlos
de una ley que obligue a usar
cinturones de seguridad en
los autobuses escolares.

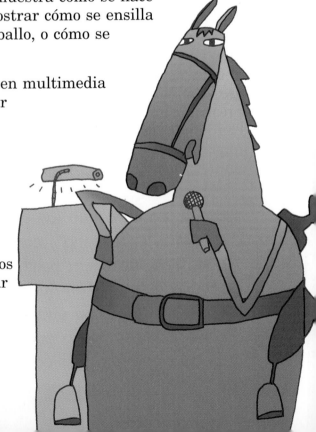

2 Piensa bien en el tema.

Cuando tengas que dar una charla, hazte estas preguntas:

- ¿Qué temas conozco bien?
- ¿Qué temas me gustaría conocer más a fondo?
- ¿Qué cosas me gusta hacer?
- ¿Sobre qué cosas me gusta leer?
- ¿De qué hablo con mis amigos?

(**BUSCA** más ideas en la sección "Cómo escoger un tema" de las páginas 35–39.)

3 Limita el tema.

Supongamos que te gustan mucho los caballos y has decidido que ése va a ser el tema de tu charla. Lo primero que tienes que hacer es limitarlo.

Charla para informar

En una **charla informativa,** podrías hablar de los distintos tipos de caballos o sobre cómo se cuidan.

Charla para demostrar

En una **charla demostrativa,** podrías mostrar cómo se ensilla y se le pone la brida a un caballo, o cómo hay que trenzarle la crin para llevarlo a una exposición.

Charla para persuadir

En una **charla persuasiva,** podrías tratar de convencer al público de que montar a caballo es un buen pasatiempo, o de que debería haber parques públicos para montar a caballo.

Un consejo: Para escoger un tema, piensa en tu público como si pensaras a quién invitar a una fiesta. Si invitaras a personas de la edad de tus abuelos, ¿pondrías música *rap*? Y, si invitaras a tus amigos, ¿los pondrías a bailar vals?

4 Reúne información.

Primero, busca información en libros y revistas. Luego, consulta otras fuentes.

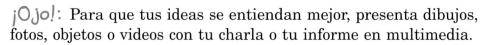

- **Observa** a personas, lugares y sucesos y toma apuntes.
- **Háblales o escríbeles** a expertos de tu escuela, tu familia o tu vecindario.
- **Mira** videos, películas y programas de televisión.
- **Explora** la Internet.
- **Piensa** en tus experiencias pasadas.

¡Ojo!: Para que tus ideas se entiendan mejor, presenta dibujos, fotos, objetos o videos con tu charla o tu informe en multimedia.

5 Prepara una introducción fascinante.

Cuando tengas toda la información que necesites, escribe el comienzo de la charla. Aquí tienes algunas ideas:

- Da una cita famosa o una frase conocida.

  "¡Un caballo! ¡Un caballo! ¡Mi reino por un caballo!"
  —Ricardo III, rey de Inglaterra

- Cuenta una anécdota.

  Hace dos veranos, un día paseaba en mi caballo cuando...

- Habla de un incidente reciente.

  En las Olimpíadas pasadas, el equipo de equitación de los Estados Unidos ganó la medalla de oro.

- Di algo sorprendente.

  Los caballos captan algunas señales mejor que nosotros. Con un leve movimiento del cuerpo, puedes indicarle a un caballo que eche a andar.

- Formula una pregunta interesante.

  ¿Sabían que los caballos tienen su propio lenguaje?

6 Haz un esquema.

Después de escribir la introducción, haz tu esquema en fichas o en una hoja. Escribe frases cortas, pero con lo suficiente para acordarte de lo que vas a decir. (Escribe palabra por palabra la introducción y la conclusión.)

Ejemplo **Fichas**

#1

Introducción:

Los caballos pesan entre 1,000 y 1,600 libras. Teniendo en cuenta que mi peso es sólo una fracción del peso del caballo, es asombroso que pueda montarlo y hacer que me lleve a donde yo quiera ir. Tengo que conocer la personalidad del caballo, pero además tengo que conocer bien el equipo de montar: la silla, el sillín, la brida, el freno y las riendas.

#2

Mostrar y explicar lo siguiente:

I. Cómo preparo el caballo para ensillarlo.

A. Le hablo al caballo.

B. Lo acaricio debajo de la crin.

C. Le doy pa~~~~~~~~ en el cuello.

D. Me paro ~

E. Le pongo

(Mostrar el

#3

Cómo ensillo el caballo.

A. Le pongo la montura encima del sillín.

B. Enderezo la cincha.

C. Aprieto la cincha desde la izquierda.

D. Aprieto otra vez la cincha.

7 Escribe la charla.

Puedes dar la charla tomando como guía el esquema, o puedes escribir todo lo que vas a decir. Si decides escribir toda la charla, repasa la sección "El método de escribir" de las páginas 8–11. Recuerda:

- Cuál es tu propósito (informar, demostrar o persuadir) y quién es tu público.
- Escoger las palabras más adecuadas y escribir oraciones claras e interesantes.

8 Practica la presentación.

Practica la charla al menos dos veces, en días distintos. "La práctica hace al maestro"; haz una o varias de estas cosas:

- Practica en donde no haya ruido y puedas escuchar lo que dices.
- Practica frente a tus amigos o tus padres. Pídeles sugerencias.
- Graba tu charla con una videocámara o una grabadora. Así sabrás qué partes tienes que mejorar.
- Repasa los consejos del paso 9 (a continuación) y recuérdalos cuando practiques.

9 Presenta la charla.

Cuando estés listo, recuerda estos consejos:

- Mira a los espectadores.
- Párate erguido: no te encorves, ni te mezas, ni te recargues en nada.
- Habla en voz alta y clara.
- No uses muletillas como *este*, *pues*, *mmm*.
- Habla despacio: no te apresures.

Llegó la hora de la charla

Sigue los pasos de este método para que tu charla le interese al público. Aquí tienes un ejemplo de una charla sobre cómo ensillar y ponerle la brida a un caballo.

¡A ensillar!

Los caballos pesan entre 1,000 y 1,600 libras. Teniendo en cuenta que mi peso es sólo una fracción del peso del caballo, es asombroso que pueda montarlo y hacer que me lleve a donde yo quiera ir. Tengo que conocer la personalidad del caballo, pero además tengo que conocer bien el equipo de montar: la silla, el sillín, la brida, el freno y las riendas.

Primero, preparo al caballo para ensillarlo. Le hablo y le doy palmaditas cariñosas en el cuello para que se tranquilice. Siempre me paro al lado izquierdo del caballo cuando le pongo el sillín debajo de la cruz, que es la protuberancia que tiene en medio de los omóplatos.

Enseguida, le pongo la montura encima del sillín. Desde el lado derecho reviso que esté bien puesta la cincha, que es la correa que sujeta la montura, y la aprieto. Luego la aprieto desde el lado izquierdo y, justo antes de montarme en el caballo, la aprieto una última vez.

Ahora estoy listo para ponerle la brida, el freno y las riendas. Estas tres cosas están conectadas. Pongo el brazo derecho sobre la cabeza del caballo y con la mano derecha sostengo la brida desde la parte de arriba. Luego, con la mano izquierda le meto el freno en la boca. Después, paso la brida por encima de las orejas y la abrocho debajo del cuello. También me aseguro de que la crin no quede enredada en la brida. Eso le dolería, lo mismo que a nosotros nos duele que nos jalen el pelo.

Lo último es tomar las riendas. Las riendas deben quedar a cada lado del caballo y los extremos los sostengo con la mano. Luego me monto y... ¡a cabalgar!

Recitar poemas

¡Actúalo!

Algunos poemas deben leerse en silencio, pero otros parecen estar hechos para recitarse. Tienen sonidos especiales que son agradables de pronunciar y hablan de cosas que hacen que te den ganas de moverte, bailar o gritar.

Cuando encuentres uno de esos poemas, o cuando escribas uno, ¡diviértete recitándolo!

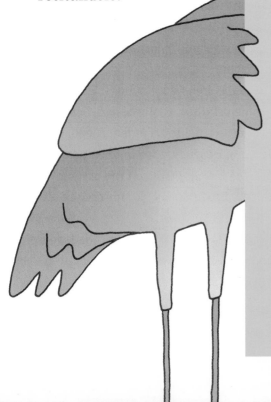

El flamenco primaveral

El flamenco primaveral
recorre el invierno.
El flamenco primaveral
ilumina nuestras margaritas.
El flamenco primaveral
da la bienvenida
a las crías que nacen en el
mundo.
El flamenco primaveral
se para en una pata
en medio de un lago
resplandeciente.
Las flores se abren
al compás de la hermosa canción
que compone el flamenco
primaveral.

—Melinda Castillo

Del papel al escenario

¿Qué puedes hacer para compartir un bonito poema? Puedes formar un grupo de teatro y presentarlo ante la clase, ante tus padres o ante un grupo de la comunidad. Haz lo siguiente: *forma tu grupo de actores, escoge el poema, escribe un guión, determina qué emoción corresponde a cada parte y preséntalo.*

1 Forma tu grupo.

Está bien recitar solo, pero a veces es más divertido recitar los poemas en grupos de dos, tres o cuatro personas.

2 Escojan un poema.

Busquen poemas en sus carpetas, en colecciones de poemas escritos por estudiantes, o en el periódico de su escuela o de su ciudad.

Seleccionen varios. Reúnan poemas de diversos estilos (chistosos y serios). Túrnense para leerlos en voz alta. Es la mejor manera de encontrar los poemas que suenen bien.

Escojan el mejor. Los poemas que tienen mucha acción son mejores para recitarlos. Es más difícil representar poemas que hablan de ideas y sentimientos. Para entender mejor el poema, háganse estas preguntas:

- ¿Quién es el principal orador?
- ¿Quiénes son los otros personajes (personas, animales, cosas)?
- ¿Dónde y cuándo ocurre la acción del poema?
- ¿Qué parte del poema se puede interpretar?

 **¡Ojo!** Si en el poema hay más personajes que miembros en tu grupo, cada uno debe tener dos o más papeles y hacer una voz distinta cuando representen a cada personaje.

3 Preparen el guión.

Después de escoger el poema, preparen el guión. Hay que dividirlo en papeles. Supongamos que tu grupo escogió el poema "Qué feliz soy".

> **"Qué feliz soy"**
>
> Qué feliz soy de ver el azul del cielo,
> y el verde intenso de la tierra,
> y de sentir la fresca brisa y el aire
> que el mundo encierra.

Cada miembro del grupo puede recitar un verso. Pero, un momento... ¡recitar poemas no es tan simple! En vez de dividir el poema en versos, divídanlo en personajes: el cielo, el aire, la tierra y yo (el narrador que cuenta lo que sucede).

El poema en forma de guión Decidan qué personajes habrá y quién los representará. Recuerden que los personajes pueden ser personas, lugares, cosas o animales. Aquí hay dos maneras de preparar el guión de "Qué feliz soy".

Reparto: 1 = Narrador   **2** = El cielo   **3** = La tierra   **4** = El aire

Dos guiones

Todos: "Qué feliz soy", poema
       anónimo
   1: Qué feliz soy de ver
   2: el azul
   1: del cielo,
   3: y el verde intenso
   1: de la tierra, y de sentir
   4: la fresca brisa y el aire
2 y 3: que el mundo encierra.

   1: "Qué feliz soy", poema
      anónimo
   2: Qué feliz soy de ver
   3: el azul del cielo,
Todos: Y
   4: el verde intenso de la tierra,
Todos: y de sentir la fresca brisa y
   2: el aire
3 y 4: que el mundo encierra.

4 Determinen las emociones.

Determinen qué emociones sugiere el poema y decidan cómo representarlas. Fíjense qué sentimientos y acciones van con cada verso. Imagínense que están analizando esta copla:

A nadie le tenemos miedo,
tan sólo al toro pintado,
que nos tuvo toda una tarde
nosotros corriendo y él parado.

El poema con emociones Aquí tienen el guión que se preparó para tres personajes a partir de esta copla.

Reparto: 1 = Vaquero   **2** = Vaquero   **3** = Toro

Línea	Emoción	Acciones
1 & 2: A nadie le tenemos miedo,	*(envalentonados)*	De pie, con cara y pose de valientes
3: tan sólo al toro pintado,	*(amenazador)*	En cuatro patas, enfurecido
1 & 2: que nos tuvo toda una tarde nosotros corriendo	*(asustados)*	Se preparan a salir corriendo despavoridos
3: y él parado.	*(burlón)*	De pie, muerto de risa

Exprésate No hay necesidad de determinar las emociones y acciones de cada palabra o verso del poema. A veces con sólo leer el poema en voz alta, las palabras se expresan por sí mismas.

5 Recítenlo.

Cuando el guión esté listo y cuando hayan determinado
la emoción que corresponde a cada parte del poema, es hora
de ensayar la actuación. No es necesario presentarla en un
escenario con luces especiales. La parte de adelante del salón
de clase es suficiente. (Pueden ponerse disfraces sencillos y
usar accesorios.)

Cinco ideas para la representación

- **Pónganse de frente al público.**
  Como regla general, nunca le den la espalda al público.
  Recuerden que los espectadores deben verlos y oírlos en
  todo momento.

- **Hagan una introducción sobre el poema y el poeta.**
  Antes de la interpretación, párense juntos frente al
  público. Todos a la vez, anuncien con voz clara y firme el
  título del poema y el nombre del poeta. Luego, pónganse
  en la posición inicial para empezar a recitar.

- **Párense y muévanse con confianza.**
  Párense (o siéntense) siempre derechos y quietos. Así
  mostrarán confianza en sí mismos
  mientras recitan el poema.

- **Hablen en voz alta**
  Hablen en voz alta y clara para
  que todo el mundo los oiga
  bien. No hablen ni
  demasiado bajo ni a
  gritos.

- **Hagan una reverencia.**
  Cuando terminen de recitar el
  poema, hagan una pausa breve y
  luego una reverencia. Después,
  salgan del "escenario".

¡Ahora es tu turno!

Este poema fue compuesto por unos estudiantes. El guión se preparó para cuatro actores. Ensaya otras maneras de escribir el guión, de determinar las emociones y de recitarlo. (**BUSCA** en las páginas 320–322.)

Somos salmones

1 2 3 4: Soy un salmón.

1: Soy muy veloz.

2: Soy un pez que nada con gusto en el pasado.

1 2 3 4: ¡Me dirijo hacia mi destino!

3: A Seattle,

4: al Kingdome.

1 2 3 4: Al pueblo de salmones que vive en el mar.

1: Tengo alas mágicas para volar.

2: Puedo volar por un río de estrellas.

3: Mi piel es resbalosa como un jabón mojado.

4: Mis escamas brillan como uñas fosforescentes,

1 2 3 4: rosadas, anaranjadas, amarillas, verdes y azules.

1 2: Tengo largos cabellos dorados y plateados

3 4: y la piel de distintos colores,

1 2 3 4: mezclados, como un arco iris.

1: Necesito alimento.

2: Voy a cumplir una misión

2: para sobrevivir.

3: Para hablar con los seres humanos.

3: Para ayudar a los seres humanos.

4: ¿Acaso me pueden ayudar los humanos?

1 2 3 4: Sean considerados con el salmón.

Aprender a observar

Cómo ser un observador agudo

Según una reciente encuesta, los niños de 6 a 11 años de edad pasan un promedio de 19 horas y 49 minutos a la semana viendo televisión. Si tú eres un niño promedio, pasas unas 20 horas a la semana viendo la pantalla de tu televisor.

Lo que ves en la televisión influye en:

- lo que sabes del mundo,

- lo que opinas acerca de la gente, los lugares y los sucesos,

- lo que compras, debido a los anuncios.

Como la televisión tiene tanta influencia, debes ser un observador inteligente. Este capítulo te ayudará a que te conviertas precisamente en eso.

Noticieros

1 ¿Es completa?

Una noticia completa contesta las seis preguntas básicas:

QUIÉN **estuvo involucrado:** Tom y Jerry, los gerbos de 5to grado,

QUÉ **sucedió:** se escaparon

CUÁNDO **sucedió:** anoche.

DÓNDE **sucedió:** La jaula estaba en la ventana.

POR QUÉ **sucedió:** El portero abrió la ventana.

CÓMO **sucedió:** La jaula se cayó y la puerta se abrió.

2 ¿Es correcta?

Las noticias sólo deben presentar los hechos. Si el reportero aún no conoce los hechos, debe decir algo así:

<u>Estamos recibiendo informes</u> **de que se ha desatado un incendio en el Parque Nacional de Yosemite, pero** <u>las autoridades aún no lo han confirmado</u>.

Un consejo: El texto subrayado señala que es posible que el informe no sea correcto. Fíjate en los informes de última hora.

3 ¿Es imparcial?

Las noticias deben presentar todos los ángulos de los hechos.

¿Qué hechos e imágenes se muestran? Digamos que se habla de abrir una nueva escuela. La escuela vieja tiene un gimnasio lleno de goteras y no hay sala de computadoras, pero el resto de la escuela está en buen estado. Si el noticiero muestra sólo las goteras, el informe es parcial.

¿A quiénes se entrevista? La noticia debe mostrar distintos puntos de vista. Si el reportero está entrevistando a un administrador que aboga por una nueva escuela, y a otro que se opone a la idea, la noticia es imparcial.

Programas especiales

En los programas especiales de televisión generalmente se presenta información sobre un solo tema. Aquí tienes un plan para entender mejor un programa especial:

Antes de verlo

- Piensa en lo que ya sabes del tema.
- Escribe preguntas sobre el tema.

Mientras lo ves

- Presta atención a las respuestas a tus preguntas.
- Toma apuntes. Escribe datos y emociones interesantes.
- Fíjate si el informe es completo, correcto e imparcial. (**BUSCA** en la página 325.)

Después de verlo

- Compara tus apuntes con alguien que haya visto el programa.
- Escribe sobre el programa en tu diario de estudio.

Apuntes sobre un programa especial de televisión
Sábado 8 de enero del 2000
El lago Baikal: El lago más profundo de Rusia

Es un lago tan profundo y tan frío, que allí habitan formas de vida que no existen en ninguna otra parte del universo. Eso se debe a que se formó hace 25 millones de años. Hay algunos animales que sólo se encuentran en ese lago.
    el golomianka y otros tipos de peces
    la foca del Baikal
Es un lago hermoso y silvestre. En él desembocan 336 ríos, pero sólo uno nace de ese lago. El lago Baikal está congelado de enero a mayo. ¡Eso es mucho tiempo!

La televisión como diversión

Aunque sólo veas la televisión para divertirte, es importante que reflexiones sobre lo que ves.

¿Es real o montado? Hay programas que tratan de temas médicos o de la lucha contra el crimen, y comedias familiares que se basan en la vida real. Pero a veces exageran las emergencias, las escenas de persecución y los chistes. Recuerda que intentan entretenerte. No son parte de la vida real.

Muchos documentales reconstruyen hechos históricos, como la expedición de Lewis y Clark, que ocurrió hace casi 200 años. A veces contienen filmaciones de la vida real, por ejemplo, de tigres de China y canguros de Australia. Mira y escucha con atención para que sepas lo que es real y lo que es un montaje.

¿Es un hecho o una opinión? Si una estrella de cine dice: "Es hora de que todo mundo se haga vegetariano", recuerda que las personas famosas no necesariamente son expertas en nutrición y alimentación. Sus opiniones son sólo eso: opiniones.

¿El programa presenta estereotipos? Los estereotipos son una forma de prejuicio. Es como si dijeras: "Si *un* _____ es de cierta manera, entonces *todos* los _____ son así". Aquí tienes un ejemplo:

A los niños no les gusta bailar.

Es cierto que a algunos niños no les gusta bailar, pero a otros sí. Nunca uses un estereotipo para juzgar a nadie (ni a nada).

¡CUIDADO!: Anuncios

La única finalidad de los anuncios es convencerte de que compres cosas. Estos son cinco de los métodos más comunes:

Escenas de la vida diaria ● Estos anuncios parecen videos caseros. Las personas se ven felices porque están tomando la soda X o usando los zapatos marca X.

> **¡CUIDADO!** Las personas que ves en estos anuncios son actores. Les pagan para que parezca que están contentos.

Rostros famosos ● En estos anuncios aparecen atletas y otras celebridades. Si quieres parecerte a un atleta famoso, tienes que comer lo mismo que él come... ¿no es así?

> **¡CUIDADO!** Es probable que las celebridades ni siquiera usen los productos que están anunciando. Los contratan para que salgan en los anuncios.

Hechos ● Estos anuncios presentan datos y cifras: "¡Nueve de cada diez estudiantes prefieren nuestro cereal!" ¿De dónde salieron esas cifras?

> **¡CUIDADO!** Es posible que la encuesta no haya sido "limpia" y que la compañía les haya preguntado a los niños: "¿Qué prefieren para desayunar: cebollas o nuestro cereal?"

Problema–solución ● En estos anuncios aparece alguien que tiene un problema, ¡y la marca X lo resuelve! Por ejemplo, Ana odia hacer la tarea. Sus padres le compran una computadora y de pronto, a Ana le encanta hacer la tarea.

> **¡CUIDADO!** Pocos problemas se resuelven comprando algo.

Anuncios informativos ● Estos anuncios parecen programas de televisión. Presentan mucha información para que creas que los productos que anuncian son los mejores.

> **¡CUIDADO!** Estos programas sólo son anuncios largos. La mayoría de las personas que aparecen en ellos están contratadas.

Sitios Web

Como la televisión, los sitios Web son fuentes de información y entretenimiento. Hazte estas preguntas:

¿Quién lo publica? Es posible que sea una compañía, una escuela, una persona o un club. Si sabes quién lo publica, podrás contestar estas preguntas:

> **¿La información proviene de una fuente experta?** Imagínate que estás buscando información sobre tornados. Un sitio Web publicado por el Servicio Nacional de Meteorología es confiable porque la información proviene de expertos. Si encuentras información en un sitio Web publicado por un aficionado a perseguir tornados, puede que no sea tan veraz.

> **¿La información es imparcial o tendenciosa?** Digamos que buscas información sobre buenos hábitos alimenticios. Si una renombrada revista dedicada a la salud publica un sitio Web, la información que presenta es imparcial. Pero un sitio Web publicado por una compañía productora de alimentos dietéticos querrá convencerte de que los productos que vende son más nutritivos de lo que en verdad son.

¿Quién paga? El que paga el costo del sitio Web es responsable de lo que allí se anuncia. La persona o compañía que pone anuncios publicitarios en el sitio es quien paga.

¿Con qué frecuencia se actualiza? Muchos sitios Web se actualizan a diario o semanalmente. Pero algunos presentan información que lleva semanas, meses o años sin actualizarse.

¿Cómo se compara la información de los sitios Web con la de otras fuentes? Cuando busques información en la Web, explora más de un sitio o consulta libros y revistas. Debes comparar para saber si la información es correcta o no. Recuerda que debes darles crédito a todas las fuentes de información que consultes. (**BUSCA** en la página 201.)

Aprender a escuchar

"¡Ahora, presten atención!"

Esta página y la siguiente tratan de "escuchar", así que busca un compañero para leerlas en voz alta, mientras escuchan. Si no puedes, entonces simplemente **sigue leyendo.**

¿Sabías que pasamos más tiempo escuchando que hablando, leyendo y escribiendo, en conjunto? Nuestros oídos nos permiten *oír,* pero nuestra mente nos permite *escuchar.*

Escuchar no es simplemente oír: es pensar en lo que oímos.

Escucha con atención

Como somos humanos, no siempre escuchamos. Nos distraemos. Soñamos despiertos. A veces *oímos* lo que nos dicen pero no lo *escuchamos*. Entonces, ¿cómo podemos lograr escuchar mejor? Aquí hay muchas sugerencias.

- **Escucha con una actitud positiva;** así aprenderás más.

- **Escucha con los oídos y también con los ojos;** oirás mejor si miras a la persona que habla.

- **Fíjate en las ideas principales;** así no te distraerás.

- **Fíjate en el tono de voz de la persona que habla;** así captarás el significado de lo que dice.

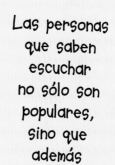

Las personas que saben escuchar no sólo son populares, sino que además aprenden más.

- **Fíjate en las instrucciones específicas que te den;** así sabrás lo que tienes que hacer.

- **Fíjate en palabras básicas (primero/segundo, antes/después);** así captarás el orden correcto de las cosas.

- **Toma apuntes o haz dibujos;** así recordarás todo por más tiempo.

- **Piensa en lo que oyes;** entenderás mejor todo si relacionas las ideas con cosas que ya conoces.

Exprésate Después de escuchar, escribe las preguntas que tengas. También haz un resumen de lo que aprendiste; eso demostrará lo bien que escuchaste.

Pensamiento crítico

Ayudas gráficas

¡A pensar!

Es posible que pensar sea lo más importante que haces en la escuela. Piensas cuando lees, cuando escribes, cuando escuchas y cuando hablas. Es decir, piensas siempre que estás aprendiendo algo.

Por eso no debe sorprenderte que mientras mejor piensas, más aprendes. Este capítulo te enseñará a pensar mejor: te mostrará cómo organizar tus pensamientos y ponerlos en papel. Aprenderás a usar ayudas gráficas para:

- organizar tus apuntes de lectura,
- planear lo que vas a escribir,
- reunir detalles para tus escritos,
- comparar y contrastar datos,
- anotar lo que oyes y
- mostrar lo que sabes.

Tipos de gráficas

Hay ayudas gráficas de muchas formas y tamaños. Aquí te damos ejemplos de ayudas gráficas e ideas para usarlas.

Gráfica de red ●
Haz una red para reunir datos o para escribir tu reacción a informes, narraciones, cuentos y poemas.

Gráfica de las cinco preguntas básicas ●
Escribe las cinco preguntas básicas cuando quieras reunir detalles para artículos de periódico, narraciones personales y relatos de ficción.

Un consejo: (**BUSCA** el ejemplo del artículo noticioso de la página 161.)

Gráfica sobre los 5 sentidos ● Haz esta gráfica para reunir detalles para informes de observación y párrafos descriptivos.

Vista	Oído	Olfato	Gusto	Tacto
rueda de la fortuna iluminada	gente que se ríe	palomitas de maíz	nachos con queso derretido	Me eché encima una soda pegajosa

Gráficas para comparar y contrastar ● El ejemplo de abajo es un diagrama de Venn. Te será muy útil para organizar tus ideas cuando tengas que comparar y contrastar dos temas. Pon los detalles importantes de uno de los temas en el área **1** y los detalles importantes del otro en el área **2**. En el área **3**, anota los detalles que los dos temas tengan en común. Así podrás ver las semejanzas y diferencias entre ambos. (**BUSCA** también en las páginas 48, 92–93.)

Diagrama de Venn

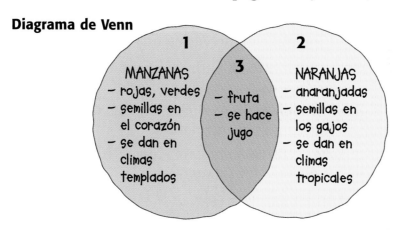

Gráficas de causa y efecto ● Hay varios tipos de gráficas para ilustrar causas y efectos. Todo depende de cuántas causas y cuántos efectos se muestren. Estas ayudas gráficas te sirven para reunir detalles cuando quieras dar explicaciones. Aquí tienes dos ejemplos:

Muchas causas, un efecto

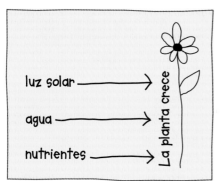

Una causa, muchos efectos

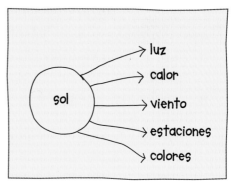

Más ayudas gráficas

En este manual hay otros tipos de ayudas gráficas. Piensa en cómo te sirve cada uno para organizar tus ideas.

Esquemas (**BUSCA** en las páginas 49, 96 y 197.) Los esquemas son útiles cuando tengas que organizar información para escribir reseñas de libros, ensayos explicativos o persuasivos, informes de investigación, etc.

Cuadrículas (**BUSCA** en las páginas 46 y 195.) Las cuadrículas sirven para reunir información de varias fuentes.

Estrategias de lectura (**BUSCA** en las páginas 271–279.) Presta mucha atención a estas ayudas gráficas:

Mapa de ideas (**BUSCA** en la página 275.) Haz un mapa de ideas cuando tengas que reunir detalles.

Curso del argumento (**BUSCA** en las páginas 276 y 278.) Es útil para leer o planear un relato.

Gráficas (**BUSCA** en las páginas 280–287.) Los diagramas, las gráficas y las tablas son ayudas gráficas. Hay diagramas que son mejores para determinados tipos de información:

Diagrama cíclico (**BUSCA** en la página 282.) Sirve mucho para leer y escribir sobre temas de ciencias.

Cronologías (**BUSCA** en las páginas 48 y 478–487.) En las cronologías puedes ver el orden en que suceden las cosas. Sirven para leer y escribir sobre temas de historia.

Ideas para usar ayudas gráficas

- Piensa qué ayuda gráfica es la más adecuada para el tipo de escrito que estés haciendo.
- Prueba varios tipos de ayudas gráficas para ver la información organizada de varias maneras.
- ¡Inventa tu propia ayuda gráfica! A lo mejor se te ocurre una nueva manera de organizar tus ideas.

Tácticas básicas para escribir y pensar

Esta tabla muestra algunas tácticas para reunir y organizar tus ideas.

OBSERVA				
Mira	Escucha	Saborea	Toca	Huele

REÚNE IDEAS				
Experiencias personales	Escribe automáticamente, haz una lista,	Haz una lluvia de ideas	Habla con otras personas	Lee, escribe, dibuja

HAZ PREGUNTAS		
Pregunta *quién, qué, cuándo, dónde, por qué*	Pregunta *cómo, cuánto*	Investiga, haz encuestas

ORGANIZA				
Pon en el orden correcto	Compara, contrasta	Presenta tus razones	Agrupa, define	Di si estás a favor o en contra

IMAGINA			
Crea nuevas ideas	Experimenta, inventa	Pregúntate: *¿Qué pasaría si...?*	Predice, adivina

REFLEXIONA			
Reexamina (¿Es ésta la mejor *manera*?)	Reordena (¿Es éste el mejor *orden*?)	Revisa (¿Es ésta la mejor manera de *expresarlo*?)	Reestructura (¿Es éste el mejor *formato*?)

EVALÚA		
Considera (¿Quedó claro? ¿Es preciso?)	Critica (¿Es interesante?)	Convence (¿Vale la pena?)

Pensar y escribir

Aprende a pensar

Vas a la escuela para aprender a leer, a escribir y a hablar. Pero para poder hacer bien cualquiera de estas cosas, primero tienes que aprender a pensar o razonar.

En este capítulo te explicaremos seis tipos de razonamiento:

- **Recordar**
- **Comprender**
- **Aplicar**
- **Analizar**
- **Sintetizar**
- **Evaluar**

Este capítulo te enseñará distintos tipos de razonamiento que aplicarás al escribir.

Recuerda

Cuando *recuerdas*, traes a la mente información que se discutió en clase o que has leído.

Recuerdas cuando:

- escribes datos y definiciones,
- estudias información hasta que te la aprendes bien o
- contestas las preguntas de un examen.

Para contestar esta pregunta tienes que recordar.

INSTRUCCIONES: Escribe cinco oraciones completas con datos importantes que hayas aprendido sobre la lluvia ácida.

1. La lluvia ácida es resultado de la contaminación que producen los automóviles y algunas centrales eléctricas.

2. Cuando la lluvia ácida aún está en las nubes, puede desplazarse a gran distancia del lugar donde se produjo la contaminación.

3. La lluvia ácida mata las plantas y los árboles.

4. Cuando la lluvia ácida cae en los lagos y los ríos, mata los peces.

5. La lluvia ácida más dañina contiene tanto ácido como el jugo de limón.

Ideas para recordar

- Escucha en clase y lee con atención tus tareas.
- Anota los datos que te den. (**BUSCA** en las páginas 326, 374–375.)
- Usa ayudas gráficas para recordar datos.

Comprende

Cuando conoces la información lo suficientemente bien como para hablar o escribir sobre ella, la *comprendes* bien.

Comprendes cuando:

- eres capaz de explicar algo,
- dices cómo funciona algo o
- expresas con tus propias palabras detalles importantes.

En esta tarea tienes que demostrar que comprendes.

> INSTRUCCIONES: Explica en un párrafo corto qué es la lluvia ácida.
>
> La lluvia ácida es causada por la contaminación. Se origina cuando llegan al aire sustancias químicas que echan los automóviles y las centrales eléctricas. En la atmósfera, esas sustancias se mezclan con las gotitas de agua de las nubes. Cuando llueve, el agua que cae de las nubes contiene las sustancias químicas ácidas. El ácido mata las plantas, los árboles y los peces.

Ideas para comprender

- Con tus propias palabras, haz un resumen de la información.
- Repasa la información en voz alta con un amigo o alguien de tu familia.
- Enséñale la información a otra persona, con un dibujo, una tabla o una ayuda gráfica.

Aplica

Cuando *aplicas* tus conocimientos, pones en práctica lo que has aprendido.

Aplicas tus conocimientos cuando:

- pones en práctica lo que has aprendido en arte, música o deportes al ensayar, practicar o interpretar,
- resuelves problemas con la información que has aprendido.

Para responder esta pregunta, tienes que aplicar la información a tu propia vida.

INSTRUCCIONES: Escríbele una carta al director de una central eléctrica de la zona donde vives explicándole lo que has aprendido sobre la lluvia ácida. Pídele que te explique qué se está haciendo en la central eléctrica para evitar la lluvia ácida.

Estimado Sr. Garzón:

En la escuela aprendí que las centrales eléctricas donde se quema carbón son uno de los principales causantes de la lluvia ácida. Esas centrales echan a la atmósfera sustancias químicas que el viento puede llevar muy lejos, hasta otros países. Cuando llueve, el ácido que contiene el agua de la lluvia mata las plantas y los animales.

Le agradecería que me explicara si su central eléctrica produce este tipo de sustancias químicas y, si es así, que me diga qué están haciendo para poner fin a la contaminación.

Atentamente,

Idea para aplicar

- En tu diario de estudio, escribe lo que hayas aprendido y trata de aplicarlo a tus experiencias pasadas, presentes y futuras.

Analiza

Cuando *analizas* la información, la separas en varias partes.

Analizas cuando:

- explicas en qué se parecen o en qué se diferencian las cosas,
- explicas qué partes son las más importantes,
- organizas las cosas en grupos o categorías o
- basas algo en razones.

En esta tarea tienes que analizar lo que sabes.

INSTRUCCIONES: En un párrafo, habla de las causas de la lluvia ácida.

La lluvia ácida es causada por ciertas sustancias químicas presentes en la contaminación atmosférica. Cuando se quema carbón o gasolina, estos combustibles lanzan al aire sustancias químicas, como óxidos de nitrógeno y dióxido de azufre, que se mezclan con las gotitas de agua de las nubes. Cuando la lluvia cae, el agua contiene esas sustancias químicas ácidas. El ácido que contiene la lluvia ácida mata los árboles y los peces.

Ideas para analizar

- Piensa en las partes.
- Piensa cómo funcionan. (**BUSCA** las ayudas gráficas de causa y efecto de la página 335.)
- Decide si las partes se pueden describir mejor en orden de importancia, en orden cronológico o en orden de lugar. (**BUSCA** en la página 84.)

Sintetiza

Cuando *sintetizas*, aplicas tus conocimientos para crear nueva información.

Sintetizas cuando:

- añades nuevas ideas a la información,
- incluyes lo que conoces en un relato inventado o en otro escrito o
- predices qué ocurrirá a partir de la información que conoces.

En esta tarea tienes que sintetizar lo que sabes.

INSTRUCCIONES: Escribe un párrafo acróstico sobre la lluvia ácida. Comienza tus oraciones con cada letra de la palabra "lluvia".

La lluvia ácida se produce con la contaminación atmosférica.

Los automóviles son una fuente de contaminación.

Una causa importante también es la contaminación industrial.

Valoremos nuestros recursos: hay que protegerlos.

Intentemos eliminar las fuentes de contaminación.

A todos nos corresponde frenarla.

Idea para sintetizar

- ¡Dale rienda suelta a tu imaginación! Expresa lo que sabes con tus propias palabras.

Evalúa

Cuando *evalúas* la información, juzgas lo que aprendiste. En ese momento expresas el valor de algo, es decir, qué tan bueno o malo es.

Cuando evalúas:

- expresas tu opinión acerca de algo,
- expresas lo positivo y lo negativo que tiene algo o
- expresas los puntos fuertes y débiles de algo.

En esta tarea tienes que evaluar algo.

INSTRUCCIONES: Evalúa los más recientes esfuerzos para detener la lluvia ácida.

Los últimos esfuerzos para detener la lluvia ácida no han sido suficientes. En casi todos los lugares, la principal sustancia química que contiene la lluvia ácida es el azufre. El azufre forma un gas (dióxido de azufre) cuando se quema como combustible en las centrales eléctricas. Muchas centrales eléctricas nuevas tienen filtros especiales que evitan que el azufre llegue a la atmósfera. Así se previene la lluvia ácida. Pero para que la situación no empeore, todas las centrales eléctricas deben instalar esos filtros.

Idea para evaluar

■ Antes de evaluar algo, es necesario que lo entiendas perfectamente. Sólo así podrás formular tu opinión.

Guía para pensar y escribir

Esta tabla es un repaso de los tipos más importantes de razonamiento que aplicarás en las tareas y los exámenes de la escuela.

Debes **recordar** cuando tengas que...
- llenar espacios en blanco
- definir términos
- enumerar datos o palabras
- rotular las partes de algo

Debes **comprender** cuando tengas que...
- explicar algo
- resumir algo
- explicar cómo funciona algo
- decir si algo es verdadero o falso
- elegir la mejor respuesta

Debes **aplicar** tus conocimientos cuando tengas que...
- emplear en tu vida la información que has aprendido
- resolver un problema

Debes **analizar** la información cuando tengas que...
- comparar cosas
- contrastar cosas
- poner cosas en orden
- agrupar cosas
- exponer las razones de algo
- decir por qué algo es como es

Debes **sintetizar** cuando tengas que...
- crear algo
- imaginar algo
- combinar cosas
- predecir algo

Debes **evaluar** cuando tengas que...
- considerar algo
- calificar algo
- expresar tu opinión sobre algo

Pensar con claridad

¡Usa la cabeza!

No tienes que ser un genio para usar tu cerebro. Es más, mientras lees esta página, estás usando tu cerebro. Estás observando, comparando, analizando, evaluando y resolviendo problemas. Todo esto lo vienes haciendo desde que eras muy pequeño, sin pensarlo siquiera.

Aunque lleves tanto tiempo practicando, te queda mucho por aprender para aprovechar al máximo tu cerebro. Debes pensar con claridad para:

- **usar correctamente los hechos y las opiniones,**
- **evitar ideas confusas,**
- **tomar decisiones acertadas y**
- **resolver problemas.**

¿Para qué pensamos? Para ahorrar tiempo, evitar accidentes, buscar el éxito, entender cosas... ¿Te parece poco?

Hechos y opiniones

Un **hecho** es algo verdadero, un suceso que realmente ocurrió. Una **opinión** es algo que alguien cree; a lo mejor se basa en un hecho o a lo mejor no. Los hechos expresan cómo son las cosas; las opiniones expresan lo que alguien piensa o siente.

Opinión: **El reciclaje del papel debe imponerse por ley.**

Hecho: **Si no se recicla el papel, hay que cortar árboles para fabricar más papel.**

Hecho: **Se nos está agotando el espacio para arrojar la basura, y gran parte de la basura que producimos es papel.**

Escribe una oración que exprese una opinión

Antes que nada, debes decidir cuál es tu opinión; luego, debes expresarla con palabras que los demás entiendan. Sigue esta fórmula sencilla para expresar bien tu opinión.

Fórmula: **Un tema específico** (El reciclaje del papel)

+ tu opinión (debe imponerse por ley)

= una oración que expresa correctamente tu opinión
(El reciclaje del papel debe imponerse por ley.)

¡Buena idea!

Es difícil sustentar opiniones que contienen palabras que expresan ideas muy positivas o muy negativas, como *todo, lo mejor, nunca* o *lo peor.*

(El reciclaje de *todo* el papel debe imponerse por ley.)

Sustenta tu opinión

Cuando vayas a sustentar tu opinión, presenta hechos claros y específicos. Es más probable que los lectores estén de acuerdo con una opinión basada en hechos. Fíjate en la diferencia entre estas dos oraciones:

Opinión basada en un hecho: **El reciclaje del papel debe imponerse por ley porque así se conservarían muchos árboles.**

Opinión basada en otra opinión personal: **El reciclaje del papel debe imponerse por ley porque es lo correcto.**

Evita ideas confusas

Cuando quieras convencer a otros de lo que tú opinas, es importante que pienses con claridad, te expreses con claridad y, sobre todo, te fijes en los hechos. No hay lugar para ideas confusas. Estas sugerencias te ayudarán a pensar con claridad:

No te precipites a una conclusión.

"Como el ozono es un gas presente en el neblumo, el ozono es nocivo."

Esta afirmación saca una conclusión sin fundamento. Dice que el ozono es nocivo porque está presente en el neblumo, que es nocivo. Pero el ozono puede ser benéfico.El ozono natural que está presente en la atmósfera protege a la Tierra de los rayos solares.

No compares cosas que no tienen nada en común.

"Cuando la lluvia ácida cae, es como si cayera fuego líquido sobre la Tierra."

Esta afirmación compara la lluvia ácida con algo mucho peor. La lluvia ácida sólo puede llegar a tener tanto ácido como un limón. Sus efectos son nocivos para la Tierra, ¡pero no son tan dañinos como los efectos del fuego líquido!

No te bases en sentimientos.

"Debemos cerrar todas las fábricas grandes porque contaminan la atmósfera."

Esta afirmación se basa en sentimientos, no en hechos. En primer lugar, no todas las fábricas grandes contaminan la atmósfera. Y, en segundo lugar, hay otras maneras de frenar la contaminación sin necesidad de cerrar las fábricas.

No digas verdades a medias.

"La lluvia ácida es 2,000 veces más ácida que la lluvia que no está contaminada."

Esta afirmación hace creer que toda la lluvia ácida es 2,000 veces más ácida que la lluvia no contaminada. Parte de la lluvia ácida lo es, pero otra parte es sólo 10 veces más ácida. Esta afirmación presenta una verdad parcial como si fuera una verdad total.

No hagas que algo parezca peor o mejor.

"En Estados Unidos reciclamos toneladas de papel, por eso conservamos árboles que de lo contrario serían talados para fabricar papel."

Esta afirmación hace que las cosas parezcan mejor de lo que son. Da a entender que prácticamente todo el papel se recicla y que, por lo tanto, hay que talar muy pocos árboles para fabricar más papel. En realidad sólo la mitad de todo el papel que se fabrica es reciclado. Cada año, se destruyen muchos bosques que tardaron siglos en crecer.

No te bases sólo en la opinión de la mayoría.

"La lluvia ácida no es un problema grave porque casi todas las personas con quienes hablé opinan que no lo es."

Esta afirmación se basa en la idea de que si la mayoría opina algo, eso debe ser verdad. Pero "la mayoría" puede estar equivocada. ¡Tal vez ni siquiera sepan qué es la lluvia ácida!

Un consejo: Vuelve a leer los seis tipos de afirmaciones que **no** debes hacer. Luego, escribe cada uno de los ejemplos de "ideas confusas" de modo que queden claros. Compara tus respuestas con las de tus compañeros.

Toma buenas decisiones

Todos los días tienes que tomar decisiones. Decides qué ropa ponerte para ir a la escuela, dónde sentarte a la hora del almuerzo, qué libro leer para preparar tu próximo informe. Muchas de estas decisiones las tomas con facilidad y rapidez.

Otras decisiones son mucho más difíciles y requieren tiempo y reflexión. Aquí te damos sugerencias para cuando tengas que tomar decisiones difíciles:

1 Define tus metas.
- ¿Qué quieres averiguar o lograr?
- ¿Qué decisión tienes que tomar?

2 Enumera tus opciones.
- ¿Qué opciones ya probaste?
- ¿Qué otras cosas podrías hacer?

3 Analízalas.
- Piensa detenidamente en cada opción.
- Escribe los puntos a favor y en contra.

4 Evalúalas.
- Pon tus opciones en orden: de la mejor a la peor, de la más fácil a la más difícil, de la más rápida a la más lenta, etc.
- Pídele consejos a alguien que conozca bien el tema.

5 Escoge la mejor.
- Examina nuevamente todas las opciones.
- Elige la mejor. (Recuerda que lo que tú consideres la mejor opción puede no serlo para otra persona.)

6 Repasa todos los pasos.
- No te apresures; deja que pase un tiempo.
- Repite el proceso para ver si has cambiado de idea.

Resuelve problemas

Igual que los médicos, los maestros y tus padres, tú tienes que resolver problemas todos los días. Algunos son pequeños y fáciles de solucionar. Otros son más grandes y necesitas un plan para resolverlos.

1 Identifica o define el problema.
- ¿Cuál es el problema?

2 Enumera todo lo que sepas.
- ¿Qué es lo que está mal o lo que hay que hacer?
- ¿Qué causó el problema?
- ¿Ha ocurrido antes este problema?

3 Piensa en posibles soluciones.
- ¿Qué puedes hacer ahora mismo?
- ¿Qué puedes hacer poco a poco?

4 Prueba las soluciones.
- Imagínate que has puesto en práctica cada solución.
- Imagínate el resultado de cada solución. ¿Qué sucederá?
- Si puedes, prueba varias soluciones.

5 Escoge la mejor.
- Piensa qué es lo mejor tanto para los demás como para ti.
- Pon en marcha tu plan.

6 Evalúa el resultado.
- ¿Cómo salió todo?
- Si tuvieras que empezar desde el principio, ¿escogerías la misma solución?

Destrezas de aprendizaje

Escribir para aprender

Organiza tus ideas

Aprender a escribir es importante para comunicarte con otras personas, como tus amigos, tus maestros y tus parientes. Escribir también te sirve para muchas otras cosas: te ayuda a pensar, a entender y a organizar tus ideas. Es decir, te sirve para aprender.

Diarios de estudio

Una buena manera de escribir y aprender es llevando un diario de estudio. En un diario de estudio organizas tus ideas para no perderlas. Es como escribir en un diario personal, sólo que concentrándote en un tema específico. Después de que leas este capítulo podrás practicar algunas actividades para tu diario de estudio.

Los diarios de estudio te sirven para organizar tus ideas y para pensar en lo que has aprendido.

Lleva un diario de estudio

Escribir en un diario de estudio es como pensar en el papel. Aquí tienes ejemplos de cosas que podrías escribir:

- lo que piensas y sientes acerca de un tema o una tarea,
- las preguntas que tienes acerca de ese tema o tarea o
- palabras nuevas de vocabulario.

Haz un diario de estudio:

1. **Divide un cuaderno en secciones.** Dedica una sección a cada tema sobre el que vas a escribir.

2. **Saca tiempo para escribir** en tu diario de estudio todos los días. Dedica más tiempo a escribir sobre los temas que te resulten más difíciles.

3. **Escribe todo lo que se te ocurra,** expresándote con tus propias palabras. Antes que nada, escribe la fecha. Luego, trata de escribir todas tus ideas sin detenerte. Puedes escribir de 3 a 5 minutos, o más.

21 de abril de 2000

¡Qué mundo tan loco! Queremos que haya grandes fábricas para crear buenos empleos. Queremos calor y luz en nuestras viviendas, y nos encanta viajar en auto. Pero los científicos afirman que la lluvia ácida que producen las fábricas, las centrales eléctricas y los autos está destruyendo nuestros edificios y carreteras. Otra cosa grave es que la lluvia ácida daña nuestros lagos, ríos y arroyos. Algunos ya no son más que masas de agua sin vida. ¿Tendremos que renunciar a nuestros empleos y a nuestros autos? ¿Tendremos que...?

Más actividades

Aquí tienes más ideas para llevar un diario de estudio. ¡Pruébalas todas! Luego, decide cuál te gusta más.

Primeras ideas • Haz una lista de las palabras básicas que te vengan a la mente después de una lección. Esas palabras te ayudarán a concentrarte en las ideas más importantes.

Detente y escribe • Haz a un lado lo que estés estudiando y ponte a escribir sobre ese tema. Es una manera rápida de ver si tu mente está concentrada en lo que estás haciendo.

Resume tus ideas • Trata de expresar tus ideas en pocas palabras. Trata de expresar en una sola oración la idea más importante de una discusión realizada en clase o de una lectura que te hayan puesto de tarea.

Notas para el maestro • Anota todas las preguntas que tengas acerca de un tema y dáselas a tu maestro. Pídele que las conteste.

Cartas que no se envían • Escríbele a alguien una carta sobre el tema. Eso te ayudará a pensar sobre el tema de manera personal.

Ayudas gráficas • Las ayudas gráficas son una buena manera de organizar tus ideas en un diario de estudio. En las páginas 334–336 encontrarás ideas sobre las ayudas gráficas.

Dibujos • Puedes hacer dibujos en tu diario de estudio para mostrar lo que has aprendido o pensado. Por ejemplo, puedes dibujar el ambiente en que se desarrolla un relato que estés leyendo o uno de sus personajes.

Las tareas

¡Aprende en un dos por tres!

¿Cómo aprendes? ¿Te resulta fácil? ¿Te gustaría que fuera más fácil? Pues bien, puede ser muy fácil si primero entiendes *cómo* aprendes. La manera en que aprendes depende de tres cosas: **de ti mismo, de tus maestros** y **de los textos que estudias.**

Lo primero que tus maestros hacen para iniciar el proceso de aprendizaje es introducir una unidad de estudio. Los textos (libros, CD-ROM, videos, etc.) te dan información sobre la unidad. Tu deber es leer y estudiar ese material esforzándote al máximo.

¡Comencemos!

Para ayudarte con tu deber, te vamos a enseñar a fijar tus metas, a organizarte y a hacer tus tareas. Es tan fácil como decir...

¡**1** **2** **3**!

Fija tus metas

Antes de que entraras a la escuela te fijabas metas, como por ejemplo, aprender a montar en bicicleta o patear bien el balón de fútbol.

Ahora, te sigues fijando metas, como aprender a tocar un instrumento, ahorrar dinero o sacar una buena nota.

No se planea fracasar, se fracasa en planear.

Ideas prácticas

1 ## Sé realista.

Aprende a fijarte metas realistas. ¿Crees que podrías aprender a tocar la guitarra en un día? Desde luego que no. Algunas metas se logran poco a poco. Por ejemplo, podrás terminar a tiempo tu proyecto de ciencias si le dedicas un rato todos los días durante una semana. O si practicas algún deporte, puedes perfeccionar una sola destreza a la vez.

2 ## Esfuérzate.

Empéñate en alcanzar tus metas, ¡pase lo que pase! Si llevas un diario, reserva un momento del día para escribir. Si quieres superarte en algún deporte, pídele consejos a tu entrenador, a tus padres o a un amigo, y practícalo con frecuencia.

Pausa y piensa Habrá momentos en que no podrás escribir ni practicar nada, como cuando estés enfermo. Trata de recuperar el tiempo perdido.

3 ## ¡Recompénsate!

Cuando alcances una de tus metas, recompénsate de alguna manera. Si decidiste escribir en tu diario todos los días y llevas escribiendo dos semanas sin saltarte ningún día, haz algo especial o cuéntale a uno de tus padres o a tu maestro lo que has logrado.

Organízate

Si eres como la mayoría de los estudiantes, tienes mucho que hacer y no te alcanza el tiempo. Necesitas un planificador.

Planificador diario • Aquí anotas todas las tareas del día. Basta con hacer una lista.

■ **LUNES,** _(fecha)_   ■ **MARTES,** _(fecha)_

Inglés	Inglés
Leer la pág. 102. Escribir una oración que presente el tema.	Escribir un párrafo con la oración que escribí el lunes.
Matemáticas	**Estudios sociales**
Hacer el ejercicio de la pág. 16. (Examen mañana)	Terminar el cuestionario para mañana.
Estudios sociales	**Ciencias**
Responder el cuestionario para el miércoles.	Recoger cinco hojas distintas; llevarlas a la clase.

Planificador semanal • Es un calendario de todas las cosas importantes que tienes que hacer en una semana.

Día	Antes de la escuela	En la escuela	Después de la escuela	En casa
Lun.	Preparar el almuerzo para la excursión	Excursión	Ir al gimnasio	Estudiar matemáticas
Mar.	Sacar la basura	Examen de matemáticas	Hacer tareas	Ensayo de coro

Haz tus tareas

Planea primero

■ **Escribe** exactamente de qué trata la tarea y cuándo la tienes que entregar.

■ **Calcula** cuánto tiempo necesitas para hacerla. Anota en tu planificador las horas que dedicarás a estudiar.

■ **Consigue el número telefónico** de uno o dos de tus compañeros de clase. Pregúntales si los puedes llamar cuando tengas dudas sobre una tarea.

■ **Reúne todos los materiales que necesites** para hacerla: papel, bolígrafos, cuaderno, hojas con datos, etc.

Haz la tarea

■ **Busca el momento** más adecuado para hacerla.

■ **Trabaja en un lugar tranquilo** donde nadie te interrumpa.

■ **Lee toda la tarea** para que sepas exactamente en qué consiste.

■ **Fija tus metas.** ¿Cuánto podrás hacer antes de tomar un descanso? ¿Cuánto vas a hacer hoy? ¡Sigue tu plan al pie de la letra!

■ **Haz una lista de preguntas** para tus maestros.

¡Ojo! Recuerda que cuando tengas que hacer tareas, las estrategias de lectura te serán muy útiles. (**BUSCA** en las páginas 271–279.)

Trabajos en grupo

Forma tu propio grupo

¿Cómo te fue la última vez que trabajaste en grupo? ¿Tu maestro te pidió que trabajaras con otros niños de tu clase? ¿Trabajaste con un grupo de niños de tu vecindario o de tu club? ¿Te divertiste? ¿Lograste algo?

Para comenzar

Trabajar en grupo puede ser divertido si todo el mundo se lleva bien y colabora. En este capítulo te enseñaremos a aprovechar tus destrezas sociales para que tu próximo trabajo en grupo sea todo un éxito. Empieza por *hacer un plan.*

Tener destrezas sociales consiste en escuchar, cooperar y aclarar las ideas. Con estas tres cosas es posible trabajar y aprender en grupo.

Desarrolla un plan

Todos los proyectos realizados en grupo deben comenzar por un plan. Los miembros del grupo deben hacerse estas preguntas:

- ¿Cuál es nuestro proyecto o tarea?
- ¿Qué cosas tenemos que hacer para llevarlo a cabo?
- ¿Qué tarea o tareas se le asignarán a cada quien?
- ¿Cuándo tenemos que entregarla?

Toma como guía el esquema de abajo para hacer el plan de trabajo de tu grupo. Asegúrate de que todos entiendan bien lo que tienen que hacer.

I. Plan del grupo
   A. Nuestro proyecto es
      (¿Resolver un problema, contestar preguntas, investigar un tema?)
   B. Lo que tenemos que hacer
      1.
      2.
      (Pon más renglones si es necesario.)
   C. Tareas para cada miembro:
      1. Nombre   Tarea
      2. Nombre   Tarea
      3. Nombre   Tarea
      (Ejemplos de tareas: redactar, anotar datos, investigar, ilustrar, coordinar)
   D. Éste es nuestro calendario:
      En esta fecha (   ) acabaremos esto:

      En esta fecha (   ) acabaremos esto:

II. Resultados

Aprende a escuchar

Escuchar es muy importante cuando trabajas en grupo. Los grupos sólo funcionan bien cuando sus miembros se escuchan unos a otros. Imagínate a un grupo de bomberos en medio de un incendio. Si no se escucharan unos a otros, nunca lograrían la cooperación que necesitan para apagar el incendio.

Limítate a escuchar. Recuerda, escuchar significa *pensar* en lo que te dicen. Por esa razón no puedes escuchar y hacer otra cosa al mismo tiempo. No escribas garabatos con el bolígrafo o notas para tus amigos, ni hagas figuritas con sujetapapeles mientras escuchas a alguien.

Escucha activamente. Trata de poner toda tu atención en lo que te dicen. Es natural que te distraigas. Como pensamos mucho más rápidamente de lo que hablamos, es muy fácil que la mente eche a volar. Para no perder la concentración, haz lo siguiente:

- **Mira a la persona que te habla.**
  Eso te ayudará a escuchar porque tu mente piensa en lo que tus ojos ven.
- **Pon atención a las palabras y frases básicas.**
  Por ejemplo: "La única solución es..." o "Creo que esto es lo que debemos hacer."
- **Toma apuntes.**
  Anota los puntos o detalles principales de lo que oyes.

Haz preguntas. Si no entiendes algo, pregunta. Pero no interrumpas a quien esté hablando, a menos que estés completamente perdido. Espera hasta que acabe de hablar. Luego, plantea claramente tu pregunta. Por ejemplo, di: "Carmen, estás diciendo que en vez de hacer una maqueta, sería más fácil preparar un informe. ¿No es así?"

¡Ojo! ¡Escuchar no es tan fácil como parece! Para **oír**, sólo necesitas tus oídos. Para **escuchar**, necesitas tus oídos y tu mente.

Aprende a cooperar

Cooperar quiere decir colaborar con otros para resolver un problema o alcanzar una meta.

Expresa tus ideas y opiniones.
Es importante que los miembros de tu grupo sepan lo que piensas. Si te parece buena la idea de otra persona, ¡dilo! Si no te parece bien, ¡también dilo! Pero no digas: "¡Qué idea tan estúpida!"; mejor di: "No creo que eso funcione porque...". (Cuando expreses tu opinión, da también tus razones.)

Escucha otras opiniones. Debes estar abierto a las opiniones de los demás. La idea es tomar una decisión de común acuerdo.

Deja a un lado cuestiones personales. No critiques a los demás ni digas cosas demasiado personales. Si alguien te hace un comentario personal, recuérdale a esa persona que están trabajando en grupo y que todos deben poner de su parte.

Aprende a aclarar las ideas

Si alguien está confundido, el grupo no podrá alcanzar su meta. Ten en cuenta estas sugerencias:

No olvides la meta. Recuérdales a todos cuál es la meta del grupo y sugiere pasos para alcanzarla. Por ejemplo: "Primero, hay que decidir si vamos a preparar un informe o a hacer una maqueta. Luego, decidamos qué tarea va a realizar cada quien."

Vuélvelo a explicar. Si alguien no entiende algo, pregunta si otra persona quiere explicarlo de una manera distinta.

No te desvíes del tema. Si alguien se desvía del tema, di algo como: "Hay que volver al punto principal".

Toma una decisión en grupo

Los grupos que logran lo que se proponen toman decisiones por *consenso*. Eso significa que todos los miembros del grupo están de acuerdo con la decisión. ¿Cómo se logra? Aquí te damos algunas ideas.

Para llegar a un consenso

- Pídele a todos los miembros del grupo que den ideas y sugerencias. Escucha con atención lo que propongan.
- Discute cada idea para saber si funciona bien o no.
- Escoge la idea o ideas que todos crean que funcionarán.
- Si escogen más de una idea, combínenlas en un solo plan que todos estén de acuerdo con la decisión.

Pausa y piensa

Para lograr un consenso, todos tienen que estar de acuerdo. Eso no significa que todo el mundo considere que la decisión que se tomó sea la mejor. Simplemente es la decisión que todos aceptan.

Evalúa el trabajo

¿Qué tal trabajó tu grupo? La prueba está en el producto. Antes de entregar la tarea, evalúa el trabajo que realizó tu grupo. Para ello, todos deben contestar y comentar estas preguntas:

- ¿Nuestro producto final cumple con todos los requisitos de la tarea?
- ¿Todos los miembros del grupo hicieron su tarea respectiva y aportaron algo?
- ¿Nos sentimos orgullosos de decir que éste es nuestro producto?

Un consejo: Si contestas "no" a alguna de estas preguntas, es preferible que revisen el trabajo. Después de hacerlo, vuelvan a hacerse las preguntas.

Comenta libros

Hay proyectos en grupo que consisten en comentar un relato o una novela que todos han leído. Aquí te damos sugerencias para hacer discusiones sobre relatos de ficción.

Antes que nada

Los miembros del grupo deben anotar las ideas que quieran comentar.

El argumento

¿Cuál fue el suceso más importante o más emocionante del relato?
¿Qué partes del relato te hacen pensar en tu propia vida? Explícate.
¿Qué otros relatos se parecen a éste?

Los personajes

¿Qué personajes te gustaron más? ¿Por qué?
¿Cómo cambió el personaje principal a lo largo del relato?

Comentario global

¿Crees que el libro termina bien? Si tú hubieras escrito el libro, ¿qué final le habrías dado?
¿Crees que el título es adecuado para el libro?
¿Qué le comunica el autor al lector acerca de la vida?
¿Quién más debería leer este libro?

Al comentar la obra

Formen un grupo pequeño (de menos de seis) y siéntense uno frente a otro.

- Escúchense con atención y anoten sus reacciones y las preguntas que tengan.
- Añadan comentarios a lo que los demás digan sobre el libro.
- Expresen también sus ideas personales acerca del libro.

Los exámenes

¡A prepararse!

¿Tienes que tomar un examen? Bueno, tarde o temprano ibas a tener que hacerlo. Gracias a los exámenes, tú y tu maestro saben cuánto has aprendido... y cuánto te falta por aprender. Los exámenes no tienen por qué ser nada del otro mundo. Son tan sencillos como estas dos simples fórmulas: **prepárate** y **pon atención.**

Estrategias

En las páginas siguientes te daremos muchas estrategias y consejos para que salgas bien en los exámenes. Encontrarás ideas para tomar exámenes objetivos y exámenes de respuestas breves y ensayos. También encontrarás ideas para recordar mejor la información. ¡Esperamos que te sirvan!

Para que te vaya bien en los exámenes, es necesario que te vaya bien en clase. Desde el primer día, debes organizar bien tu tiempo y tu trabajo.

Prepárate para el examen

Haz preguntas
- ¿Sobre qué será el examen? (Pregúntale a tu maestro.)
- ¿Qué tipo de examen será? (¿Opción múltiple? ¿Ensayo?)

Repasa tus apuntes
- Lee de nuevo los apuntes que tomaste en clase. (Pídele a un compañero los apuntes o materiales que no tengas.)
- Vuelve a escribir lo más importante o anótalo en fichas.

Repasa tu libro de texto
- Dale un vistazo al libro. (Repasa las pruebas y ejercicios.)
- Lee en voz alta el material que te cueste trabajo.

¡Buena idea!

Haz listas, diagramas, canciones o rimas para organizar y recordar el material. (**BUSCA** en las páginas 372–373.)

Preséntalo

Escucha con atención
- Escucha con atención a tu maestro. ¿De cuánto tiempo dispones? ¿Puedes consultar tus apuntes, tu diccionario o tu manual?

Lee con atención
- Dale un vistazo a todo el examen para saber qué preguntas tardarás más en contestar.
- Lee con cuidado las instrucciones. Fíjate si hay palabras como *siempre, solamente, todo* y *nunca.*
- No dediques demasiado tiempo a una sola pregunta.

Revisa con cuidado
- Fíjate si contestaste todas las preguntas. (Si te queda tiempo, revisa cada respuesta.)
- Pregúntale a tu maestro lo que no entiendas bien.

Contesta redactando

A veces los exámenes contienen preguntas que debes contestar redactando de una manera específica lo que sabes de un tema. Aquí tienes dos ejemplos:

- ■ Explica lo que sucede en una erupción volcánica.
- ■ Describe la erupción de un volcán.

Ambas preguntas tratan del mismo tema: la erupción de un volcán. Pero fíjate que se contestan de diferente manera. La primera se contesta con una *explicación* y la segunda se contesta con una *descripción*.

1 Busca la palabra clave.

Es importante que comprendas las palabras clave de las preguntas del examen. Aquí tienes algunos ejemplos:

Compara/contrasta ● Para **comparar** dos cosas, debes decir en qué se parecen. Para **contrastar**, debes decir en qué se diferencian. Ciertas preguntas te pedirán que compares, otras que contrastes y otras que compares y contrastes. *(Compara y contrasta el Ártico con la Antártida.)*

Define ● Para **definir** algo, debes decir qué significa, qué es o qué hace. *(Define la luz ultravioleta.)*

Describe ● Para **describir** algo, dices cómo es, cómo suena, a qué huele, a qué sabe o qué textura tiene. *(Describe la cafetería de tu escuela.)*

Explica ● Para **explicar** algo, debes decir cómo funciona, cómo ocurre o cómo se hace. *(Explica los efectos de la lluvia ácida.)*

Enumera ● Para **enumerar**, das una lista de hechos, ideas, razones o detalles sobre un tema. *(Enumera cinco razones por las qué ocurrió la Revolución de los Estados Unidos.)*

Persuade ● Para **persuadir**, presentas hechos y razones para convencer a alguien de tu opinión o tu posición. *(Escribe una nota para persuadir a tu amigo que repare tu bicicleta.)*

Aprovecha bien el tiempo.

Ésta es la mejor manera de aprovechar el tiempo:

- Escucha con atención todas las instrucciones.
- Averigua cuánto tiempo tienes para hacer el examen.
- Piensa bien en la pregunta antes de responderla.
- Presta atención a la palabra clave.
- Haz un plan sencillo o una lista de lo que vas a redactar.
- Cuando empieces a contestar, ¡escribe sin parar! Deja fluir tus ideas.

Concéntrate en la palabra clave.

Las dos respuestas de abajo son completamente distintas, aunque ambas tratan del mismo tema. La primera *explica*; la segunda *describe*.

- **Explica** lo que ocurre en una erupción volcánica. (La respuesta dice cómo ocurre una erupción volcánica.)

> El calor extremo que hay en el centro de la Tierra derrite las rocas de las profundidades del planeta. Esta roca derretida se llama magma. El magma se mezcla con gases y sube por las grietas de la corteza terrestre. El magma caliente y repleto de gases lleva mucha presión. La presión hace que los gases y la roca derretida sean arrojados del volcán en una explosión.

- **Describe** una erupción volcánica. (La respuesta dice cómo es, cómo suena y cómo huele una erupción.)

> Lo que se ve en una erupción volcánica es sorprendente. Del volcán salen enormes nubes oscuras, y por las laderas corren ríos hirvientes de roca derretida. A veces salen por el aire trozos de roca caliente en medio de una explosión ensordecedora que sacude la Tierra. Caen cenizas y polvo caliente en los alrededores, y el aire huele a quemado.

Exámenes objetivos

Cuando tomes un examen objetivo, recuerda estas sugerencias.

Examen de opción múltiple

■ Lee con cuidado todas las opciones. ¡Puede haber más de una opción correcta! Fíjate si alguna dice: "todas las de arriba" o "a y b".

> Pregunta: **Los mamíferos son animales que**
>
> **a.** producen leche   **b.** tienen pelaje   (**c.**) a y b

■ Tal vez haya una pregunta que te pida encontrar un error. Fíjate si una de las opciones es: "No hay ningún error".

> Pregunta: **Marca la oración que está escrita incorrectamente.**
>
> **a.** Las vacas y los perros son mamíferos.
>
> **b.** Las crías de los mamíferos nacen vivas.
>
> (**c.**) No hay ningún error.

■ Fíjate si hay palabras de negación, como *no, nunca, excepto* y *a menos que*. Fíjate también si hay números.

> Pregunta: **Dos de los siguientes animales no son mamíferos.**
>
> (**a.**) el tiburón   **b.** el canguro   (**c.**) la araña

■ Puede que una pregunta te diga que marques la opción que concuerde con un ejemplo. Lee todas las opciones.

> Pregunta: **Marca la oración en la que la palabra *control* tiene el mismo significado que en la siguiente oración:**

Algunos mamíferos mantienen bajo control la población de insectos.

> **a.** Juana se deja llevar por la furia sin ningún control.
>
> **b.** El piloto ajustó el control derecho.
>
> (**c.**) Las vacunas sirvieron como medidas de control para las epidemias.

Exámenes de verdadero/falso

■ Lee con cuidado toda la pregunta antes de contestarla.

■ Fíjate si hay palabras como *todos, siempre* o *nunca*. Las oraciones que las contienen pueden ser falsas.

Pregunta: Marca cada oración con "Verdadero" o "Falso".

_____ 1. El plástico nunca se recicla.

_____ 2. Todos los plásticos se reciclan.

_____ 3. El vinilo es un plástico para hacer llantas.

Respuestas: Todas son falsas. 1. *Algunos* plásticos se reciclan. 2. No *todos* los plásticos se reciclan. 3. El vinilo es un tipo de plástico, pero *no* se usa para hacer llantas.

Exámenes de emparejamiento

■ Antes de empezar, lee las dos listas.

■ Tacha las opciones a medida que las uses.

Pregunta: Busca el material reciclado del que está hecho cada producto.

_____ Asfalto	a. Aceite para motores
_____ Mantillo para las plantas	b. Árboles de Navidad
_____ Aceite para motores	c. Llantas

Respuestas: (c) Asfalto, (b) Mantillo, (a) Aceite

Exámenes de espacios en blanco

■ Lee cada oración antes de llenar el espacio en blanco:

Pregunta: Escribe la respuesta correcta en el espacio en blanco.

1. El papel constituye _____ de la basura.

2. _____ y _____ se pueden reciclar.

Respuestas: 1. la tercera parte 2. el plástico, el vidrio, etc.

Memoriza

Además de saber cómo tomar los exámenes, ¡tienes que recordar todo el material! Aquí tienes ideas para memorizar lo que has aprendido.

Ayudas gráficas. Te servirán para organizar la información y para recordarla con facilidad.

Siglas. Las siglas se forman con la primera letra (o las dos primeras letras) de las palabras de una frase o grupo de palabras. Por ejemplo, ONU es la sigla de Organización de las Naciones Unidas. Para recordar datos con más facilidad, inventa tus propias siglas.

> **HEMOS: H**uron, **E**rie, **M**ichigan, **O**ntario, **S**uperior
> (los Grandes Lagos)

> **GOTOV: G**usto, **O**lfato, **T**acto, **O**ído, **V**ista (los cinco sentidos)

Poemas. A veces te servirá hacer un poema sencillo (o hasta tonto) para memorizar cosas. ¿Te acuerdas de alguno de éstos?

> Simón Bolívar nació en Caracas
> en una hacienda llena de vacas.
>
> En 1492, rumbo al oeste Colón zarpó.

Canciones. A veces podrás recordar datos con una canción conocida. Puedes reemplazar la letra de la canción con lo que quieras recordar.

A B C D E F G H I

Habla con otras personas. Aquí tienes ideas para aprender y memorizar la información hablando con otras personas:

- Forma un grupo de estudio. Háganse preguntas.
- Enséñale a otra persona lo que tienes que recordar.
- Di en voz alta.

Haz dibujos o visualiza. Dibujar o imaginarte las cosas te ayudará a recordar datos. Este dibujo ayuda a recordar preposiciones y adverbios de lugar.

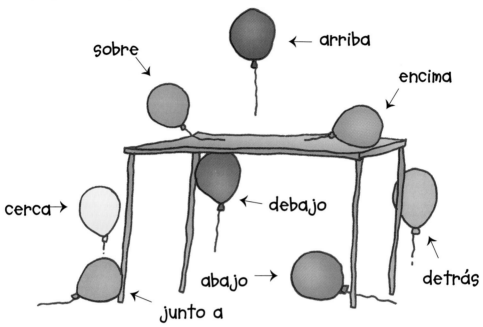

Vuelve a escribirlo. Hay muchas maneras de escribir para aprender y recordar datos. Puedes comenzar por escribir en un diario personal o en un diario de estudio. (**BUSCA** las ideas que te damos en las páginas 353–355.)

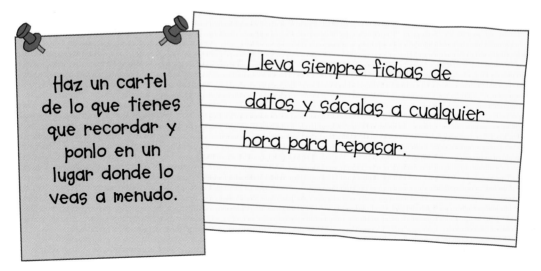

Haz un cartel de lo que tienes que recordar y ponlo en un lugar donde lo veas a menudo.

Lleva siempre fichas de datos y sácalas a cualquier hora para repasar.

Tomar buenos apuntes

Escribe para recordar

Si alguien te pidiera que fueras a la tienda a comprar pan, jugo de naranja, una docena de huevos, un galón de leche y un paquete de galletas, a lo mejor podrías recordar todo lo que tienes que comprar. Pero si te dieran una lista, lo recordarías todo más fácilmente. Y si tú mismo hicieras la lista, quizás ni siquiera tendrías que leerla al llegar a la tienda. ¡Es increíble todo lo que puedes recordar cuando escribes!

No te limites a escribir

Tomar apuntes es una valiosa herramienta para escribir. Pero no anotes todo lo que oigas: escucha con atención y escribe con tus propias palabras las ideas más importantes. Así es como se toman buenos apuntes.

Tomar buenos apuntes es una destreza muy útil que utilizarás cada vez más en la escuela.

Guía para tomar mejores apuntes

Estas ideas te servirán para tomar apuntes cada vez mejores. Léelas y ponlas todas en práctica.

¡Pon atención!

1. Escucha con atención.

2. Anota la fecha y el tema.

3. Escribe con claridad y rapidez.

¡Sé breve!

1. No escribas todas las palabras, sólo las ideas importantes.

2. Resume lo que tu maestro escriba en el pizarrón o muestre en el proyector.

3. Haz dibujos para aclarar tus ideas.

¡Organízate!

1. Pon números o palabras para organizar tus apuntes (1º, 2º, antes, después).

2. Repasa tus apuntes; vuelve a copiar lo que te cueste trabajo leer.

3. Destaca con un marcador o un bolígrafo los puntos principales.

Guía del corrector

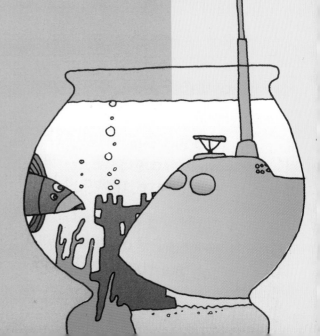

nuestro Idioma

Podemos dividir las palabras de nuestro idioma en ocho grupos, llamados *elementos de la oración*. Cada grupo incluye palabras que tienen la misma función en la oración.

Elementos de la oración

Sustantivos
Nombran una persona, un lugar, una cosa o una idea. *(Tomás, oficina, tablero, confusión)*

Artículos
Aparecen antes del sustantivo y nos dicen su género y su número. *(la, unos, los, una)*

Pronombres
Reemplazan al sustantivo. *(Yo, mi, su, les, quien, alguien)*

Verbos
Expresan una acción o una manera de ser o estar. *(somos, corren, salta)*

Adjetivos
Describen al sustantivo o al pronombre. *(alto, callada, tres, ordenados)*

Adverbios
Describen a un verbo, un adjetivo u otro adverbio. *(suavemente, así, mañana, atrás)*

Preposiciones
Muestran posición o dirección e introducen frases preposicionales. *(ante, contra, entre, según)*

Conjunciones
Conectan palabras o grupos de palabras. *(y, sino, porque, o)*

Interjecciones
Expresan emoción o sorpresa. A menudo van entre signos de exclamación. *(¡caramba!, ¡ay!, ¡zas!, ¡vaya!)*

Sustantivos

Los **sustantivos** son palabras que nombran una persona, un lugar, una cosa o una idea.

Persona: **Lucía, amigo, Julio, padre**

Lugar: **casa, Montevideo, pueblo, patio**

Cosa: **pelota, tarea, lápiz**

Idea: **felicidad, problema, amistad**

Clases de sustantivos

Sustantivos comunes	Los sustantivos comunes nombran a cualquier persona, lugar, cosa o idea. Se escriben con minúscula. **hombre parque equipo vacaciones**
Sustantivos propios	Los sustantivos propios nombran a una persona, lugar, cosa o idea específica. Se escriben con mayúscula. **Alicia Castaño Parque Salamanca la Osa Mayor Día de la Independencia**
Sustantivos concretos	Los sustantivos concretos nombran algo que se puede ver o tocar. Pueden ser comunes o propios. **revista amapola Estatua de la Libertad**
Sustantivos abstractos	Los sustantivos abstractos nombran algo que no se puede ver ni tocar. Pueden ser comunes o propios. **amor democracia Renacimiento**

Número de los sustantivos

Singular	Los sustantivos en singular son los que nombran una sola persona, cosa, lugar o idea. **habitación papel alumna deseo**
Plural	Los sustantivos en plural nombran más de una persona, cosa, lugar o idea. **habitaciones papeles alumnas deseos**

Otras clases de sustantivos

Sustantivos compuestos	Los sustantivos compuestos están formados por dos o más palabras.
	portamonedas
	girasol
	abrecartas
Sustantivos colectivos	Los sustantivos colectivos representan un grupo de personas, animales o cosas.
	Personas:
	clase equipo grupo familia ejército
	Animales:
	rebaño bandada camada cardumen colonia
	Cosas:
	atado colección manojo montón lote
Sustantivos específicos	Los sustantivos específicos le darán vida a tu escrito.
	Un consejo: **BUSCA** en la página 66 de la sección "Corregir".

Género de los sustantivos

El género se refiere a si el sustantivo es masculino o femenino. Algunos sustantivos son iguales tanto para el género femenino como para el masculino.

Masculino	**el libro**	**el padre**	**el día**
	el mapa	**el león**	**el paisaje**
Femenino	**la revista**	**la madre**	**la noche**
	la vaca	**la gorra**	**la montaña**
Masculino o femenino	**el/la adolescente**	**el/la artista**	**el/la chofer**
	el/la atleta	**el/la joven**	**el/la estudiante**

Usos de los sustantivos

Sustantivos en el sujeto	Los sustantivos pueden ser el sujeto de una oración. El sujeto es la parte de la oración que hace algo o de la que decimos algo. **Marta vino a la fiesta.** (El sustantivo *Marta* hizo algo: *vino a la fiesta*.)
Sustantivos en el predicado	Los sustantivos pueden formar parte del predicado después del verbo *ser*, dándole un nombre nuevo al sujeto. **Este libro es una novela.** (El sustantivo *novela* le da un nombre al *libro*, que es el sujeto.)

Sustantivos que son complemento

Complemento directo	El sustantivo es un complemento directo cuando recibe la acción del verbo. **Bárbara lee la revista.** (La *revista* es el complemento directo, pues recibe la acción del verbo *leer*.)
Complemento indirecto	El sustantivo es complemento indirecto cuando dice a quién o para quién se hace algo. **Lina le dio la revista a Bárbara.** (El sustantivo *Bárbara* es el complemento indirecto, porque se hizo algo para ella: *se le dio una revista*.)
Término de la preposición	El sustantivo puede ser el término de la preposición cuando forma parte de la frase preposicional. **Bárbara dejó la revista sobre el escritorio.** (El sustantivo *escritorio* es el término de la preposición *sobre*: *nos dice en dónde dejó Bárbara la revista*.)

Artículos

Los **artículos** son palabras que aparecen antes del sustantivo.

La casa de Valeria es muy grande.

(*La* es el artículo y nos dice que el sustantivo *casa* es femenino y singular.)

Artículos determinados

Indican que el sustantivo es conocido y específico.

El libro está sobre la mesa.
La rosa que me diste ya se marchitó.

Artículos determinados

Masculino, singular: el   **Masculino, plural:** los
Femenino, singular: la   **Femenino, plural:** las

Artículos indeterminados

Indican que el sustantivo no es algo conocido o específco.

Hay un libro sobre la mesa.
Una rosa ya está marchita.

Artículos indeterminados

Masculino, singular: un   **Masculino, plural:** unos
Femenino, singular: una   **Femenino, plural:** unas

Concordancia de los artículos

El artículo debe concordar en género y en número con el sustantivo.

el zapato   la comida   un río   unas manzanas

¡Ojo! Algunas palabras femeninas que comienzan con *a* o *ha* llevan el artículo en masculino.

un águila   **el área**
el agua   **el hacha**

Pronombres

Los **pronombres** son palabras que reemplazan a los sustantivos.

Carlota encontró un petirrojo herido.

Ella lo llevó al veterinario.

(El pronombre *ella* reemplaza al sustantivo *Carlota*, y el pronombre *lo* reemplaza al sustantivo *petirrojo*.)

Antecedente	El antecedente es el sustantivo al cual se refiere un pronombre. Todos los pronombres tienen un antecedente. **A mi mamá le gustó el regalo que le di.** (El sustantivo *mamá* es el antecedente del pronombre *le*.)
Concordancia de los pronombres	Los pronombres de tus oraciones deben concordar en género y en número con sus antecedentes. **Laura se compró unos patines y los trajo hoy.** (El pronombre *los* y su antecedente *patines* son masculinos y plurales.)
Género de los pronombres	La mayoría de los pronombres son femeninos o masculinos. **Él demostró su agilidad.** **Ella demostró su destreza.** Recuerda que *yo* y *tú* no tienen género.
Número de los pronombres	La mayoría de los pronombres son singulares o plurales. **Ella patina muy bien.** **Ellas esquían muy bien.**

Pronombres personales

Singular: yo, tú, él, ella, ello

Plural: nosotros/as, vosotros/as, ustedes, ellos/as

Persona de los pronombres

La **persona** de un pronombre nos dice qué papel juega su antecedente en la oración: el papel de "el que habla", el papel de "a quien se habla" o el papel de "de quien se habla".

Pronombres de primera persona	El pronombre de primera persona reemplaza el nombre de quien habla. **Yo quiero probar el helado de vainilla.** (*Yo* reemplaza el nombre de la persona que está hablando.)
Pronombres de segunda persona	El pronombre de segunda persona reemplaza a la persona o cosa a quien se habla. **Beatriz, no te preocupes por el examen.** (*Te* reemplaza el nombre de *Beatriz*, que es la persona a la que se está hablando.)
Pronombres de tercera persona	El pronombre de tercera persona reemplaza a la persona o cosa de la cual se habla. **Me encontré a Pablo, pero no lo reconocí.** (*Lo* reemplaza el nombre de *Pablo*, que es la persona de quien se habla.)

Pronombres singulares

	Pronombres personales	Pronombres posesivos	Pronombres complementos
Primera persona	yo	mío, mía	me, mí
Segunda persona	tú, usted	tuyo/a, suyo/a	te, ti, lo, la, le
Tercera persona	él, ella, ello	suyo/a	lo, la, le

Pronombres plurales

	Pronombres personales	Pronombres posesivos	Pronombres complementos
Primera persona	nosotros/as	nuestro/a	nos
Segunda persona	ustedes	suyo/a	los, las, les
Tercera persona	ellos/as	suyo/a	los, las, les

El uso de los pronombres

Pronombres personales

Los pronombres personales se pueden usar como sujeto de una oración.

Yo juego al baloncesto.

Ellos cuentan chistes muy divertidos.

> **Singular:** yo, tú, usted, él, ella, ello
> **Plural:** nosotros/as, vosotros/as, ustedes, ellos/as

Pronombres usados como complementos

Los pronombres pueden usarse como complemento directo, complemento indirecto o en una frase preposicional.

Terminé mi tarea y el profesor la revisó.

(*La* sustituye a *mi tarea*, que es el complemento directo y recibe la acción del verbo *revisó*.)

El profesor García me motiva mucho.

(*Me* es el complemento indirecto y nombra a la persona por quien se ha hecho algo.)

Este regalo es para ti.

(*Ti* es el complemento en la frase preposicional *para ti.*)

> **Singular:** me, mí, te, ti, le, lo, la, se
> **Plural:** nos, los, las, les

Pronombres posesivos

Los pronombres posesivos indican posesión, y en la oración reemplazan a la cosa que se posee.

Ese suéter es de Carlos y éste es mío.

Se me perdió el lápiz. Préstame el tuyo.

> **Primera persona:** mío/s, mía/s, nuestro/s, nuestra/s
> **Segunda persona:** tuyo/s, tuya/s, suyo/s, suya/s
> **Tercera persona:** suyo/s, suya/s

Otras clases de pronombres

Pronombres relativos	Conectan una parte de la oración con una palabra que se encuentra en otro lugar de la oración. **El dinero con que cuento es muy poco.**
Pronombres interrogativos	Hacen una pregunta. **¿Quién está tocando el piano?**
Pronombres demostrativos	Reemplazan al sustantivo e indican distancia entre las personas, animales u objetos y la persona que habla. **¡Ése me parece el más bonito!**
Pronombres cuantitativos	Reemplazan al sustantivo y lo designan por su cantidad, pero en una forma imprecisa. **Ayer vinieron muchos al museo.**
Pronombres indefinidos	Reemplazan al sustantivo, pero no dan una idea clara acerca de la "identidad" del mismo. **Espero que me digan algo hoy.**

Otros pronombres

Relativos
cual, cuanto, quien, que

Interrogativos
cuál, cuáles, cuánta, cuántas, cuánto, cuántos, qué, quién, quiénes

Demostrativos
aquél, aquello, aquéllos, aquélla, aquéllas, ése, eso, ésos, ésa, ésas, éste, esto, éstos, ésta, éstas

Cuantitativos
algunos, algunas, bastantes, demasiadas, demasiados, más, menos, mucho, muchos, muchas, nada, nadie, ninguno, poco, todas, todos

Indefinidos
algo, alguno, alguna, alguien, cualquiera, otro, otra, uno, una

Verbos

El **verbo** nos dice qué es, qué hace o qué le pasa al sujeto. Es la palabra más importante del predicado de una oración.

Los muchachos subieron por la ladera de la montaña.

(El verbo *subieron* indica lo que hace el sujeto.)

Estoy muy feliz por tu llegada.

(El verbo *estoy* nos dice qué le pasa al sujeto.)

Verbos de acción

Un verbo de acción dice lo que el sujeto está haciendo.

Vi casi todo el partido.

Marisol se fue después del primer tiempo.

Verbos transitivos	Un verbo de acción es transitivo si va seguido por un complemento directo. El complemento directo recibe la acción del verbo transitivo y responde a las preguntas *¿Qué?* o *¿Quién?* después del verbo. **Rafael compone canciones para niños.** (El sustantivo *canciones* es el complemento directo. *Compone* es un verbo transitivo.)
Verbos intransitivos	Un verbo es intransitivo si el significado del verbo no admite complemento directo. **Mi papá trabaja todos los días.** (En este caso, el verbo *trabaja* no admite un complemento directo. Es un verbo intransitivo.)

Verbos atributivos y verbos auxiliares

Verbos atributivos

Son los que unen el sujeto con un sustantivo o un adjetivo del predicado.

Ese auto es un convertible.

(El verbo *es* une al sujeto *auto* con el sustantivo *convertible*.)

Los dulces estaban deliciosos.

(El verbo *estaban* une al sujeto *dulces* con el adjetivo *deliciosos*.)

Verbos auxiliares

Son los que se utilizan para conjugar otros verbos. Pueden ir acompañados de otras palabras.

He venido a buscarte.

Estaba tratando de convencerme.

Querían llegar a tiempo al teatro.

Verbos atributivos

Los verbos atributivos más comunes son formas de los verbos *ser* y *estar*:

es, son, fue, estaban, soy, están, eran

Otros verbos atributivos incluyen;

verse, sentirse, oler, parecer, saber, sonar

Verbos auxiliares

Los verbos auxiliares más comunes son formas del verbo *haber*:

he, hemos, han, has, habré, habrán, hubo, hubieron

Los verbos *ser* y *estar* también pueden servir como verbos auxiliares:

es, está, fue, son, estaban, serán, fueron, estarán, estoy

Otros verbos que pueden usarse como verbos auxiliares incluyen:

querer, ir, poder, intentar

Las conjugaciones

Los verbos se clasifican en tres **conjugaciones**, dependiendo de la terminación de su infinitivo. Todos los verbos regulares de una conjugación tienen las mismas terminaciones que indican la persona, el tiempo y el modo.

Primera conjugación	Son los verbos con infinitivos que terminan en *-ar*. **jugar estudiar guardar trabajar**
Segunda conjugación	Son los verbos con infinitivos que terminan en *-er*. **correr volver conocer temer**
Tercera conjugación	Son los verbos con infinitivos que terminan en *-ir*. **discutir venir escribir dormir**

Voz activa y voz pasiva

Voz activa	Un verbo está en voz activa cuando el sujeto está realizando la acción. **Manuel lanzó la jabalina.** (El verbo *lanzar* está en voz activa, porque el sujeto *Manuel* está realizando la acción.)
Voz pasiva	Un verbo está en voz pasiva cuando el sujeto no es el que realiza la acción. **Mi tía fue contratada para ese trabajo.** (El verbo *contratar* está en voz pasiva, porque el sujeto *mi tía* no es el que realiza la acción.)

Tiempo de los verbos

El **tiempo** de un verbo indica cuándo ocurre la acción. Podemos identificarlo por la terminación del verbo (hab*ló*) y por los verbos auxiliares (*hemos* habl*ado*), si los hay.

Presente	El presente indica que la acción *se realiza en este momento*, o que *sucede con frecuencia.*
	Juego fútbol.
	Practicamos todos los días.
Pretérito	El tiempo pretérito indica que la acción *ocurrió antes* o en *el pasado.*
	Ana detuvo la pelota.
	Era la portera.
Futuro	El tiempo futuro indica una acción *que va a realizarse.*
	Siempre jugaré fútbol.
	Practicaremos todos los días.

Ya sabes que el tiempo de los verbos nos indica si la acción se realiza "ahora", "antes" o "después". Además, puede indicarnos si una acción en el pasado ocurrió antes que otra, si una acción en el futuro ocurrirá después de otra o si la acción es parte de una repetición. En las páginas siguientes hablamos de algunos de los tiempos verbales.

Presente

Como viste en la página anterior, el tiempo presente expresa acciones que ocurren en el momento en que hablamos.

Gustavo cuida mucho a sus conejitos.

El verbo en presente puede referirse también a una acción que sucede habitualmente, aunque no esté ocurriendo en este preciso momento.

Los niños salen al recreo a las nueve.

Pretérito imperfecto

El pretérito imperfecto expresa una acción que sucedió en el pasado, pero no indica ni su principio ni su final. Por eso, nos sirve para indicar acciones que se llevaron a cabo repetidamente en el pasado.

Estaban todos reunidos.

Hacía muy buen tiempo.

Debes utilizar el pretérito imperfecto cuando quieras hablar de la hora en el pasado.

¿Qué hora era?

Eran las cuatro y media.

Utiliza este tiempo verbal después del pasado de verbos como *contar, decir, infomar*.

Me contó que tenía que regresar a su casa.

Les anunció que se quedaba con sus abuelos.

Pretérito indefinido	El pretérito indefinido indica una acción que se inició y se completó en el pasado.

> Sandra me compró un helado de mango.
>
> Tomé el autobús en la estación.
>
> Regresamos a casa por la noche.

Futuro imperfecto	El futuro imperfecto indica que la acción se va a realizar en un momento que está por venir.

> En tu escuela nueva tendrás muchos amigos.
>
> Cantaremos en el festival de coros.
>
> Desaparecerá la niebla que cubre el valle.

Condicional	El condicional se usa por lo general en oraciones subordinadas después de verbos como *saber, decir* o *creer*, que están en uno de los tiempos pasados. La acción expresada es siempre hipotética, o sea, no es segura.

> Yo sabía que no vendrías.
>
> Juan dijo que iría.
>
> Me dijeron que me llamarían.

A veces puede indicar probabilidad o conjetura en un tiempo que ya pasó.

> Serían las tres de la mañana cuando escuché los maullidos.
>
> Mi abuelita tendría unos cinco años cuando su familia se fue a vivir al Perú.

¡Ojo! Con frecuencia, los tiempos verbales se utilizan para indicar momentos que no les corresponden. Por ejemplo, podemos expresar un hecho futuro usando el tiempo presente.

> Mañana me voy de viaje.
> El 25 de mayo se casa mi hermana.

Condicional perfecto	El condicional perfecto también se usa en oraciones subordinadas. A diferencia del condicional simple, que expresa una acción hipotética, el condicional perfecto expresa una acción ya terminada. **Salvador dijo que cuando yo llegara a su casa, ya habría terminado toda su tarea.** **Si no hubieras estado agachado, habrías visto volar el águila.** **Si el tobillo de Miguel no hubiera sanado, no habríamos ganado el partido de béisbol.**
Pretérito perfecto	El pretérito perfecto indica una acción que *comenzó en el pasado y todavía está ocurriendo*, o que tiene *influencia sobre el presente*. Se forma con el verbo *haber* en presente y el verbo principal en participio pasado. **Aurora ha dormido cinco horas.** **Te has ganado estas entradas para el juego de fútbol.**
Pretérito pluscuam-perfecto	El pretérito pluscuamperfecto indica una acción que comenzó y terminó en el pasado. Se forma con el verbo *haber* en pasado y el verbo principal en participio pasado. **Su hermanita había dormido ocho horas.** **Los habían esperado toda la tarde.**

Futuro perfecto

El futuro perfecto indica una acción que *comenzará en el futuro y terminará en un momento determinado*. Se forma con el verbo *haber* en futuro y el verbo principal en participio.

El domingo por la mañana habremos dormido **diez horas.**

Al final del curso habrán aprendido **muy bien las lecciones.**

También se usa para expresar probabilidad en el tiempo pasado.

¿Habrán llegado **a tiempo?**

La Sra. Soto nos habrá dejado **mucha tarea.**

¿Habré soñado **con la tarea de ciencias sociales?**

Verbos regulares e irregulares

Verbos regulares	Los verbos regulares se pueden conjugar en los distintos tiempos sin alterar su raíz.

Yo bailo.	**Ayer bailé.**	**Mañana bailaré.**
Yo como.	**Ayer comí.**	**Mañana comeré.**
Yo sufro.	**Ayer sufrí.**	**Mañana sufriré.**

Verbos irregulares	Un verbo es irregular si alguna de sus formas no se conjuga según el modelo. En el cuadro de abajo encontrarás algunos ejemplos.

Verbo	Algunas formas irregulares
acordar	acuerdo, acuerdas, acuerda
andar	anduve, anduviste, anduvo
atender	atiendo, atiendes, atiende
caber	quepo, cupe, cabremos, cupiéramos
estar	estuve, estuviste, estuvo
hacer	hago, hice, hizo, harías, haré
huir	huyo, huyes, huyó
ir	voy, vas, fue, iba, ve, vamos
jugar	juego, juegas, juega
oler	huelo, hueles, huelen
poner	pongo, ponía, puse, pondré
saber	sé, supe, sepan, sabremos
ser	soy, eres, es, somos, fue, son
traer	traigo, traje, trajiste

Modo de los verbos

El **modo** de un verbo indica la perspectiva de la persona que habla respecto a la acción que el verbo expresa. Por ejemplo, quien habla puede considerar que el verbo expresa algo "real", una "suposición", o puede pedirle a otra persona que realice la acción.

Modo indicativo	Expresa una acción que consideramos real. Posee todos los tiempos de las págs. 389–393. **Los alpinistas llegarán a la cima.** (Estamos hablando de un hecho que creemos que puede suceder en el futuro.)
Modo subjuntivo	Indica la acción del verbo como una duda, posibilidad o deseo. Puede hablar de un hecho presente, pasado o futuro, pero a veces no es el verbo el que indica el tiempo, sino el contexto. **Espero que los alpinistas lleguen a la cima pronto.** (Se está expresando un deseo de que suceda algo en un futuro cercano, pero no se sabe si se realizará.)
Modo imperativo	Se utiliza para ordenar, pedir, animar o convencer a alguien de que realice algo en un futuro más o menos inmediato. **Despierten, niños.** (En este caso se trata de un mandato.)

Algunos tiempos del modo subjuntivo

Presente

El presente del modo subjuntivo indica que la posible acción del verbo en subjuntivo sucede al mismo tiempo o después que la acción del verbo principal de la oración.

Espero que todos estén disfrutando de este lindo día de verano.

(La oración expresa un deseo de que la acción *estén disfrutando* se esté realizando en este momento.)

Pretérito imperfecto

El pretérito imperfecto del modo subjuntivo indica que la posible acción del verbo sucedió al mismo tiempo que la acción del verbo principal de la oración.

Esperé a que todos regresaran del parque antes de servir la cena.

(Esta oración indica el hecho pasado *esperé* y la posible acción *regresaran*, que pueden haber sucedido al mismo tiempo.)

Pretérito perfecto

El pretérito perfecto del modo subjuntivo indica que la posible acción del verbo sucedió antes que la acción del verbo principal.

Espero que te hayas divertido esta tarde con tu patineta.

(La posible acción *hayas divertido* es anterior a la acción del verbo *espero*.)

Más tiempos del modo subjuntivo

Pretérito pluscuam– perfecto	El pretérito pluscuamperfecto del modo subjuntivo indica que la posible acción del verbo en subjuntivo pudo haber sucedido antes que la acción del verbo principal, pero no fue así.

Quisiera que todos hubieran venido.

(La acción *hubieran venido* es anterior a la acción del verbo *querer* y la oración nos dice que no se realizó.)

Condicional con subjuntivo	Cuando quieras expresar una "condición irreal", o sea, algo que no sucedió y que problamente no sucederá, debes usar el pretérito imperfecto del subjuntivo en una cláusula con la conjunción *si* y luego el verbo principal en condicional.

Si tú vinieras**, yo me** alegraría.

Si no lloviera**, saldríamos** a jugar.

Adjetivos

Los **adjetivos** son palabras que modifican (describen) a los sustantivos y a los pronombres. Los adjetivos nos dicen *de qué tipo, cuántos* o *cuáles.*

El vanidoso pavo real tiene plumas hermosas.

(El adjetivo puede colocarse antes o después del sustantivo.)

Las plumas son coloridas.

(A veces, el adjetivo puede ir después de un verbo como *ser* o *estar.*)

Adjetivos calificativos	Los adjetivos calificativos indican una cualidad del sustantivo. **Las gotas pesadas de lluvia empezaron a caer.** **Regresamos de pescar con las manos vacías.**
Adjetivos demostrativos	Los adjetivos demostrativos ayudan a determinar de qué sustantivo se habla. **Esta cabaña es mi refugio favorito.** **Déjame ver aquella fotografía.**
Adjetivos posesivos	Los adjetivos posesivos indican de quién es algo. **Vamos a jugar a mi casa.** **Tus galletas fueron las más ricas.**
Concordancia de los adjetivos	El sustantivo y el adjetivo que lo describe deben concordar en género y en número. **Los secos matorrales se doblaban al paso del viento.** (El adjetivo *secos* y el sustantivo *matorrales* son masculinos y plurales.) **Anoche cené una sopa rica.** (El adjetivo *rica* y el sustantivo *sopa* son femeninos y singulares.)

Adverbios

Los **adverbios** modifican (describen) a un verbo, a un adjetivo o a otro adverbio. Nos dicen *cómo, cuándo, dónde, cuánto* y *con qué frecuencia*.

El equipo de fútbol entrena constantemente.
(*Constantemente* modifica al verbo *entrenar*.)

La práctica de ayer fue sumamente **larga.**
(*Sumamente* modifica al adjetivo *larga*.)

Los jugadores durmieron muy **profundamente.**
(*Muy* modifica al adverbio *profundamente*.)

Adverbios de tiempo	Indican *cuándo* sucede algo, o *con qué frecuencia* ocurre. **Armando recibió una revista** ayer. *(cuándo)* **La revista se publica** semanalmente. *(con qué frecuencia)*
Adverbios de lugar	Indican en *dónde* sucede algo. **Armando se sentó a leer** allí.
Adverbios de modo	Describen *cómo* se hace algo. **Armando lee** atentamente **la revista.**
Adverbios de intensidad	Nos dicen *cuánto* o *en qué grado* se hizo algo. **Le interesó** mucho **el artículo sobre los fósiles.**

Algunos adverbios

Adverbios de tiempo
ahora, antes, aún, cuando, después, hoy, jamás, mañana, mientras, nunca, pronto, siempre, tarde, temprano, todavía, ya

Adverbios de lugar
abajo, acá, adelante, adentro, afuera, ahí, allá, allí, aquí, arriba, atrás, cerca, debajo, delante, dentro, detrás, encima, fuera, lejos

Adverbios de modo
así, bien, como, deprisa, despacio, mal, mejor, peor, según, tal

Adverbios de intensidad
algo, apenas, así, bastante, casi, cuanto, demasiado, más, medio, menos, mucho (muy), nada, poco, tanto (tan)

Preposiciones

Las **preposiciones** son palabras que muestran la posición o dirección del sustantivo o del pronombre y forman parte de las frases preposicionales.

Término de la preposición	Es el sustantivo o pronombre que viene después de la preposición. **El gato observa desde el cajón.** (El sustantivo *cajón* es el término de la preposición *desde.*) **Luego, se sale de él.** (El pronombre *él* es el término de la preposición *en.* El antecedente del pronombre *él* es el sustantivo *cajón* de la oración anterior.)
Frases preposicionales	Incluyen una preposición, el término de la preposición (puede ser un sustantivo o un pronombre) y cualquier palabra que modifique al objeto. **El gato se dirige hacia la caja azul.** (*Hacia* es una preposición, *caja* es el término de la preposición, *la* y *azul* modifican al sustantivo *caja*.)

Preposiciones comunês

a	contra	entre	por
ante	de	hacia	según
bajo	desde	hasta	sin
cabe	durante	mediante	sobre
con	en	para	tras

¡Ojo!

Cuando la preposición *a* aparece antes del artículo *el*, se forma la contracción *al*. Cuando la preposición *de* aparece antes del artículo *el*, se forma la contracción *del*.

Esta es la casa del alcalde.

(Esta es la casa [de el] alcalde.)

¡Vamos corriendo al parque!

(¡Vamos corriendo [a el] parque!)

Conjunciones

Las **conjunciones** enlazan palabras o grupos de palabras.

Conjunciones subordinativas	Introducen la cláusula dependiente en una oración compleja. **Nos quedamos en el hotel hasta que dejó de nevar.**
Conjunciones coordinativas	Enlazan dos elementos iguales: dos o más palabras, frases o cláusulas. **Llegó cansado, pero feliz.** (La conjunción *pero* une los adjetivos *cansado* y *feliz*.)

Conjunciones

Subordinativas	que, si, pues, porque, para que, hasta que, cuando, aunque, así que, con tal que, si bien, en cuanto, tan pronto como
Coordinativas	y, o, ni, pero, luego, conque

Interjecciones

Las **interjecciones** son palabras o frases que expresan un sentimiento o emoción. Generalmente van entre signos de exclamación.

¡Bravo! Ya llegó mi papá.

(La interjección *¡Bravo!* expresa una emoción.)

Algunas interjecciones

¡Caramba!, ¡ay!, ¡oh!, ¡eh!, ¡zas!, ¡vaya!, ¡Dios mío!, ¡hola!, ¡bueno!, ¡ah!, ¡guau!, ¡miau!, ¡pum!, ¡cataplum!, ¡ejem!, ¡ojalá!

La oración

Una **oración** es un conjunto de palabras que expresa una idea completa. Las oraciones comienzan con mayúscula, y pueden terminar con un punto, o empezar y terminar con signos de interrogación o de exclamación.

¡Ojo! Hay más información sobre las oraciones en las secciones "Escribir oraciones sencillas" en las págs. 113–117 y "Combinar oraciones" en las págs. 118–121.

Partes de la oración

Sujeto

El **sujeto** es la parte de la oración que hace algo o de la que se habla.

Maritza preparó un pastel. Ella es una excelente cocinera.

Núcleo del sujeto	El núcleo del sujeto es la palabra principal del sujeto. Es un sustantivo o un pronombre. **La hermana de Maritza se comió el pastel.**
Sujeto completo	El sujeto completo está formado por el núcleo del sujeto y todas las palabras que lo describen. **La hermana de Maritza se comió el pastel.** (El sujeto completo es *La hermana de Maritza*.)
Sujeto compuesto	El sujeto compuesto tiene dos o más núcleos. **Maritza y su hermana decoraron el pastel.** núcleos

Predicado

El **predicado** es la parte de la oración que dice algo del sujeto.

Maritza preparó un pastel para mi cumpleaños.

Núcleo del predicado	El núcleo del predicado es el verbo, que es la parte más importante del predicado. **Maritza** horneó **el pastel ayer.**
Predicado completo	El predicado completo está formado por el núcleo del predicado y las palabras que lo modifican o completan. **Maritza** horneó el pastel ayer. (El predicado completo es *horneó el pastel ayer.*)
Predicado compuesto	El predicado compuesto tiene más de un verbo. **Ella** decoró y escondió el pastel.

Modificadores

Un **modificador** es una palabra o conjunto de palabras que ayudan a describir a otra palabra.

Mi **familia organizó** una **fiesta** sorpresa.

(*Mi* modifica a *familia*. El artículo *una* y el sustantivo *sorpresa* modifican al sustantivo *fiesta*.)

Se escondieron detrás de la puerta **y esperaron** pacientemente.

(*Detrás de la puerta* modifica a *escondieron* y *pacientemente* modifica a *esperaron*.)

Concordancia entre el sujeto y el verbo

El sujeto y el verbo de una oración deben concordar en número y persona. Esto quiere decir que la forma del verbo debe corresponder a la persona de la que se habla. (**BUSCA** en la pág. 116.)

Roberto **le ayudó** a la profesora con los paquetes.

(*Roberto* y *ayudó* concuerdan.)

Los otros niños **le ayudaron** a abrir la puerta.

(*Los otros niños* y *ayudaron* concuerdan.)

Cláusulas

Una **cláusula** es un grupo de palabras que tiene sujeto y predicado. Una cláusula puede ser independiente o dependiente.

Cláusula independiente	Expresa una idea completa y puede hallarse sola en forma de oración. **Mi papá me lleva a la escuela**
Cláusula dependiente	No expresa una idea completa y no se halla sola como oración. Las cláusulas dependientes suelen comenzar con una conjunción subordinante como *cuando*. **cuando llueve** *Un consejo:* Algunas cláusulas dependientes comienzan con un pronombre relativo, como *que* o *quien*. (**BUSCA** en la página 385.) Una **cláusula independiente** unida a una **cláusula dependiente** forman una oración compleja. **Mi papá me lleva a la escuela cuando llueve.**

Frases

Una **frase** es un conjunto de palabras relacionadas. Las frases no forman oraciones completas.

Frase sustantiva	Ésta es una frase sustantiva. Le falta el predicado. **el estudiante**
Frase preposicional	Ésta es una frase preposicional. (**BUSCA** en la página 400.) **acerca de Simón Bolívar**
Frase apositiva	Ésta es una frase apositiva. **el libertador de América**

Nota: Si juntas estas frases y añades un verbo, tendrás una oración.

El estudiante escribió acerca de Simón Bolívar, el libertador de América.

Tipos de oraciones

Oraciones simples

Una oración simple tiene sólo una cláusula independiente (y expresa un solo pensamiento completo). Sin embargo, puede tener un sujeto compuesto o un predicado compuesto.

> **Luis patina muy bien.**
> (Sujeto simple, predicado simple)

> **Luis y yo patinamos más de dos horas.**
> (Sujeto compuesto, predicado simple)

> **Víctor y Agustín patinan sobre hielo y esquían en la nieve.**
> (Sujeto compuesto, predicado compuesto)

Oraciones compuestas

Las oraciones compuestas están formadas por dos o más oraciones simples, unidas por una conjunción coordinativa y, en ocasiones, una coma. (**BUSCA** en la página 401 para averiguar más sobre las conjunciones coordinativas.)

> **He patinado en Los Ángeles, pero nunca he ido a Nueva York.**
> (La conjunción *pero* enlaza dos cláusulas independientes.)

> **La ciudad de Los Ángeles queda a 30 millas de mi casa y Nueva York queda a 3,000 millas de distancia.**
> (La conjunción *y* enlaza dos cláusulas independientes.)

Oraciones complejas

Una oración compleja contiene una cláusula independiente (en azul) y una o más cláusulas dependientes (en rojo). Las cláusulas dependientes comienzan con una conjunción subordinativa, como *porque* o con un pronombre relativo, como *que* o *quien*.

> **El juego fue cancelado porque empezó a llover.**

> **Los libros que están sobre la mesa son de Mónica.**

Clases de oraciones

Oraciones enunciativas	Las oraciones enunciativas hacen una declaración. Dicen algo sobre una persona, un lugar, una cosa o una idea. **La capital de Colombia es Bogotá.** **Carlota nada en el mar.**
Oraciones interrogativas	Las oraciones interrogativas hacen preguntas. **¿Trajiste los libros que te pedí?** **¿Has estado alguna vez en un crucero?**
Oraciones imperativas	Las oraciones imperativas dan mandatos o instrucciones. **Ajústate el cinturón de seguridad.** **Abre la caja con cuidado.**
Oraciones exclamativas	Las oraciones exclamativas comunican una emoción fuerte, una sorpresa o una advertencia. **¡Qué alegría me has dado!** **¡Cuidado con los perros!**

En resumen

- Una oración es una palabra o conjunto de palabras que expresa una idea completa.
- La oración tiene dos partes principales: el sujeto y el predicado.
- Una oración puede hacer una declaración, formular una pregunta, dar un mandato o expresar una emoción.
- Por lo general, las oraciones comienzan con mayúscula y pueden terminar con un punto o empezar y terminar con signos de interrogación o de exclamación.
- Encontrarás más información sobre las oraciones en "Escribir oraciones sencillas" en las págs. 113–117 y en "Combinar oraciones" en las págs. 118–121.

La mecánica del lenguaje

Mayúsculas

Nombres propios	Escribe con mayúscula los nombres propios de personas, animales o cosas, los apellidos y las iniciales que forman parte de un nombre. También debes escribir con mayúscula los nombres de instituciones, entidades, partidos políticos, etc.

Alonso	**Piñeros**
Berta	**Jiménez**
Rocinante	**José A. Rodríguez**
el Museo de Bellas Artes	**el Partido Demócrata**
Biblioteca Nacional	**la Universidad Nacional**

Calificativos	Escribe con mayúscula los calificativos que acompañan a los nombres propios.

el Libertador	**Pedro el Cruel**
Alejandro Magno	**el Inca Garcilaso**

Títulos de dignidad	Escribe con mayúscula los títulos, cargos y nombres de dignidad.

Presidente	**Ministro**	**Rey**

Un consejo: Escríbelos con minúscula cuando van junto con el nombre propio de la persona o cuando los usas en sentido general. Por ejemplo: *el presidente Lincoln, el rey Juan Carlos.*

Primera palabra	Escribe con mayúscula la primera palabra de un escrito y la que vaya después de un punto. **Llovía a cantaros. Empapados hasta los huesos, nos acercamos a la cabaña.** Va también con mayúscula la primera palabra de una cita textual. **Lucía pensó: "He venido desde muy lejos".**
Después de algunos signos de puntuación	Escribe con mayúscula la palabra que sigue a un signo de cierre de interrogación o de exclamación, si no existe otro signo de puntuación. **¿Cuándo me dijiste eso? No te oí.** **¡Felicitaciones! Eres el ganador.**
Abreviaturas de tratamiento	Escribe con mayúscula la primera letra de las abreviaturas de tratamiento. **Sra.** **Dr.** **Lic.** **Sr.**
Abreviaturas de organizaciones	Se escriben con mayúscula las siglas y abreviaturas de organizaciones. **OMS** *(Organización Mundial de la Salud)* **OEA** *(Organización de los Estados Americanos)*
Estrellas, planetas, astros, etc.	Escribe con mayúscula los nombres de estrellas, planetas, astros y constelaciones. **la Osa Menor** **la Tierra** **la Luna** **Júpiter** **Marte** *Un consejo:* Cuando hables sobre la Tierra, la Luna y el Sol sin referirte a ellos como planetas, debes escribirlos con minúscula. Por ejemplo: *En noches de luna llena no se ven muchas estrellas. Mis gafas de sol están sobre la mesa.*
Fiestas y días especiales	Se escriben con mayúscula los nombres de fiestas religiosas o civiles. **Día de la Independencia** **Navidad**

Títulos	Escribe con mayúscula la primera palabra del título de un libro, película, obra de teatro u obra musical. **P**lantas carnívoras **E**l príncipe rana En periódicos y revistas se escriben también con mayúscula todos los sustantivos y adjetivos que forman el título. **T**iempo **J**oven **E**l **E**spectador
Puntos cardinales	Los puntos cardinales deben ir escritos con mayúscula. **Buscamos el N**orte **en nuestro mapa.** Pero la orientación que corresponde a esos puntos se escribe con minúscula. Por ejemplo: *Caminamos hacia el norte del poblado*.
Nombres geográficos	Se escriben con mayúscula los nombres de lugares geográficos. **A**mérica **R**oma **C**aracas río **A**mazonas Cuando el artículo forma parte del nombre, también se escribe con mayúscula. **E**l **S**alvador **L**a **H**abana **L**a **H**aya Se escribe con mayúscula el nombre que acompaña al nombre propio del lugar, si forma parte del nombre. **Mis amigos viven en la C**iudad **de México.** Si no es así, se escribe con minúscula. Por ejemplo: *la ciudad de Buenos Aires*.

Con mayúscula	Sin mayúscula
La **T**ierra es nuestro planeta.	Hay tierra por todas partes.
El hombre ha estado en la **L**una.	La luna brilla en lo alto.
Vamos a **P**uerto Vallarta.	Llegaron al puerto de Cartagena.
La brújula indicaba el **N**orte.	Al norte de tu casa está la mía.

Acentos

El **acento** es la mayor intensidad con la que se pronuncia una sílaba dentro de una palabra. A veces se marca con una **tilde** o **acento gráfico** que va sobre la vocal acentuada de la sílaba.

Clases de palabras según el acento

Agudas	Las palabras agudas llevan el acento en la última sílaba. **jugar** **canción** **amor** **limón**
Graves o llanas	Las palabras graves o llanas llevan el acento en la penúltima sílaba. **carta** **lápiz** **columpio** **fácil**
Esdrújulas	Las palabras esdrújulas llevan el acento en la antepenúltima sílaba. **cántaro** **báscula** **plátano** **pésimo**
Sobresdrújulas	Las palabras sobresdrújulas llevan el acento en una de las sílabas anteriores a la antepenúltima. **préstamelo** **cómetelo** **dígamelo**
Llevan acento gráfico	• Las palabras agudas que terminan en *vocal*, *n* o *s*. • Las palabras graves o llanas que NO terminan en *vocal*, *n* o *s*. • Todas las palabras esdrújulas y sobresdrújulas.

Algunas palabras con acento gráfico

Agudas: ratón, canción, montón, cantó, anís, además, está

Graves: ágil, ámbar, ángel, árbol, Héctor, lápiz

Esdrújulas: cómico, Líbano, teléfono, termómetro, bípedo

Sobresdrújulas: cómpramela, gánesela, confiésamelo

Acento gráfico en los monosílabos

Por lo general, los monosílabos no llevan tilde. Hay algunas excepciones que nos permiten distinguir entre dos palabras que suenan igual pero que tienen diferente significado.

el/él	**el:** artículo masculino. **El maestro nos ayudó con la tarea.** **él:** pronombre personal. **Se lo compramos a** él.
tu/tú	**tu:** adjetivo posesivo. **Tu dibujo es hermoso.** **tú:** pronombre personal. **Tú me lo advertiste.**
mi/mí	**mi:** adjetivo posesivo. **Ven a jugar a** mi **casa.** nota musical. **Tocamos una melodía en** mi **menor.** **mí:** pronombre personal. **Me lo regalaron a** mí.
te/té	**te:** pronombre personal. **Te he buscado por todos lados.** **té:** bebida. **Tomaban el** té **a las cinco.**
mas/más	**mas:** conjunción. **Quise volver,** mas **no pude.** **más:** adverbio. **Esa bicicleta me gusta** más.
si/sí	**si:** conjunción. **No sabemos** si **lloverá.** nota musical. **Esta canción es en** si **bemol.** **sí:** adverbio de afirmación. **Sí; es verdad.** pronombre personal. **Se dibujó a** sí **misma.**
de/dé	**de:** preposición. **Esta casa es** de **mi primo.** **dé:** forma del verbo *dar*. **Quiero que me** dé **algo.**
se/sé	**se:** pronombre personal. **Se durmió temprano.** **sé:** forma del verbo *saber* o del verbo *estar*. **No** sé **quién llegó. Sé paciente con ella.**

Acento gráfico en adverbios que terminan en *-mente*

Los adverbios que terminan en *-mente* conservan el acento de la palabra de la que vienen, y si ésta tiene acento gráfico, va en el mismo lugar.

inteligentemente   **cómodamente**

Diptongo

Las vocales *a, e* y *o* se consideran "vocales fuertes"; las vocales *i* y *u* se consideran "vocales débiles". Un diptongo es un conjunto de dos vocales que se pronuncian en una sola sílaba. Para que haya diptongo, debe presentarse uno de estos casos:

Vocal fuerte + vocal débil	Si están juntas una vocal fuerte y una vocal débil, o viceversa, se forma un diptongo, siempre que la vocal débil no tenga acento. **aire causa ciego suave fuerte** Si se necesita acento gráfico, va sobre la vocal fuerte. **adiós después cambié murciélago**
Dos vocales débiles	Si se combinan dos vocales débiles distintas también se forma un diptongo. **ruido suizo arruinar** En estos diptongos, si se necesita acento, siempre va sobre la segunda vocal. **cuídalo lingüístico sustituí**

Diéresis

La diéresis (¨) es un signo que se coloca encima de la vocal *u* para indicar que la debemos pronunciar en las sílabas *gue* y *gui*.

vergüenza   pingüino   agüero   cigüeña

Números

Escribir números	Los números del uno al treinta se escriben en una sola palabra. A partir del treinta y uno, se separan las unidades. Después de cien, también hay que separar las unidades de cien, mil, de diez mil, etc. **uno** **veintitrés** **ciento treinta** **mil doscientos treinta y cinco**
Números grandes	Si tienes que escribir números muy grandes, puedes usar combinaciones de cifras y palabras. **24 millones** **1.5 millones de dólares**
Al comienzo de la oración	Si tienes que comenzar una oración con un número, utiliza palabras en vez de cifras. **Trescientas personas asistieron al concierto.**
Cifras	Se utilizan cifras en los siguientes casos: dinero . . . . $3.85 capítulo . . . . capítulo 2 fecha . . . . 7 de agosto estadísticas . . . . un resultado de 4 a 1 decimales . . . . 34.5 páginas . . . . en la página 23 direcciones . . . . Calle 11 N° 13 hora . . . . las 4 p. m. año 1892

Plurales

Los sustantivos y los adjetivos calificativos pueden estar en singular o en plural. Para formar el plural, observa estas reglas generales:

Palabras que terminan en *a, e, o*	Para formar el plural de un sustantivo o un adjetivo calificativo que termine en las vocales *a, e,* u *o*, debes añadir una -*s*. **casa** → **casas** **torpe** → **torpes** **burro** → **burros** **vaca** → **vacas**
Palabras que terminan en consonante o en vocal *i, u*	Para formar el plural de un sustantivo o un adjetivo calificativo que termine en consonante, o en las vocales *i* o *u*, debes añadir -*es*. **camión** → **camiones** **verdad** → **verdades** **maní** → **maníes** **iglú** → **iglúes**
Casos especiales	En las palabras que terminan en *z*, debes cambiar la *z* por *c* y agregar -*es*. **lápiz** → **lápices** **tapiz** → **tapices** **nariz** → **narices** **pez** → **peces** Algunas palabras que terminan en *s* no cambian en el plural. **el análisis** → **los análisis** **el miércoles** → **los miércoles** **el virus** → **los virus**

Abreviaturas

Abreviaturas	Una **abreviatura** es la representación de una palabra usando sólo unas de sus letras. Por lo general, terminan con un punto, y algunas se escriben con mayúscula. **Sr.** *(señor)* **admón.** *(administración)* **Dra.** *(doctora)* **Lic.** *(licenciado)* **TV** *(televisión)*
Acrónimos	Un **acrónimo** es una palabra formada por las iniciales o partes de otras palabras. Los acrónimos no contienen puntos. **ovni** *(objeto volador no identificado)* **CONALFA** *(Comité Nacional de Alfabetización)* **CONCACAF** *(Confederación Centroamericana y Caribeña de Asociaciones de Fútbol)* **UNAM** *(Universidad Nacional Autónoma de México)*
Siglas	Una **sigla** también está formada por las iniciales de varias palabras, pero no se lee como una palabra, sino letra por letra. **UCLA** *(Universidad de California en Los Ángeles)* **TLC** *(Tratado de Libre Comercio)* **NBA** *(National Basketball Association)*

Abreviaturas postales de los estados

Alabama	**AL**	Kentucky	**KY**	North Dakota	**ND**
Alaska	**AK**	Louisiana	**LA**	Ohio	**OH**
Arizona	**AZ**	Maine	**ME**	Oklahoma	**OK**
Arkansas	**AR**	Maryland	**MD**	Oregon	**OR**
California	**CA**	Massachusetts	**MA**	Pennsylvania	**PA**
Colorado	**CO**	Michigan	**MI**	Rhode Island	**RI**
Connecticut	**CT**	Minnesota	**MN**	South Carolina	**SC**
Delaware	**DE**	Mississippi	**MS**	South Dakota	**SD**
Distrito de Columbia	**DC**	Missouri	**MO**	Tennessee	**TN**
Florida	**FL**	Montana	**MT**	Texas	**TX**
Georgia	**GA**	Nebraska	**NE**	Utah	**UT**
Hawaii	**HI**	Nevada	**NV**	Vermont	**VT**
Idaho	**ID**	New Hampshire	**NH**	Virginia	**VA**
Illinois	**IL**	Nueva Jersey	**NJ**	Washington	**WA**
Indiana	**IN**	Nuevo México	**NM**	West Virginia	**WV**
Iowa	**IA**	Nueva York	**NY**	Wisconsin	**WI**
Kansas	**KS**	North Carolina	**NC**	Wyoming	**WY**

¡Ojo! Cuando escribas una dirección en un sobre, recuerda utilizar las abreviaturas postales.

Abreviaturas comunes

a. C.	antes de Cristo		**N**	Norte
a. m.	antes del mediodía		**O**	Oeste
cap.	capítulo		**pág.**	página
d. C.	después de Cristo		**p. m.**	después del mediodía
E	Este		**S**	Sur
etc.	etcétera		**p. ej.**	por ejemplo

La palabra correcta

Al escribir, trata de escoger la palabra correcta para que tus lectores entiendan de qué estás hablando y para evitar que tus escritos sean confusos. Debes tener mucho cuidado con las palabras **homófonas**.

Las palabras homófonas se pronuncian igual, pero se escriben de forma diferente y tienen distinto significado. ¿Te imaginas si en vez de escribir *A José le gusta la casa* escribieras *A José le gusta la caza*? Tus lectores pensarían que a José le gusta cazar animales, cuando en realidad lo que le gusta a José es una casa. En esta página y en la siguiente, verás ejemplos de algunas palabras homófonas.

Asia, hacia	**Mi clase está estudiando la historia de Asia.** (*Asia* es el nombre de un continente.) **Íbamos hacia la salida.** (*Hacia* es una preposición e indica dirección.)
asta, hasta	**Se rompió el asta de nuestra bandera.** (*Asta* es el palo en donde se pone una bandera.) **Llegó hasta el riachuelo.** (*Hasta* es una preposición y puede indicar tiempo, lugar o cantidad.)
ay, hay	**¡Ay! ¡Algo me mordió!** (*¡Ay!* es una interjección que indica dolor u otra emoción.) **Hay varias flores en esta rama.** (*Hay* es una forma del verbo *haber*.)

bello, **vello**	**Éste es un atardecer muy bello.** (*Bello* significa *que tiene belleza*.) **Tiene los brazos cubiertos de vello.** (*Vello* es el pelo corto y suave que aparece en muchas partes del cuerpo.)
casar, **cazar**	**Mi prima se va a casar el mes entrante.** (*Casar* significa *contraer matrimonio*.) **Queríamos cazar unas liebres.** (*Cazar* significa *capturar*.)
ciento, **siento**	**El diez por ciento de la clase reprobó el examen.** (*Ciento* significa *cien*.) **Siento haberte molestado.** (*Siento* es una forma del verbo *sentir*.)
has, **haz**	**¿Has estado en un carnaval?** (*Has* es una forma del verbo *haber*.) **La niña llevaba un haz de espigas en su cesta.** (*Haz* significa *un atado de algo*.)
hola, **ola**	**¡Hola! Ya estamos de regreso.** (*¡Hola!* Es una interjección. Indica saludo.) **La ola se levantó sobre las rocas.** (*Ola* es una onda que se forma en la superficie del agua.)
masa, **maza**	**La masa para el pan está lista.** (*Masa* es una mezcla de harina y agua.) **Se oía el golpear de la maza sobre la madera.** (*Maza* es el nombre de una herramienta.)
tubo, **tuvo**	**Préstame ese tubo de cartón.** (*Tubo* es una pieza cilíndrica y hueca que puede estar hecha de diversos materiales.) **Mi gata tuvo cinco gatitos ayer.** (*Tuvo* es una forma del verbo *tener*.)

El uso de la puntuación

Punto

Se pone **punto** al final de una oración. También se usa el punto después de las iniciales de un nombre, después de las abreviaturas y en los números decimales.

Al final de una oración	Pon un punto al final de un enunciado, un mandato o una petición. **Nuestra clase ganó el partido de fútbol.** **Abre la puerta.** **Dame agua, por favor.**
Después de iniciales	Pon un punto después de las iniciales del nombre de una persona. **Mario A. Contreras Díaz**
Después de abreviaturas	No se te olvide poner un punto después de cada parte de una abreviatura. **Sr.** **a. C.** **depto.** **Dra.** **Lic.** **p. ej.** **pág.** **S. A.** Si la abreviatura está al final de la oración, sólo debes escribir un punto. **Compramos manzanas, duraznos, uvas, plátanos, etc.**
En números decimales	Pon un punto para separar los enteros de las fracciones. **5.1** **34.67** **1.825**

Puntos suspensivos

Utiliza los **puntos suspensivos** para indicar una interrupción, reemplazar a la palabra *etcétera*, expresar temor, duda o algo sorprendente, o indicar que has omitido parte de una cita textual. Recuerda que los puntos suspensivos son sólo tres.

Indicar una interrupción	Usa puntos suspensivos para indicar una interrupción en lo que se dice. **Llegaremos antes del mediodía, a no ser que…**
Reemplazar *etcétera*	Puedes usar puntos supensivos al final de una enumeración, en vez de utilizar la palabra *etcétera*. **Se respiraba el aroma de rosas, claveles, geranios, gladiolas…**
Expresar temor o duda	Utiliza los puntos suspensivos si quieres expresar temor, duda o algo sorprendente. **Pero… ¿es cierto lo que escucho?** **En realidad… no estoy muy segura.** **El motor hizo varios ruidos sospechosos y… ¡milagro!… empezó a funcionar.**
En citas textuales	Si quieres suprimir una parte de una cita textual, usa los puntos suspensivos encerrados en corchetes. **"Y volviéndose a Sancho, le pidió la celada […], y sin que se viera lo que venía adentro, se la encajó de prisa en la cabeza."**

¡Ojo! Puedes usar coma, punto y coma, o dos puntos después de los puntos suspensivos, pero no otro punto.

Coma

La **coma** indica que hay que hacer una pausa breve en la oración. En estas dos páginas encontrarás los distintos usos de la coma.

Separar elementos de una serie	Coloca una coma entre las palabras, frases o cláusulas de una serie. (Una *serie* se refiere a tres o más elementos en una oración.) **A Ricardo le gusta ponerle jitomate, cebolla y chile a sus tacos.** (palabras) **Durante mis vacaciones, fui a la playa, leí un libro y jugué fútbol.** (frases) *Un consejo:* No escribas una coma entre los dos últimos elementos de la serie.
En fechas y direcciones	Utiliza la coma para separar elementos en las fechas y direcciones. **Celebraremos la fiesta el 4 de julio, 2001, en la casa de Pedro.** **Pedro vive en la Calle Uno, Atlanta, GA 30200.** *Un consejo:* No escribas una coma entre el estado y el código postal.
En números escritos con cifras	Coloca una coma en los números escritos con cifras para separar los millares, los millones, etc. **El carro de Rodrigo tiene 200,000 millas. Él quiere venderlo por 1,000 dólares.** *Un consejo:* No le pongas coma a los años: 1776, 1999, 2000.
Marcar interrupciones	Utiliza una coma para separar una palabra, frase o cláusula que interrumpa la idea principal de la oración. **Lo que ocurrió, sin embargo, fue que Rodrigo tuvo que vender su coche por 250 dólares.**

Coma (continuación)

Para dirigirse a alguien	Usa comas para separar a la persona o personas a quienes se dirige el que habla. **Julia, acércate más.** **Te dije, Lucrecia, que te creía.** **No es necesario que me lo prestes, Rosa.**
Separar cláusulas	Utiliza comas para separar cláusulas dentro de una oración. **Volvimos, después de un largo viaje, a la casa de la ciudad.**
Separar adjetivos	Cuando uses dos o más adjetivos para describir a un sustantivo, sepáralos por medio de comas. **Me gusta el pelo blanco, suave y largo de mi gatito.**
Separar interjecciones	Separa con comas las interjecciones del resto de la oración. **No me sigas fastidiando, ¡caramba!** **Y cuando menos lo pensé, ¡pum!, sonó un golpe.**
Separar aposiciones	Cuando incluyas una aposición en una oración, colócala entre comas. Una aposición es una palabra o frase que vuelve a nombrar al sustantivo o pronombre que la antecede. **Entonces Marta, la hermana de mi amiga, saltó al agua.**
Separar frases introductorias	Utiliza una coma para separar una frase o cláusula larga que vaya antes de la parte principal de la oración. **Después de revisar mi tarea, se la entregué al maestro.** (frase) **Si practicas con frecuencia, verás que patinar es muy fácil.** (cláusula)

Dos puntos

Los **dos puntos** se emplean para presentar una lista o una cita textual. También se utilizan en los saludos de las cartas y en los números que representan la hora.

Presentar una lista	Para presentar una lista, utiliza dos puntos. La lista puede ir antes o después de los dos puntos.

> **Las partes de la oración son dos: sujeto y predicado.**

> **Activo, interesado y responsable: así es un buen estudiante.**

Un consejo: No uses dos puntos después de un verbo o una preposición.

> **Incorrecto:**   **La mano consta de: carpo, metacarpo y dedos.**

> **Correcto:**   **La mano consta de carpo, metacarpo y dedos.**

Presentar una cita textual	Utiliza los dos puntos cuando quieras presentar una cita textual.

> **Y así nos presenta Juan Ramón Jiménez a su burro, Platero:**

> **"Platero es pequeño, peludo, suave; tan blando por fuera, que se diría todo de algodón, que no lleva huesos."**

En los saludos de las cartas	Después del encabezamiento de una carta o de otro documento en el cual te dirijas a alguien en particular, usa dos puntos.

> **Estimada señorita López:**
> **Queridos compañeros:**

En los números que representan la hora	Pon dos puntos para separar la hora de los minutos.

> **Saldremos de clase a las 2:30 p. m.**

Punto y coma

El **punto y coma** indica una pausa más larga que la de la coma y más corta que la del punto. Se utiliza en los siguientes casos:

Unir dos oraciones independientes	Se usa el punto y coma para unir dos oraciones independientes cuando no hay una conjunción entre ellas.
	Mi tía tiene un auto nuevo; me encantaría viajar en él.
	(**BUSCA** más información sobre las conjunciones en la pág. 401.)
Separar oraciones donde hay comas	Usa el punto y coma para separar oraciones que ya incluyen comas.
	Tiene los ojos grises, con reflejos dorados; el pelo, negro y sedoso; las patas, largas y ágiles.

Guión

El **guión** es una pequeña raya horizontal. Se usa así:

Para dividir palabras	Usa un guión para dividir una palabra cuando no tienes más espacio en el renglón. Recuerda que sólo puedes dividir las palabras entre sílaba y sílaba.
	Cuando llegaron al teatro, la fila de personas le daba la vuelta a la esquina.
En palabras compuestas	A veces el guión se utiliza para separar los elementos de una palabra compuesta.
	hispano-ruso **franco-americano**
	La palabra compuesta puede estar formada por dos adjetivos, el primero de los cuales siempre es masculino, y el segundo concuerda en género y número con el sustantivo al que se refiere.
	curso teórico-práctico **clases teórico-prácticas**

Raya

La **raya** es más larga que el guión. Se utiliza para encerrar aclaraciones en una oración, para señalar lo que dicen los participantes en un diálogo y encerrar los comentarios del narrador respecto a las intervenciones de los personajes.

Encerrar aclaraciones	Puedes utilizar la raya para encerrar una aclaración dentro de una oración. Acuérdate de poner una raya antes y otra al final de tu aclaración. **Los cachorros —envueltos en una manta— dormitaban en el corredor.** En estos casos, las rayas se pueden reemplazar por paréntesis (**BUSCA** en la pág. 427) y, a veces, por comas.
Señalar intervenciones en un diálogo	Usa la raya cuando quieras señalar cada una de las intervenciones de los que participan en un diálogo sin tener que escribir cada vez el nombre de quien está hablando. **—¡Qué sitio tan oscuro!** **—Tienes razón. Parece la boca de un lobo.**
Encerrar comentarios del narrador	También se usa la raya para encerrar los comentarios del narrador durante las intervenciones de los personajes de un diálogo. **—Papá —preguntó el niño—, ¿es verdad que ya no existen los dinosaurios?**

Comillas

Las **comillas** se utilizan para encerrar una cita textual, enmarcar un sobrenombre, resaltar una palabra y citar algunos títulos.

Encerrar una cita textual	Usa comillas al comienzo y al final de una cita textual. **Empezó diciendo: "No me cabe duda de que nos vamos a entender muy bien."**
Enmarcar un sobrenombre	Las comillas van antes y después de un apodo o sobrenombre. **Lo llamábamos "Tigre" por la agilidad de sus movimientos.**
Resaltar palabras	Usa comillas para llamar la atención del lector sobre alguna palabra porque la quieres explicar o porque la empleaste en sentido irónico. **Me cuesta trabajo escribir "exuberante".** **¡Qué "tortuga" eres! ¡Camina más rápido!**
Citar títulos	Encierra entre comillas el título de una canción, poema, cuento, ensayo o capítulo de un libro. Úsalas también en los títulos de artículos de revistas, periódicos, enciclopedias o artículos de la Internet. **Estamos ensayando "Las mañanitas".**

Comillas con otros signos de puntuación

Si después de las comillas tienes que poner otro signo de puntuación, sigue estas reglas:

- La coma, el punto y coma, y los dos puntos siempre van por fuera de las comillas.

  "Ven a nuestra cena", me dijo.

- Los signos de interrogación y exclamación van dentro de las comillas.

  "¡A ganar!", gritó el entrenador.

- Si las comillas son sólo una parte de la pregunta o exclamación, los signos de puntuación correspondientes van por fuera de ellas.

  ¿Conoces la canción "Cielito lindo"?

Signos de interrogación

Los **signos de interrogación** se usan al principio y al final de las preguntas.

Existen dos signos de interrogación: el de apertura (¿), que marca el comienzo de la pregunta, y el de cierre (?), que marca el final.

¿Qué hora era cuando llegamos?

Signos de exclamación

Los **signos de exclamación** se usan para expresar una emoción o sentimiento fuerte.

Hay dos signos de exclamación: el de apertura (¡), que va al principio de la exclamación, y el de cierre (!), que va al final. La exclamación puede ser una palabra, una frase o una oración completa.

¡Oh! ¡Qué delicia!

¡Me has dado una sorpresa increíble!

¡Ojo!

Recuerda que los signos de interrogación y de exclamación van al principio y al final de la pregunta o la exclamación, aunque éstas sean parte de una oración más larga.

Con tantas tareas, ¿cómo voy a terminarlas todas?
Si te lo propones, ¡puedes llegar muy lejos!

Paréntesis

Los **paréntesis** se usan para encerrar palabras que añaden información o que ayudan a aclarar una idea.

Añadir información	Usa los paréntesis para añadir un dato, como una fecha, un lugar, el significado de una sigla, etc. **La familia de Beatriz vive en Paraná (Argentina).**
Aclarar una idea	Usa los paréntesis para incluir una aclaración, especialmente si no tiene mucha relación con lo que se expresa en la oración. **El tío Enrique (en su juventud había sido piloto de aviones) se acercó a la mesa.**

Cursiva y subrayado

La **cursiva** es un tipo de letra impresa que es ligeramente inclinado. Se emplea en títulos y en palabras especiales. Cuando escribas a mano, debes subrayar las palabras que deben ir en *cursiva*. Si escribes con una computadora, escríbelas en cursiva.

Para títulos	La cursiva (o el subrayado) se utiliza en títulos de libros, obras de teatro, programas de televisión, periódicos, películas, CDs y revistas.

El mago de Oz   El mago de Oz (película)

Plaza Sésamo   Plaza Sésamo (programa de TV)

Don Quijote   Don Quijote (libro)

El Heraldo   El Heraldo (periódico)

Para palabras especiales	Usa cursiva (o subrayado) para indicar nombres de barcos o de naves espaciales.

Apolo 12   Apolo 12 (nave espacial)

Titanic   Titanic (barco)

Escribe con cursiva (o subrayado) las palabras de otro idioma.

¡Entrégame mis llaves *ipso facto*!

(*Ipso facto* es una frase en latín que quiere decir "de inmediato".)

Usa cursiva (o subrayado) cuando quieras resaltar una palabra dentro de una oración.

La palabra *libertad* tiene un significado distinto para cada persona.

Signos de puntuación

*	**Asterisco**
,	**Coma**
" "	**Comillas**
[ ]	**Corchetes**
:	**Dos puntos**
-	**Guión**
( )	**Paréntesis**
.	**Punto**
…	**Puntos suspensivos**
;	**Punto y coma**
—	**Raya**
¡ !	**Signos de exclamación**
¿ ?	**Signos de interrogación**
′	**Tilde o acento gráfico**

El almanaque del estudiante

Historia del español

Las raíces de nuestra lengua

Las lenguas, como las personas, tienen familia. Las lenguas dentro de una familia se parecen, igual que los miembros de una familia de verdad. El español pertenece a la familia de las lenguas romances, y algunos de sus hermanos son el francés, el italiano, el portugués y el rumano. Todas estas lenguas vienen del latín, la lengua que se hablaba en la antigua Roma. Se podría decir que el latín es la madre de las lenguas romances.

La historia del español continúa en el reino de Castilla. Hace unos 1,000 años, Castilla era un pequeño reino del norte de la península donde hoy están España y Portugal. El castellano era una más de las lenguas derivadas del latín que se hablaban en los reinos cristianos. Estos reinos luchaban contra los árabes que vivían hacia el sur. La lengua castellana de entonces no era como el español que hablamos ahora, pero fue cambiando al recibir la influencia del árabe y de otras lenguas.

La evolución del español

A medida que el reino de Castilla se fue haciendo más poderoso, su lengua se fue extendiendo. Hacia el año 1300 apareció una de las primeras obras escritas en castellano, el *Cantar de Mio Cid*, un poema que narra las aventuras del guerrero Rodrigo Díaz de Vivar. Más adelante, la invención de la imprenta, en el siglo XV, ayudó a la difusión de la lengua española.

En el año 1492, los árabes fueron expulsados de España. Sin embargo, todavía conservamos muchas palabras de origen árabe, como *almohada* o *alcohol*. Ese mismo año, Cristóbal Colón llegó a las costas de América con tres carabelas pagadas por los reyes de España.

El español en América

En unos pocos cientos de años, la lengua de un pequeño reino pasó a ser hablada por millones de personas en todo el mundo.

En los siglos siguientes, el español se extendería por casi todo el continente, y las lenguas de los pueblos de América enriquecieron al español con nuevas palabras que designaban objetos, plantas o animales que no existían en Europa: *canoa* e *iguana* del arauaco, *maíz* y *maní* del taíno, *papa* y *puma* del quechua, *chocolate* y *guajolote* del náhuatl o azteca, entre otras.

Como ahora hay tanta gente en el mundo que habla español, a veces hay muchas maneras de decir la misma cosa.

La historia continúa

En la actualidad el español es la lengua de unos trescientos millones de personas. Pero la historia del español no ha terminado.

Nuevos inventos e ideas han hecho que se crearan palabras nuevas. Así fueron surgiendo términos como *automóvil, teléfono, televisión, computadora* y otros, que se han convertido en parte de nuestra lengua. Al mismo tiempo, muchas palabras que antes se usaban con frecuencia han caído en el olvido.

La lengua continúa cambiando cada día y, de hecho, aunque no te des cuenta, tú también contribuyes a su desarrollo. La historia del español es la historia de todos los que lo hablamos.

Palabras de todo el mundo

La lengua española tiene palabras derivadas de muchas otras lenguas. Esta tabla te muestra algunas de esas palabras y te dice de dónde proceden.

Latín
abuela, madre, padre, hombre, mujer, mañana, noche, sol, luna, los meses del año, los días de la semana

Griego
alfabeto, broma, escuela, guitarra, matemáticas, pirata

Árabe
ajedrez, azúcar, barrio, marfil, momia, naranja, ojalá

Náhuatl
aguacate, cacao, ocelote, tomate

Francés
bufanda, flecha, pantalón

Alemán
blanco, guante

Japonés
quimono

Malayo
orangután

Taíno
batata, hamaca, sabana

Inglés
boxeo, fútbol

Italiano
macarrón, piano, tarántula

Turco
café

Guaraní
ñandú, tucán

Vasco
pizarra

Muchas maneras de decir lo mismo

Hay más de 266 millones de hispanohablantes en el mundo. Por eso, en nuestro idioma a veces hay varias maneras de decir la misma cosa. Aquí tienes algunas de las variaciones más comunes. ¿Puedes pensar en otras?

Personas

niño, muchacho, chavo (Guatemala)**, pibe** (Argentina, Uruguay)**, cipote** (El Salvador, Nicaragua)**, nene** (Puerto Rico)**, chamaco** (México)**, chaval** (España)

niña, chica, piba (Argentina, Uruguay)**, cipota** (El Salvador, Nicaragua)**, nena** (Puerto Rico)**, chavala** (España, Nicaragua)**, botija** (Uruguay)

bebé, nene, guagua (Bolivia, Chile, Ecuador)

Comidas

cacahuate, cacahuete (España)**, maní** (Suramérica)

palomitas de maíz, rositas o rosetas de maíz, canguil (Ecuador)**, cancha** (Perú)

banana, plátano, guineo, banano

   frijol, fréjol (Perú)**, habichuela, haba, judía** (España)

Animales

   pavo, guajolote, chompipe (Centroamérica)**, guanajo**

loro, cotorra (Puerto Rico, Cuba)**, papagayo, perico**

colibrí, zunzún, tucusito (Venezuela)**, chuparrosa, picaflor**

burro, asno, jumento, pollino, borrico

becerro, ternero, novillo

Cosas

cometa, papalote (México), **chiringa** (Venezuela), **volantín, barrilete, pandorga, papagayo** (Venezuela)

globo, bomba (Venezuela, Ecuador), **chimbomba** (Nicaragua), **vejiga** (El Salvador), **vegía** (Guatemala)

gafas, lentes, espejuelos (Caribe), **anteojos**

caño, tubo (México), **paja** (Nicaragua), **grifo, llave**

carro, auto, automóvil, máquina, coche

Descripciones

calvo, pelado, cocolo, pelón (Guatemala)

crespo, rizado, chino, sambo, colocho (Guatemala)

color café, marrón, carmelita (Caribe), **castaño**

Acciones

doblar, girar, torcer (Nicaragua), **virar**

empapar, remojar, ensopar

Exclamaciones

¡Caracoles!, ¡Pero cómo!, ¡Caramba!, ¡Epa!, ¡Vaya!, ¡Recórcholis!, ¡Chispas! (Ecuador)

¡Ándale!, ¡Muévete!, ¡Avanza! (Puerto Rico), **¡Vámonos!**

¡Qué chévere!, ¡Qué padre!, ¡Qué buena onda!, ¡Qué suave!

Tablas y Listas

Las tablas y listas de esta sección te resultarán interesantes y útiles.

Un mundo de lenguas

Hay más de 220 lenguas en el mundo. Por eso la gente a veces tiene problemas para comunicarse, sobre todo al viajar. La lista de abajo te enseña a decir "hola" y "adiós" para facilitarte un poco la comunicación.

Lengua	Hola o Buenos días	Adiós
alemán	guten Tag	auf Wiedersehen
chino (dialecto mandarín)	dzău	dzàijyàn
farsi (Irán)	salaam سلام	khoda hafez خدا حافظ
francés	bonjour	au revoir
hebreo	shalom	shalom
inglés	hello	good-bye
italiano	buon giorno	addio
portugués	alô	adeus
quechua (América del Sur)	alli punchau	aywa
tagalog (Filipinas)	magandáng áraw	adyós

El lenguaje gestual

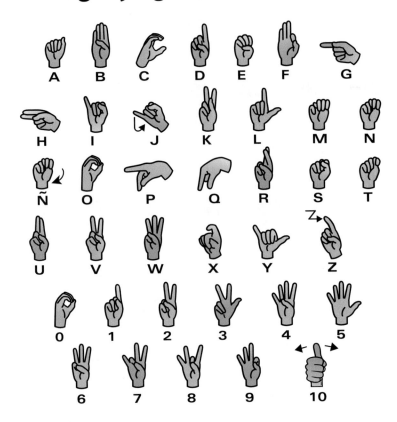

El alfabeto Braille

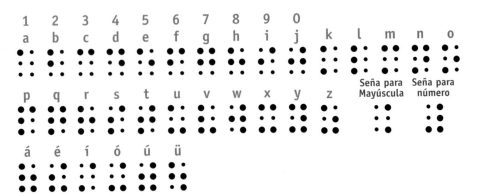

Alfabeto de letras en cursiva

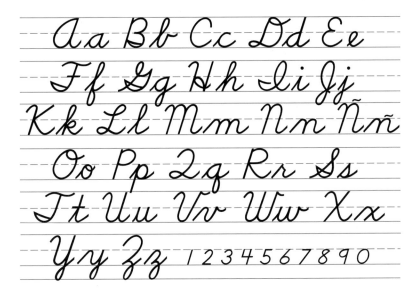

Símbolos del corrector

Al terminar tu escrito, y antes de publicarlo, revísalo para encontrar errores. Éstos son algunos símbolos que se usan para marcar errores y cambios.

‖	alinear	⊙	poner punto
—	cursiva	⌉	poner sangría
⌗	hacer párrafo aparte	⟋	poner seguido
⌐	hacer renglón aparte	a̅	quitar acento
a↑	letra volada	◡	quitar espacio
≡	mayúscula	⌐	quitar sangría
(/)	minúscula	⅄	suprimir
́	poner acento	╱	transponer letras
#	poner espacio	⊔	transponer palabras

Las ciencias

En las siguientes tablas encontrarás desde datos sobre animales hasta unidades de medida. Te serán muy útiles para realizar tus labores escolares.

El mundo de las ciencias

Datos sobre animales

Animal	Gestación (días)	Longevidad (años)
ballena	276–365	37
burro	340–385	18–20 (63)*
caballo	304–419	20–30 (50+)
cabra	135–163	12 (17)
cerdo	101–130	10 (15)
ciervo	180–250	10–15 (26)
cisne	30	45–50
conejo	27–36	6–8 (15)
elefante	515–760	30-60 (98)
ganso	30	25–30
gato	52–65	10–17 (30)
león	105–111	10 (29)
lobo	63	10–12 (16)
mono	149–179	12–15 (29)
oso	180–240	18–20 (34)
oveja	121–180	10–15 (16)
pato	21–35	10 (15)
perro	55–70	10–12 (24)
pollo	21	7–8 (14)
tigre	105	19
vaca	280	9–12 (25)
zorro	51–60	8–10 (14)

* ( ) Récord conocido del animal de esta clase que ha vivido más años

do you know this? NO!

Tabla periódica de los elementos

Leyenda:
- Metales alcalinos
- Metales alcalinotérreos
- Metales de transición
- Serie del Lantano
- Serie del Actinio
- Otros metales
- No metales
- Gases nobles

Clave:
- Número atómico → 2
- Símbolo → He (Helio)
- Peso atómico (o número de masa del isótopo más estable si está en paréntesis) → 4.00260

1a	2a	3b	4b	5b	6b	7b	8	8	8	1b	2b	3a	4a	5a	6a	7a	0
1 **H** Hidrógeno 1.00797																	2 **He** Helio 4.00260
3 **Li** Litio 6.941	4 **Be** Berilio 9.0128											5 **B** Boro 10.811	6 **C** Carbono 12.01115	7 **N** Nitrógeno 14.0067	8 **O** Oxígeno 15.9994	9 **F** Flúor 18.9984	10 **Ne** Neón 20.179
11 **Na** Sodio 22.9898	12 **Mg** Magnesio 24.305											13 **Al** Aluminio 26.9815	14 **Si** Silicio 28.0855	15 **P** Fósforo 30.9738	16 **S** Azufre 32.064	17 **Cl** Cloro 35.453	18 **Ar** Argón 39.948
19 **K** Potasio 39.0983	20 **Ca** Calcio 40.08	21 **Sc** Escandio 44.9559	22 **Ti** Titanio 47.88	23 **V** Vanadio 50.94	24 **Cr** Cromo 51.996	25 **Mn** Manganeso 54.9380	26 **Fe** Fierro 55.847	27 **Co** Cobalto 58.9332	28 **Ni** Níquel 58.69	29 **Cu** Cobre 63.546	30 **Zn** Zinc 65.39	31 **Ga** Galio 69.72	32 **Ge** Germanio 72.59	33 **As** Arsénico 74.9216	34 **Se** Selenio 78.96	35 **Br** Bromo 79.904	36 **Kr** Criptón 83.80
37 **Rb** Rubidio 85.4678	38 **Sr** Estroncio 87.62	39 **Y** Itrio 88.905	40 **Zr** Zirconio 91.224	41 **Nb** Niobio 92.906	42 **Mo** Molibdeno 95.94	43 **Tc** Tecnesio (98)	44 **Ru** Rutenio 101.07	45 **Rh** Rodio 102.906	46 **Pd** Paladio 106.42	47 **Ag** Plata 107.868	48 **Cd** Cadmio 112.41	49 **In** Indio 114.82	50 **Sn** Estaño 118.71	51 **Sb** Antimonio 121.75	52 **Te** Telurio 127.60	53 **I** Yodo 126.905	54 **Xe** Xenón 131.29
55 **Cs** Cesio 132.905	56 **Ba** Bario 137.33	57-71* Serie del Lantano	72 **Hf** Hafnio 178.49	73 **Ta** Tantalio 180.948	74 **W** Tungsteno 183.85	75 **Re** Renio 186.207	76 **Os** Osmio 190.2	77 **Ir** Iridio 192.22	78 **Pt** Platino 195.08	79 **Au** Oro 196.967	80 **Hg** Mercurio 200.59	81 **Tl** Talio 204.383	82 **Pb** Plomo 207.19	83 **Bi** Bismuto 208.980	84 **Po** Polonio (209)	85 **At** Astato (210)	86 **Rn** Radón (222)
87 **Fr** Francio (223)	88 **Ra** Radio 226.025	89-103** Serie del Actinio (227)	104 **Rf** Rutherfordio (261)	105 **Db** Dubnio (262)	106 **Sg** Siborgio (263)	107 **Bh** Bohrio (262)	108 **Hs** Hasio (265)	109 **Mt** Meitnerio (266)	110 (269)	111 (272)							

*Serie del Lantano

3b														
57 **La** Lantano 138.906	58 **Ce** Cerio 140.12	59 **Pr** Praseodimio 140.908	60 **Nd** Neodimio 144.24	61 **Pm** Prometio (145)	62 **Sm** Samario 150.36	63 **Eu** Europio 151.96	64 **Gd** Gadolinio 157.25	65 **Tb** Terbio 158.925	66 **Dy** Disprosio 162.50	67 **Ho** Holmio 164.930	68 **Er** Erbio 167.26	69 **Tm** Tulio 168.934	70 **Yb** Iterbio 173.04	71 **Lu** Lutecio 174.967

**Serie del Actinio

3b														
89 **Ac** Actinio 227.028	90 **Th** Torio 232.038	91 **Pa** Protactinio 231.036	92 **U** Uranio 238.029	93 **Np** Neptunio 237.048	94 **Pu** Plutonio (244)	95 **Am** Americio (243)	96 **Cm** Curio (247)	97 **Bk** Berkelio (247)	98 **Cf** Californio (251)	99 **Es** Einstenio (252)	100 **Fm** Fermio (257)	101 **Md** Mendelevio (258)	102 **No** Nobelio (259)	103 **Lr** Laurencio (260)

(Algunos de los elementos 110–121 se desconocen. Otros han sido descubiertos recientemente pero todavía no han sido nombrados. Tienen nombres sistemáticos temporales.)

Sol

Mercurio

Venus

Tierra

Marte

Júpiter

Saturno

Nuestro sistema solar

En el universo hay miles y miles de galaxias.
Nuestro sistema solar está situado en la Vía Láctea,
una galaxia que tiene 150,000 años luz de diámetro.
Aunque nuestra galaxia contiene casi un billón de
astros, en nuestro sistema solar hay sólo una estrella,
el Sol, y nueve planetas.

Mercurio tiene el año más corto: dura 88 días.
Venus es el que tarda más en girar sobre su
eje: da una vuelta completa en 243 días.
La Tierra tiene las condiciones adecuadas
para que haya vida.

Urano

Marte tiene menos gravedad que la
Tierra. Una persona que pesa 100 libras
en la Tierra, en Marte pesaría 38.
Júpiter es el planeta más grande de todos.
Es 10 veces más grande que la Tierra.

Neptuno

Saturno tiene siete anillos. También es el
planeta que tiene más lunas: 23.
Urano es el que tiene más anillos: 15.
Neptuno es tres veces más frío que la Tierra.
Plutón es el más pequeño de todos
y es el que está más lejos del Sol.

Plutón

	Sol	Luna	Mercurio	Venus	Tierra	Marte	Júpiter	Saturno	Urano	Neptuno	Plutón
Velocidad orbital (en millas por segundo)		0.6	29.8	21.8	18.5	15.0	8.1	6.0	4.2	3.4	3.0
Rotación sobre su eje	24 días 16 horas 48 min.	27 días 7 horas 43 min.	59 días	243 días	23 horas 56 min.	24 horas 37 min.	9 horas 55 min.	10 horas 39 min.	17 horas 8 min.	16 horas 7 min.	6 días
Gravedad superficial media (Tierra = 1.00)		0.16	0.39	0.9	1.00	0.38	2.53	1.07	0.91	1.14	0.07
Densidad (cuántas veces la del agua)	100 (núcleo)	3.3	5.4	5.3	5.5	3.9	1.3	0.7	1.27	1.6	2.03
Masa (cuántas veces la de la Tierra)	333,000	0.012	0.056	0.82	6×10^{21} tons. métricas	0.10	318	95	14.5	17.2	0.0026
Peso aprox. de un ser humano (en libras)		24	59	135	150	57	380	161	137	171	11
Número de satélites	9 planetas	0	0	0	1	2	16	23	15	8	1
Distancia media al Sol (en millones de millas)		93.0	36.0	67.24	92.96	141.7	483.8	887.1	1,783.9	2,796.4	3,666
Traslación (en días o años terrestres)		365.25 días	88.0 días	224.7 días	365.25 días	687 días	11.86 años	29.46 años	84.0 años	165 años	248 años
Temperatura superficial aproximada (en grados Fahrenheit)	11,000° (superficie) 27,000,000° (centro)	260° (lado iluminado) -280° (lado oscuro)	-346° a 950°	850°	-126.9° a 136°	-191° a -24°	-236°	-203°	-344°	-360°	-342° a -369°
Diámetro (en millas)	865,400	2,155	3,032	7,519	7,926	4,194	88,736	74,978	32,193	30,775	1,423

El sistema métrico

El sistema métrico no es el sistema oficial de medidas de los Estados Unidos, pero es el que se usa en las ciencias, la medicina y en otros campos.

El sistema métrico es muy sencillo. Como se basa en el sistema decimal (unidades de 10), no tiene fracciones.

Medidas de longitud (distancia)

1 centímetro .... = 10 milímetros .... =	....	0.3937 pulgadas
1 decímetro .... = 10 centímetros............... =	....	3.937 pulgadas
1 metro .... = 10 decímetros .... =	....	39.37 pulgadas (3.28 pies)
1 decámetro........... = 10 metros....................... =	....	393.7 pulgadas
1 kilómetro .... = 1,000 metros .... =	....	0.621 millas

Medidas de superficie (área)

1 centímetro cuadrado = 100 milímetros cuadrados.... = 0.155 pulgadas cuadradas
1 decímetro cuadrado = 100 centímetros cuadrados .. = 15.5 pulgadas cuadradas
1 metro cuadrado .... = 100 decímetros cuadrados .... = 1,549 pulgadas cuadradas
(1.196 yardas cuadradas)
1 decámetro cuadrado = 100 metros cuadrados .... = .. 119.6 yardas cuadradas
1 kilómetro cuadrado = 100 hectómetros cuadrados.. = .. 0.386 millas cuadradas

Medidas de capacidad

1 centilitro............. = 10 mililitros .... = ... 0.338 onzas líquidas
1 decilitro............... = 10 centilitros........ = ... 3.38 onzas líquidas
1 litro .... = 10 decilitros .... = ... 1.057 cuartos líquidos
(0.908 cuartos áridos)
1 kilolitro .... = 1,000 litros .... = ... 264.18 galones (35.315 pies cúbicos)

Medidas agrarias

1 centiárea................. = 1 metro cuadrado.......... = ... 1,549.9 pulgadas cuadradas
1 hectárea .... = 100 áreas .... = ... 2.471 acres
1 kilómetro cuadrado = 100 hectáreas................ = ... 0.386 millas cuadradas

Medidas de volumen

1 centímetro cúbico = 1,000 milímetros cúbicos = ...0.061 pulgadas cúbicas
1 decímetro cúbico   = 1,000 centímetros cúbicos = ...61.023 pulgadas cúbicas
1 metro cúbico........ = 1,000 decímetros cúbicos = ... 35.314 pies cúbicos

Pesos

1 centigramo .... = 10 miligramos .... = ... 0.1543 granos
1 decigramo .... = 10 centigramos .... = ... 1.5432 granos
1 gramo .... = 10 decigramos .... = ... 15.432 granos
1 decagramo .... = 10 gramos .... = ... 0.3527 onzas
1 kilogramo .... = 1,000 gramos .... = ... 2.2046 libras

Equivalencias: EE.UU.–métrico

En esta tabla encontrarás las equivalencias entre las medidas más comunes de los Estados Unidos y las del sistema métrico. Seguramente ya sabes que 1 pulgada equivale a 2.54 centímetros. Pero... ¿sabías que 1 galón equivale a 3.7853 litros?

Medidas de longitud (distancias)

1 pulgada	=			2.54 centímetros
1 pie	=	12 pulgadas	=	0.3048 metros
1 yarda	=	3 pies	=	0.9144 metros
1 milla	=	1,760 yardas ó 5,280 pies	=	1,609.3 metros

Medidas de superficie (áreas)

1 pulgada cuadrada	=			6.452 centímetros cuadrados
1 pie cuadrado	=	144 pulgadas cuadradas	=	929 centímetros cuadrados
1 yarda cuadrada	=	9 pies cuadrados	=	0.8361 metros cuadrados
1 acre	=	4,840 yardas cuadradas	=	0.4047 hectáreas
1 milla cuadrada	=	640 acres	=	259 hectáreas

(2.59 kilómetros cuadrados)

Medidas de volumen

1 pulgada cúbica	=			16.387 centímetros cúbicos
1 pie cúbico	=	1,728 pulgadas cúbicas	=	0.0283 metros cúbicos
1 yarda cúbica	=	27 pies cúbicos	=	0.7646 metros cúbicos

Medidas de áridos

1 pinta	=			0.5505 litros
1 cuarto	=	2 pintas	=	1.1012 litros
1 peck	=	8 cuartos	=	8.8096 litros
1 fanega	=	4 pecks	=	35.2383 litros

Medidas de líquidos

4 onzas líquidas	=	1 gill	=	0.1183 litros
1 pinta	=	4 gills	=	0.4732 litros
1 cuarto	=	2 pintas	=	0.9463 litros
1 galón	=	4 cuartos	=	3.7853 litros

Cómo medir sin una regla

1. Muchas baldosas son cuadrados de 12 por 12 pulg.
2. Los billetes de EE.UU. miden 6-1/8 por 2-5/8 pulg.
3. Una moneda de 25 centavos mide 1 pulg. de ancho.
4. Una moneda de 1 centavo mide 3/4 de pulg. de ancho.
5. Una hoja de papel tamaño estándar mide 8-1/2 por 11 pulg.

Tabla de conversión

Esta tabla te explica la manera de cambiar, o convertir, una unidad de medida a otra.

Para convertir	a	se multiplica por
acres	millas cuadradas	0.001562
Celsius	Fahrenheit	1.8*

*(grados Celsius multiplicado por 1.8, más 32)

Para convertir	a	se multiplica por
metros cúbicos	yardas cúbicas	1.3079
yardas cúbicas	metros cúbicos	0.7646
Fahrenheit	Celsius	0.55*

*(grados Fahrenheit menos 32, multiplicado por 0.55)

Para convertir	a	se multiplica por
pies	metros	0.3048
pies	millas	0.0001894
pies/seg.	millas/hora	0.6818
gramos	onzas	0.0353
gramos	libras	0.002205
pulgadas	centímetros	2.5400
kilovatios	caballos de vapor	1.341
litros	galones (EE.UU.)	0.2642
litros	pintas (áridos)	1.8162
litros	pintas (líquidos)	2.1134
litros	cuartos (áridos)	0.9081
litros	cuartos (líquidos)	1.0567
metros	millas	0.0006214
metros	yardas	1.0936
toneladas métricas	toneladas	1.1023
millas	kilómetros	1.6093
millas	pies	5,280
millas/hora	pies/min.	88
milímetros	pulgadas	0.0394
onzas	gramos	28.3495
onzas	libras	0.0625
libras	kilogramos	0.45359
libras	onzas	16
cuartos (áridos)	litros	1.1012
cuartos (líquidos)	litros	0.94634
pies cuadrados	metros cuadrados	0.0929
kilómetros cuadrados	millas cuadradas	0.3861
metros cuadrados	pies cuadrados	10.7639
millas cuadradas	kilómetros cuadrados	2.5900
yardas cuadradas	metros cuadrados	0.8361
toneladas	toneladas métricas	0.9072
toneladas	libras	2,000
yardas	metros	0.9144
yardas	millas	0.0005682

Otras unidades de medida

Aquí hay otras unidades de medición que tendrás que usar dentro y fuera de la escuela. Con ellas podrás medirlo todo, desde tablas de madera hasta "luz". Las de la casilla azul, al pie de la página, se usan en la construcción naval, en las fuerzas armadas y en la crianza de caballos.

Unidad astronómica (U.A.) • 93,000,000 millas, la distancia media de la Tierra al Sol. (Se usa en astronomía.)

Pie tablar • 144 pulgadas cúbicas (12 pulg. x 12 pulg. x 1 pulg.) (Se usa para medir madera.)

Rollo • 40 yardas (Se usa para medir tela.)

BTU • *British Thermal Unit,* o unidad térmica británica. La cantidad de calor que se necesita para elevar la temperatura de una libra de agua un grado Fahrenheit (252 calorías).

Gruesa • 12 docenas, o 144 unidades

Nudo • No es una medida de distancia, sino de velocidad. Equivale a una milla náutica por hora.

Luz, velocidad de la • 186,281.7 millas por segundo

Año luz • 5,878,000,000,000 millas, o la distancia que recorre la luz en un año

Pi (π) • 3.14159265+, o el coeficiente entre la circunferencia y el diámetro de un círculo

Roentgen • Unidad de exposición a la radiación producida por los rayos X

Veintena • 20 unidades

Sonido, velocidad del • Por lo general se define como 1,088 pies por segundo a 32° Fahrenheit al nivel del mar

Otras medidas

3 pulg.	. . =	1 palmo	18 pulg. . . .	=	1 codo
4 pulg.	. . =	1 mano	21.8 pulg. . .	= 1 codo de la Biblia	
6 pulg.	. . =	1 cuarta	2-1/2 pies . .	=	1 paso militar

Destrezas matemáticas

El lenguaje de las matemáticas

¿Cuál es tu materia favorita? ¿Y la que menos te gusta? Es posible que hayas mencionado las matemáticas como respuesta para una de estas preguntas. Generalmente, los estudiantes las adoran, *¡o las detestan!* Eso se debe en parte a que las matemáticas tienen su propio lenguaje, compuesto de signos y símbolos. Hay estudiantes que se lo aprenden rápidamente, pero a otros les cuesta más trabajo. Sea cual sea tu caso, este capítulo te será de mucha ayuda.

En este capítulo te enseñaremos métodos para resolver problemas paso a paso, te daremos una lista de los símbolos matemáticos más comunes y verás una gran cantidad de tablas.

Problemas

En cierto modo, los problemas matemáticos son como los problemas cotidianos. Para resolver un problema, primero hay que entender de qué se trata. El método de cinco pasos de la página 452 te será de gran ayuda. El siguiente proyecto sobre las constelaciones te enseñará a poner en práctica los cinco pasos.

Un problema cotidiano

Tu clase está haciendo ilustraciones de la Osa Mayor para un proyecto de ciencias. A ti te toca recortar las estrellas para todos.

Al principio, te parece muy fácil, pero luego te preguntas qué tienes que hacer. No lo sabrás, a menos que lo plantees en palabras. Primero debes *averiguar las cantidades* y luego *identificar el problema*.

- **Primero, averigua las cantidades:** Necesitas saber cuántas estrellas hay en la Osa Mayor (7) y cuántos estudiantes hay en tu clase (digamos que 29).

- **Segundo, identifica el problema:** ¿Cuántas estrellas debes recortar en total para que cada estudiante tenga siete? (29 x 7)

¡Ojo! Para resolver problemas como éste, o cualquier otro problema con palabras, sigue siempre *todos* los pasos del método. Si te saltas pasos, lo más probable es que pases por alto detalles importantes.

Los pasos del método

1 **Lee o escucha el problema con atención.** Pon atención a las palabras y frases básicas, como *en total* o *cuántos*. El problema de la Osa Mayor de la página 451 menciona las palabras *cuántas* y *en total*.

2 **Reúne información.** La información que necesitas para resolver el problema de la Osa Mayor contiene los números 7 y 29. (A veces los números vienen escritos en palabras.)

Un consejo: Fíjate en los mapas, tablas o gráficas. Pueden contener información importante.

3 **Plantea el problema.** Decide qué tienes que sumar, restar, multiplicar o dividir.

■ Estas frases te dicen que debes sumar o multiplicar:
en total, en conjunto, la totalidad

■ Éstas te dicen que debes restar:
cuántas *x* más que *y* hay, cuántas *x* menos que *y* hay, calcula la diferencia, cuántos quedan, cuántos años le lleva *x* a *y*

■ Éstas te dicen que hay que dividir:
cuánto ... cada uno, cuántas ... cada una

4 **Resuélvelo.** Presenta todo tu trabajo de manera que lo puedas revisar más adelante. Aquí tienes de nuevo el problema de la Osa Mayor:

$$
\begin{array}{r}
29 \quad \text{estudiantes} \\
\times\ 7 \quad \text{estrellas para cada estudiante} \\
\hline
203 \quad \text{estrellas en total}
\end{array}
$$

5 **Revisa tu respuesta.** Haz nuevamente el problema, hazlo de otra manera, usa una calculadora o hazlo hacia atrás a partir de la respuesta. Por ejemplo, la respuesta (el producto) del problema de la Osa Mayor fue 203. Si divides 203 entre 7, te debe dar 29 y 203 entre 29, debe darte 7.

Problemas: Práctica

1 **Lee el problema con atención.** Los padres de los niños que juegan en el equipo de fútbol compraron 48 latas de refresco de naranja, 36 latas de refresco de uva y 36 latas de refresco de limón para venderlas en el partido. Solamente vendieron 42 latas de refrescos. ¿Cuántas latas quedaron?

2 **Reúne información.** Cuando lees el problema, sabes cuántas latas de refresco compraron: 48, 36 y 36. También sabes cuántas vendieron: 42.

3 **Plantea el problema.**

$$\begin{array}{r} 2 \\ 48 \\ 36 \\ +36 \\ \hline 120 \end{array}$$

Discusión: En realidad, este problema tiene dos partes. Para saber cuántas latas de refresco quedaron sin vender, tienes que calcular cuántas latas de refresco había al principio. Tienes que sumar 48, más 36, más 36, que te da un total de 120.

4 **Resuélvelo.**

$$\begin{array}{r} \not{1}\ 10 \\ 120 \\ -42 \\ \hline 78 \end{array}$$

Discusión: Luego, tienes que restar las 42 latas que se vendieron para saber cuántas quedaron.

5 **Revisa tu respuesta.**

$$\begin{array}{r} 1 \\ 78 \\ +42 \\ \hline 120 \end{array}$$

Discusión: Para revisar un problema de resta, debes sumar la respuesta y el número que restaste en el problema. Fíjate si la respuesta que te da tiene sentido.

(**Respuesta:** Quedaron 78 latas de refrescos.)

Símbolos, números y tablas

Las páginas siguientes te ayudarán a resolver problemas básicos de matemáticas. La primera lista contiene símbolos matemáticos comunes; la segunda contiene símbolos más avanzados. Las otras son tablas de números primos, tablas de multiplicar, equivalencias decimales y números romanos.

Símbolos comunes		Símbolos avanzados	
+	más (suma)	<	menor que
−	menos (resta)	>	mayor que
×	por (multiplicación)	±	más o menos
÷	entre (división)	:	es a (razón)
=	es igual a	π	pi
≠	no es igual a	√	raíz cuadrada
%	por ciento	≥	mayor o igual que
¢	centavos	≤	menor o igual que
$	dólares	∠	ángulo
°	grado	⊥	perpendicular a
′	minuto (o pie)	‖	paralelo a
″	segundo (o pulgada)	∴	por lo tanto

Tabla de los números primos hasta el 500

2	3	5	7	11	13	17	19	23	29
31	37	41	43	47	53	59	61	67	71
73	79	83	89	97	101	103	107	109	113
127	131	137	139	149	151	157	163	167	173
179	181	191	193	197	199	211	223	227	229
233	239	241	251	257	263	269	271	277	281
283	293	307	311	313	317	331	337	347	349
353	359	367	373	379	383	389	397	401	409
419	421	431	433	439	443	449	457	461	463
467	479	487	491	499					

Tabla de multiplicación

X	0	1	2	3	4	5	6	7	8	9	10
0	0	0	0	0	0	0	0	0	0	0	0
1	0	1	2	3	4	5	6	7	8	9	10
2	0	2	4	6	8	10	12	14	16	18	20
3	0	3	6	9	12	15	18	21	24	27	30
4	0	4	8	12	16	20	24	28	32	36	40
5	0	5	10	15	20	25	30	35	40	45	50
6	0	6	12	18	24	30	36	42	48	54	60
7	0	7	14	21	28	35	42	49	56	63	70
8	0	8	16	24	32	40	48	56	64	72	80
9	0	9	18	27	36	45	54	63	72	81	90
10	0	10	20	30	40	50	60	70	80	90	100

Fracciones comunes y equivalentes decimales

1/2	.5000	1/32	.0313	3/11	.2727	6/11	.5455
1/3	.3333	1/64	.0156	4/5	.8000	7/8	.8750
1/4	.2500	2/3	.6667	4/7	.5714	7/9	.7778
1/5	.2000	2/5	.4000	4/9	.4444	7/10	.7000
1/6	.1667	2/7	.2857	4/11	.3636	7/11	.6364
1/7	.1429	2/9	.2222	5/6	.8333	7/12	.5833
1/8	.1250	2/11	.1818	5/7	.7143	8/9	.8889
1/9	.1111	3/4	.7500	5/8	.6250	8/11	.7273
1/10	.1000	3/5	.6000	5/9	.5556	9/10	.9000
1/11	.0909	3/7	.4286	5/11	.4545	9/11	.8182
1/12	.0833	3/8	.3750	5/12	.4167	10/11	.9091
1/16	.0625	3/10	.3000	6/7	.8571	11/12	.9167

Números romanos

I	1	VII	7	XL	40	C	100	$\overline{C}$	100,000
II	2	VIII	8	L	50	D	500	$\overline{D}$	500,000
III	3	IX	9	LX	60	M	1,000	$\overline{M}$	1,000,000
IV	4	X	10	LXX	70	$\overline{V}$	5,000		
V	5	XX	20	LXXX	80	$\overline{X}$	10,000		
VI	6	XXX	30	XC	90	$\overline{L}$	50,000		

Los mapas

Generalidades

Los mapas tienen diversos usos, por eso hay mapas de muchos tipos. En este manual sólo encontrarás mapas de un tipo: mapas políticos. Éstos muestran cómo se divide la Tierra en países y estados, y dónde quedan las capitales y las ciudades principales. Por lo general, los nombres más importantes de un mapa aparecen en letra grande.

En esta sección aprenderás a leer mapas, a buscar países y a leer datos interesantes sobre los continentes, los océanos y los ríos.

Símbolos de los mapas

Los cartógrafos, las personas que hacen los mapas, usan símbolos especiales. Aquí tienes algunos símbolos comunes.

La rosa de los vientos

La *rosa de los vientos* indica las direcciones o puntos cardinales (norte, sur, este y oeste) en los mapas. Aunque el norte suele ponerse en la parte de arriba de la hoja, debes fijarte siempre en *la rosa de los vientos* para saber con certeza dónde está el norte.

La leyenda

Los símbolos de un mapa se explican en una casilla que contiene la *leyenda*, o *clave*, que te permite leer y entender el mapa. Esta leyenda, tomada del mapa de los Estados Unidos de la página 461, contiene símbolos, ciudades y límites entre los estados.

ESTADOS UNIDOS		
✪ Capital nacional	———	Límites internacionales
Austin ◉ Capitales de estados	———	Límites de estados
Dallas • Ciudades	**TEXAS**	Nombres de estados
0 100 200 300 400 millas		

La escala

La *escala del mapa* te dice a qué distancia están dos lugares. Por ejemplo, puede mostrarte que una pulgada del mapa equivale a 400 millas en la Tierra. Si dos ciudades están a tres pulgadas de distancia en el mapa, quiere decir que la distancia real entre esas ciudades es de 1200 millas. Con una regla es fácil interpretar la escala de un mapa. Aquí tienes la escala del mapa de los Estados Unidos.   0   100   200   300   400 millas

Un consejo: Si no tienes regla, toma un papel y marca un punto con el número "0". Pon otras marcas que correspondan a las 100, 200, 300 y 400 millas. El papel te servirá para medir la distancia entre diversos puntos del mapa. (Como las escalas varían de un mapa a otro, fíjate bien en la escala del mapa que estés usando.)

Latitud y longitud

Casi todos los mapas muestran la *latitud* y la *longitud*. Éstas son líneas imaginarias que los cartógrafos ponen para localizar cualquier punto de la Tierra.

Latitud • Las líneas que van de este a oeste alrededor de la Tierra se llaman líneas de **latitud**, o paralelos. La línea que queda exactamente a la misma distancia del Polo Norte y del Polo Sur se llama *ecuador*. La latitud se mide en grados y el ecuador marca los 0 grados (0°).

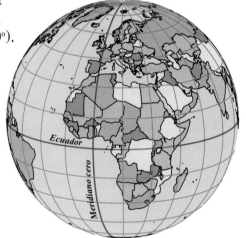

Los paralelos que están por encima del ecuador miden la *latitud norte*, que va de 0° a 90° norte (el Polo Norte) y los que están por debajo miden la *latitud sur*, que va de 0° a 90° sur (el Polo Sur). Los números de la latitud aparecen en los lados del mapa.

Longitud • Las líneas que van desde el Polo Norte hasta el Polo Sur en un mapa son las líneas de **longitud**, o meridianos. La longitud también se mide en grados, a partir de los 0 grados. La línea que marca los 0° de norte a sur pasa por Greenwich, Inglaterra, y recibe el nombre de *meridiano cero*.

Los meridianos que están al oeste del meridiano cero miden la *longitud oeste* y los que están al este miden la *longitud este*. Los números de la longitud aparecen en la parte de arriba y de abajo de los mapas.

Coordenadas • La latitud y la longitud de un país o lugar son sus **coordenadas**. Primero se escribe la latitud y luego la longitud. Para localizar un lugar en un mapa a partir de sus coordenadas, se busca el punto donde se cruzan las dos líneas. (**BUSCA** en las páginas 469–471.)

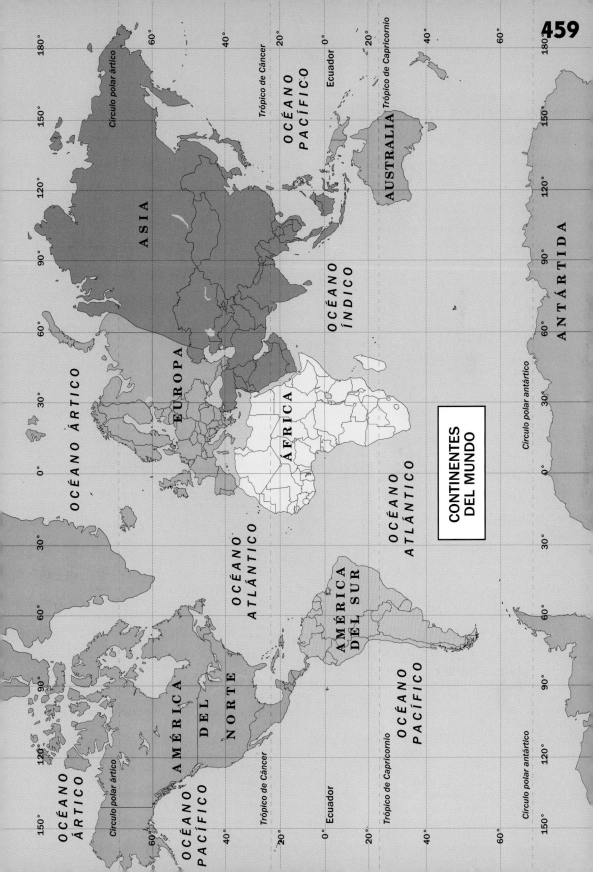

459

CONTINENTES
DEL MUNDO

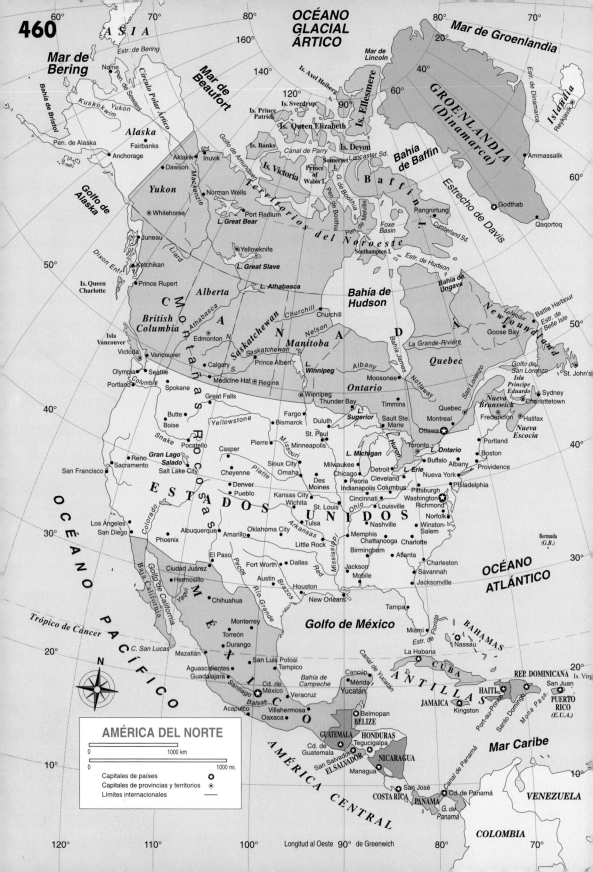

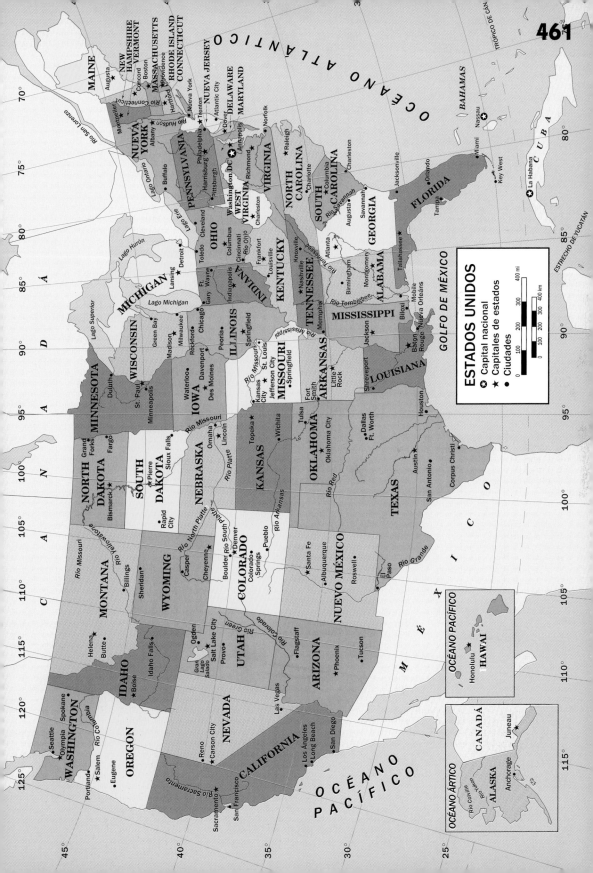

OCÉANO ATLÁNTICO

TRÓPICO DE CÁN

BAHAMAS

CUBA

ESTRECHO DE YUCATÁN

GOLFO DE MÉXICO

ESTADOS UNIDOS
✪ Capital nacional
★ Capitales de estados
● Ciudades

400 mi
0   100   200   300   400 km

MAINE
NEW HAMPSHIRE
VERMONT
MASSACHUSETTS
RHODE ISLAND
CONNECTICUT
NUEVA YORK
PENNSYLVANIA
NUEVA JERSEY
DELAWARE
MARYLAND
VIRGINIA
WEST VIRGINIA
NORTH CAROLINA
SOUTH CAROLINA
GEORGIA
FLORIDA
OHIO
INDIANA
KENTUCKY
TENNESSEE
ALABAMA
MISSISSIPPI
MICHIGAN
WISCONSIN
ILLINOIS
MINNESOTA
IOWA
MISSOURI
ARKANSAS
LOUISIANA
NORTH DAKOTA
SOUTH DAKOTA
NEBRASKA
KANSAS
OKLAHOMA
TEXAS
MONTANA
WYOMING
COLORADO
NUEVO MÉXICO
IDAHO
UTAH
ARIZONA
WASHINGTON
OREGON
NEVADA
CALIFORNIA

Augusta
Concord
Montpelier
Boston
Providence
Hartford
Albany
Nueva York
Trenton
Atlantic City
Dover
Annapolis
Washington DC
Richmond
Raleigh
Norfolk
Charleston
Columbia
Charlotte
Charleston
Savannah
Augusta
Jacksonville
Orlando
Tampa
Tallahassee
Atlanta
Montgomery
Birmingham
Mobile
Nueva Orleans
Baton Rouge
Biloxi
Jackson
Memphis
Little Rock
Shreveport
Knoxville
Nashville
Frankfort
Louisville
Cincinnati
Columbus
Cleveland
Toledo
Detroit
Lansing
Ft. Wayne
Indianapolis
Gary
Chicago
Milwaukee
Madison
Green Bay
Rockford
Peoria
Springfield
St. Louis
Jefferson City
Kansas City
Springfield
Fort Smith
Tulsa
Oklahoma City
Topeka
Wichita
Dallas
Ft. Worth
Houston
Austin
San Antonio
Corpus Christi
El Paso
Roswell
Albuquerque
Santa Fe
Pueblo
Colorado Springs
Denver
Cheyenne
Casper
Billings
Sheridan
Helena
Butte
Idaho Falls
Boise
Ogden
Salt Lake City
Provo
Flagstaff
Phoenix
Tucson
Las Vegas
San Diego
Long Beach
Los Angeles
San Francisco
Sacramento
Reno
Carson City
Salem
Portland
Eugene
Olympia
Seattle
Spokane
Grand Forks
Fargo
Bismarck
Pierre
Rapid City
Sioux Falls
Duluth
St. Paul
Minneapolis
Waterloo
Davenport
Des Moines
Omaha
Lincoln
North Platte
Harrisburg
Pittsburgh
Buffalo
Philadelphia
Norfolk

Miami
Key West
Nassau
La Habana

Lago Superior
Lago Michigan
Lago Hurón
Lago Erie
Lago Ontario

Río San Lorenzo
Río Connecticut
Río Hudson
Río Ohio
Río Mississippi
Río Missouri
Río Platte
Río North Platte
Río South Platte
Río Arkansas
Río Red
Río Grande
Río Colorado
Río Green
Río Yellowstone
Río Columbia
Río Sacramento
Río Colville
Río Yukón
Río Tombigbee
Río Savannah

OCÉANO PACÍFICO
HAWAI
Honolulu

OCÉANO ÁRTICO
CANADÁ
ALASKA
Anchorage
Juneau

OCÉANO PACÍFICO

C A N A D Á

M É X I C O

OCÉANO PACÍFICO

462

OCÉANO ATLÁNTICO NORTE

OCÉANO PACÍFICO NORTE

GOLFO DE MÉXICO

Mar Caribe

ANTILLAS MAYORES

ANTILLAS MENORES

AMÉRICA CENTRAL

Estrechos de Florida

Canal de Yucatán

Trópico de Cáncer

Longitud al Oeste de Greenwich

E.U.A.

MÉXICO

BAHAMAS
Gran Bahama
Islas Bimini
Gran Abaco
Freeport
New Providence
Nassau
Eleuthera
Isla Cat
Isla Gran Exuma
Long Island
Cayo Rum
San Salvador
Mayaguana
Isla Crooked
Isla Acklins
Gran Inagua
Isla Andros

CUBA
Pinar del Río
La Habana
Matanzas
Cienfuegos
Santa Clara
Camaguey
Holguín
Santiago de Cuba
Guantánamo
Isla de la Juventud

TURKS E ISLAS CAICOS
(G.B.)
Gran Turk

HAITÍ
Cabo Haitien
Port-au-Prince

REP. DOM.
Santiago
Santo Domingo

JAMAICA
Kingston

Islas Caimanes
(G.B.)
George Town

ISLAS DEL CARIBE
Islas Vírgenes (G.B.)
Anguilla (G.B.)
San Bartolomé (FRANCIA)
San Martín (FRANCIA y PB)
Neth. Antilles, (G.B.)
Islas Vírgenes (E.U.A.)
San Juan
St. Croix
Puerto Rico (E.U.A.)

BARBUDA
ANTIGUA
Basseterre
St. Johns
San Cristóbal & Nevis
Montserrat
(G.B.)
GUADALUPE
(FRANCIA)
Basse-Terre
Marie Galante
Roseau
DOMINICA
MARTINICA
Fort-de-France
(FRANCIA)
STA. LUCÍA
Castries
SAN VICENTE Y GRANADINAS
Kingstown
BARBADOS
Bridgetown
GRANADA
St. George's
Tobago
TRINIDAD & TOBAGO
Puerto España
Trinidad

ANTILLAS HOLANDESAS
Aruba
Curaçao
Bonaire
Willemstad

GUYANA

VENEZUELA

COLOMBIA

BELIZE
Cd. de Belize
Belmopan

GUATEMALA
Flores
Cobán
Puerto Barrios
Quezaltenango
Cd. de Guatemala
Motagua
Usumacinta

HONDURAS
San Pedro Sula
Tegucigalpa
Ulúa
Islas de la Bahía
Golfo de Honduras

EL SALVADOR
San Miguel
San Salvador

NICARAGUA
Puerto Cabezas
Matagalpa
León
Managua
Lago de Managua
Granada
Rivas
Bluefields
Lago de Nicaragua
Coco
Patuca
Liberia

COSTA RICA
San José
Puerto Limón
Golfito
San Juan

PANAMÁ
David
Santiago
Colón
Cd. de Panamá
Canal de Panamá
Golfo de Panamá
La Palma

N

AMÉRICA CENTRAL

0   200 km
0   200 mi.
Capitales de países
Límites internacionales

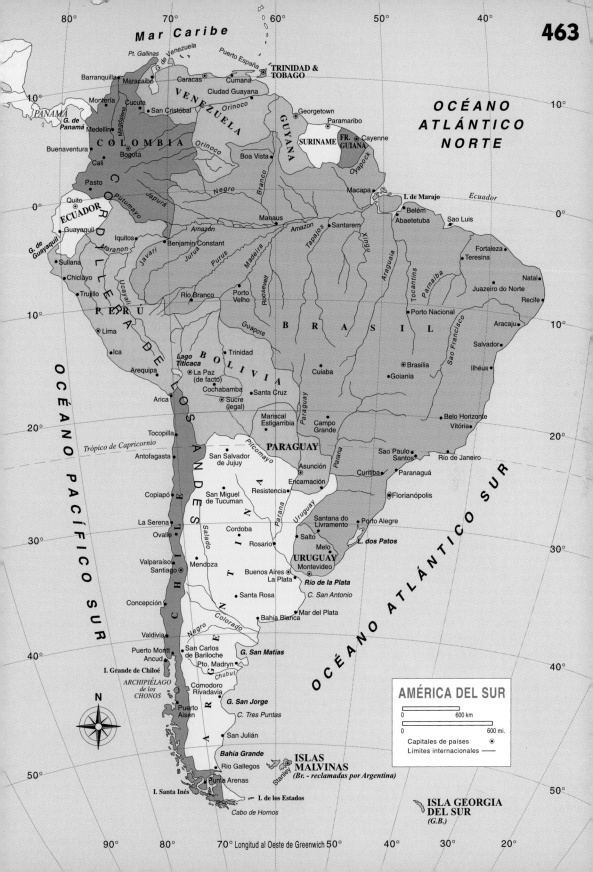

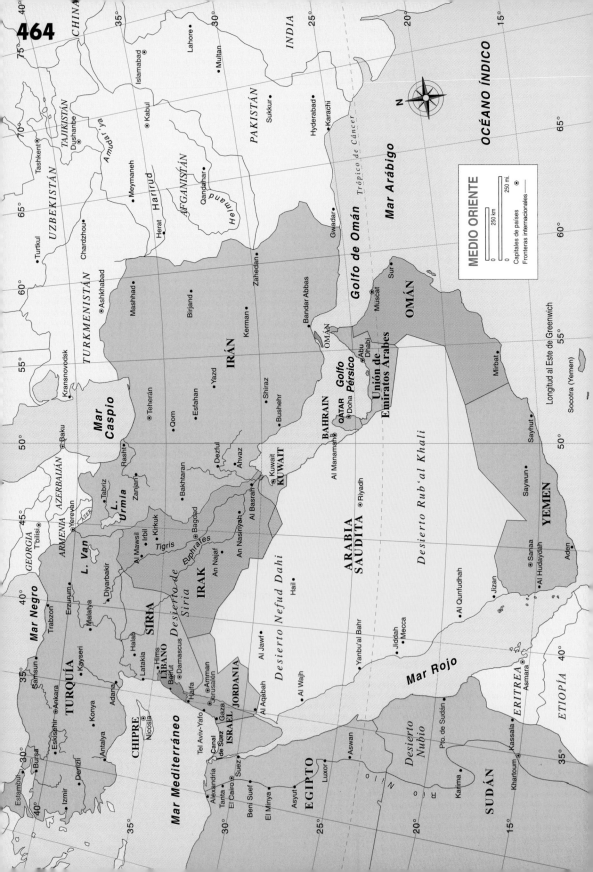

464

MEDIO ORIENTE

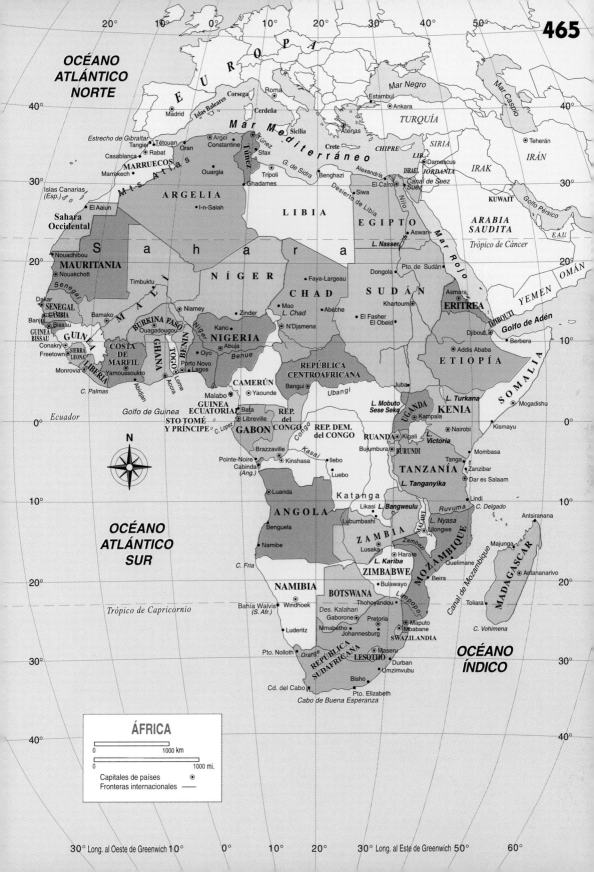

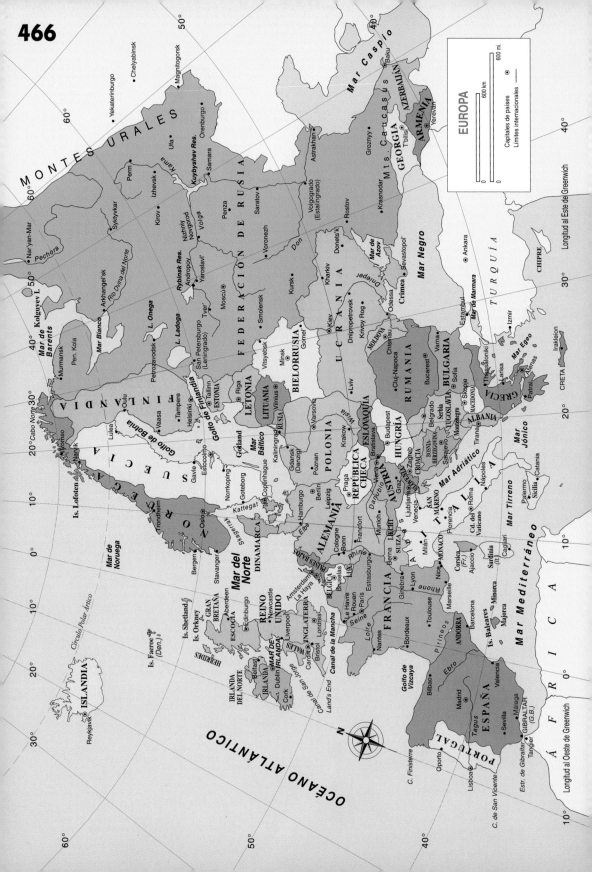

OCÉANO
ATLÁNTICO

GROENLANDIA

60°

ESTADOS UNIDOS
(Alaska)

60°

80°

OCÉANO
GLACIAL
ÁRTICO

Polo Norte

20°

MAR DE
BERING

ISLANDIA

20°

160°

180°

MAR DE
SIBERIA
ORIENTAL

Anadyr

Is. Komandorskiye

REINO UNIDO

40°

60°

Svalbard

140°

IS. NUEVA SIBERIA

Pen. Kamchatka

Petropavlovsk-Kamchatskiy

Londres MAR DEL
NORTE

MAR DE
BARENTS

80° 100°

SEVERNAYA
ZEMLYA

MAR DE LAPTEV

Magadán

IS. ALEUTIANAS

Paris

NOVAYA ZEMLYA

120°

MAR DE KARA

Nordvik

MAR DE
OJOTSK

Berlín

MAR
BÁLTICO

San Petersburgo

Dudinka

Lena

Yakutsk

Nikolayevsk

J. Sakhalin

40°

Viena

Varsovia

Moscú

Salekhard

Círculo Polar Ártico

Tura

Komsomol'sk
Skovorodino

IS. KURILES

Kiev

E U R O P A

F E D E R A C I Ó N

D E   R U S I A

Khanty-Mansiysk

Yenisei

Kirensk

Amur

Khabarovsk

Hokkaido

Perm'

Ob'

L. Baykal

Chita

Vladivostok

Hakodate

40°

Estambul

Mar Negro

Yekaterinburg
Chelyabinsk

Tomsk

Krasnoyarsk

Irkutsk

Ulan-Ude

Qiqihar
Changchun

Shenyang

Sendai
Honshu

MAR
DEL JAPÓN

Izmir

Ankara

Ural'sk

Magnitogorsk

Omsk

Novosibirsk

Barnaul

Ulaánbaatar

BAJA MONGOLIA

Dandong

COR.
DEL NORTE

Tokyo

TURQUÍA

Erzurum

Gur'yev

Semipalatinsk

Uliastay

MONGOLIA

Gobi

Beijing

Pyongyang

Nagoya

MAR
MED.

Adana

KAZAKHSTAN

L. Balkhash

Hovd

Tianjin

Seúl
COR.
DEL SUR

Hiroshima
Shikoku

JAPÓN

CHIPRE

Aleppo

LAGO ARAL

Jinan

GRAN

MAR
AMARILLO

Kyushu

LÍBANO
Beirut

SIRIA

Damascus

Krasnovodsk

Tashkent

Alma-Ata

Urumqi

SINKIANG

Aksu

Yumen

Lanzhou

Kaifeng

CANAL

Nagasaki

IS. RYUKYU (Jap.)

Trópico de Cáncer

20°

Jerusalén
ISRAEL
JORDANIA

IRAK

Bagdad
Basra

Mar Caspio

Ashkhabad
TURKMENISTÁN

Mashad

Shache

Hotan

C H I N A

Xi'an

Wuhan

Nanjing

Shanghai

MAR DE
CHINA
ORIENTAL

20°

Amman

Tabriz

Teherán

TAJIK.

KUWAIT

IRÁN

Herat

Kabul

AFGANISTÁN

Islamabad

TIBET

Chongqing

Changsha

Fuzhou

Taipei

Shiraz

Quetta

Srinagar

Lhasa

Chang (Yangtze)

Guangzhou

TAIWÁN

BAHRAIN
QATAR

Bandar
Abbas

PAKISTÁN

Himalaya

NEPAL

Thimphu

BUTÁN

HONG KONG

Riyadh

E.A.U.

Gwadar

Nueva Delhi

Kanpur

Kathmandú

Brahmaputra

Mandalay

Hanoi

Luzon

FILIPINAS

Mecca

ARABIA
SAUDITA

Karachi

Ahmadabad

I N D I A

Dhaka

BANGLA-
DESH

Myitkyina

LAOS

G. de Tonkín

Hainan

Manila

Samar

MAR
ROJO

OMÁN

G. de Omán

G. Pérsico

KUWAIT

Daman

Bombay

Hyderabad

Yanam

MYANMAR

Vientiane

MAR DE
CHINA
MERIDIONAL

Mindoro

Leyte

Sanaa

YEMEN

Muscat

Bangalore

Madras

GOLFO DE
BENGALA

Rangoon

TAILANDIA

Bangkok

VIETNAM

Palawan

Negros

Davao

Adén

G. de Adén

MAR
ARÁBIGO

Mahe

Karikal

CAMBOYA

Phnom Penh

Cd. de Ho Chi Minh
(Saigón)

Mindanao

Socotra

Madurai

SRI LANKA
(CEILÁN)

G. de
Tailandia

Kota Kinabalu

ÁFRICA

Colombo

Kandy

MALAYA

BRUNEI
SARAWAK

SABAH

MAR DE
CÉLEBES

Manado

SEYCHELLES

Ecuador

MALDIVAS

Male

George Town

Medan

Kuala Lumpur

SINGAPUR

M A L A S I A

Kuching

Banjarmasin

Borneo

Est. Makassar

Ujung Pandang

Celebes

MAR DE
BANDA

Estr. de Malacca

Sumatra

I N D O N E S I A

MAR DE JAVA

Timor

20°

MADAGASCAR

OCÉANO INDICO

Palembang

Jakarta

JAVA

Surabaya

Sumbawa

Flores

MAR DE FLORES

MAR DE
TIMOR

IS.   S U N D A

Broome

ASIA

0   1200 km.

0   1200 mi.

Capitales de países

Fronteras internacionales

Trópico de Capricornio

A U S T R A L I A

Perth

20°

40°

Longitud al Este de Greenwich

60°

80°

100°

120°

40°

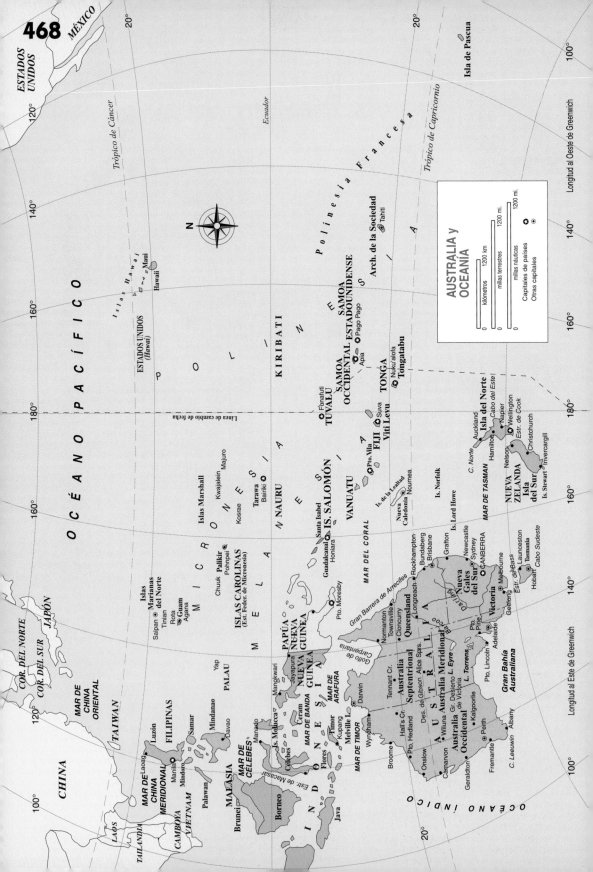

ESTADOS UNIDOS

Isla de Pascua

Trópico de Cáncer

Trópico de Capricornio

Ecuador

Longitud al Oeste de Greenwich

OCÉANO PACÍFICO

N

Línea de cambio de fecha

Islas Hawai

Maui

Hawaii

ESTADOS UNIDOS (Hawai)

P O L I N E S I A

Polinesia Francesa

Arch. de la Sociedad

Tahití

KIRIBATI

TUVALU
Funafuti

SAMOA
OCCIDENTAL
Apia

SAMOA
ESTADOUNIDENSE
Pago Pago

TONGA
Nuku'alofa
Tongatabu

FIJI
Suva
Viti Levu

Islas Marianas
del Norte
Saipan
Tinian
Rota
Guam
Agana

Islas Marshall
Kwajalein
Majuro
Kosrae

Tarawa
Bairiki

NAURU

VANUATU
Pto. Vila

Is. de la Lealtad
Nueva
Caledonia
Noumea

Is. Norfolk

Is. Lord Howe

M I C R O N E S I A

ISLAS CAROLINAS
(Est. Feder. de Micronesia)

Chuuk
Palikir
Pohnpei

M E L A N E S I A

Yap

PALAU

IS. SALOMÓN
Guadalcanal
Honiara
Santa Isabel

MAR DEL CORAL

PAPÚA
NUEVA
GUINEA

NUEVA
GUINEA
Jayapura

Pto. Moresby

Gran Barrera de Arrecifes

NUEVA
ZELANDA

Isla del Norte
Auckland
C. Norte
Hamilton
Cabo del Este
Napier
Wellington
Nelson
Estr. de Cook
Christchurch

MAR DE TASMAN

Isla
del Sur
Invercargill
Is. Stewart
Cabo Sudeste

A U S T R A L I A

Australia
Septentrional

Queensland
Normanton
Townsville
Cloncurry
Longreach
Rockhampton
Bundaberg
Brisbane
Grafton
Newcastle
Sydney
CANBERRA

Nueva
Gales
del Sur

Victoria
Melbourne
Geelong

Tasmania
Launceston
Hobart

Estr. de Bass

Australia Meridional
Alice Sprs.
Tennant Cr.
L. Eyre
L. Torrens
Adelaide
Pto. Pirie
Pto. Lincoln

Gran Bahía
Australiana

Australia
Occidental
Wiluna
Kalgoorlie
Perth
Fremantle

Hall's Cr.
Pto. Hedland
Onslow
Broome
Carnarvon
Geraldton
C. Leeuwin
Albany

Darwin
Wyndham
Melville I.
Kupang
Timor

Golfo de
Carpentaria

Des. de Gibson

Gr. Desierto
de Victoria

Des. del Gran

MAR DE
ARAFURA

MAR DE TIMOR

OCÉANO ÍNDICO

I N D O N E S I A

Borneo

Java

Flores

Ceram
MAR DE BANDA

Celebes
Is. Moluca

Manado

Est. de Macasar

MAR DE
CÉLEBES

MALASIA

Brunei

Palawan

FILIPINAS
Luzón
Manila
Mindoro
Samar
Mindanao
Davao
Laoag

MAR DE
CHINA
MERIDIONAL

MAR DE
CHINA
ORIENTAL

TAIWAN

CHINA

JAPÓN
COR. DEL SUR
COR. DEL NORTE

LAOS
TAILANDIA
CAMBOYA
VIETNAM

Longitud al Este de Greenwich

Los países del mundo

País	Latitud	Longitud	País	Latitud	Longitud
Afganistán	33° N	65° E	Colombia	4° N	72° O
Albania	41° N	20° E	Comores	12° S	44° E
Alemania	51° N	10° E	Congo, República		
Andorra	42° N	1° E	Democrática del	4° S	25° E
Angola	12° S	18° E	Corea del Norte	40° N	127° E
Antigua y			Corea del Sur	36° N	128° E
Barbuda	17° N	61° O	Costa de Marfil	8° N	5° O
Arabia Saudita	25° N	45° E	Costa Rica	10° N	84° O
Argelia	28° N	3° E	Croacia	45° N	16° E
Argentina	34° S	64° O	Cuba	21° N	80° O
Armenia	41° N	45° E	Dinamarca	56° N	10° E
Australia	25° S	135° E	Dominica	15° N	61° O
Austria	47° N	13° E	Ecuador	2° S	77° O
Azerbaiyán	41° N	47° E	Egipto	27° N	30° E
Bahamas	24° N	76° O	El Salvador	14° N	89° O
Bahrein	26° N	50° E	Eritrea	17° N	38° E
Bangladesh	24° N	90° E	Escocia	57° N	5° O
Barbados	13° N	59° O	Eslovaquia	49° N	19° E
Bélgica	50° N	4° E	Eslovenia	46° N	15° E
Belice	17° N	88° O	España	40° N	4° O
Benín	9° N	2° E	Estados Unidos	38° N	97° O
Bhután	27° N	90° E	Estonia	59° N	26° E
Bielorrusia	54° N	25° E	Etiopía	8° N	38° E
Bolivia	17° S	65° O	Fiji	19° S	174° E
Bosnia-			Filipinas	13° N	122° E
Herzegovina	44° N	18° E	Finlandia	64° N	26° E
Botswana	22° S	24° E	Francia	46° N	2° E
Brasil	10° S	55° O	Gabón	1° S	11° E
Brunei Darussalam	4° N	114° E	Gales	53° N	3° O
Bulgaria	43° N	25° E	Gambia	13° N	16° O
Burkina Faso	13° N	2° O	Georgia	43° N	45° E
Burundi	3° S	30° E	Ghana	8° N	2° O
Cabo Verde	16° N	24° O	Granada	12° N	61° O
Camboya	13° N	105° E	Grecia	39° N	22° E
Camerún	6° N	12° E	Groenlandia	70° N	40° O
Canadá	60° N	95° O	Guatemala	15° N	90° O
Chad	15° N	19° E	Guinea	11° N	10° O
Chile	30° S	71° O	Guinea Ecuatorial	2° N	9° E
China	35° N	105° E	Guinea-Bissau	12° N	15° O
Chipre	35° N	33° E	Guyana	5° N	59° O

País	Latitud	Longitud	País	Latitud	Longitud
Haití	19° N	72° O	Moldavia	47° N	28° E
Honduras	15° N	86° O	Mónaco	43° N	7° E
Hungría	47° N	20° E	Mongolia	46° N	105° E
India	20° N	77° E	Montenegro	43° N	19° E
Indonesia	5° S	120° E	Mozambique	18° S	35° E
Irak	33° N	44° E	Myanmar	22° N	98° E
Irán	32° N	53° E	Namibia	22° S	17° E
Irlanda	53° N	8° O	Nauru	1° S	166° E
Irlanda del Norte	55° N	7° O	Nepal	28° N	84° E
Islandia	65° N	18° O	Nicaragua	13° N	85° O
Islas Marshall	7° N	172° E	Níger	16° N	8° E
Islas Salomón	8° S	159° E	Nigeria	10° N	8° E
Israel	31° N	35° E	Noruega	62° N	10° E
Italia	42° N	12° E	Nueva Zelanda	41° S	174° E
Jamaica	18° N	77° O	Omán	22° N	58° E
Japón	36° N	138° E	Países Bajos	52° N	5° E
Jordania	31° N	36° E	Pakistán	30° N	70° E
Kazajstán	45° N	70° E	Palaos	8° N	138° E
Kenya	1° N	38° E	Panamá	9° N	80° O
Kirguizistán	42° N	75° E	Papúa-Nueva Guinea	6° S	147° E
Kiribati	0° N	175° E	Paraguay	23° S	58° O
Kuwait	29° N	47° E	Perú	10° S	76° O
Laos	18° N	105° E	Polonia	52° N	19° E
Lesotho	29° S	28° E	Portugal	39° N	8° O
Letonia	57° N	25° E	Qatar	25° N	51° E
Líbano	34° N	36° E	Reino Unido	54° N	2° O
Liberia	6° N	10° O	Rep. Dominicana	19° N	70° O
Libia	27° N	17° E	Rep. Sudafricana	30° S	26° E
Liechtenstein	47° N	9° E	República		
Lituania	56° N	24° E	Centroafricana	7° N	21° E
Luxemburgo	49° N	6° E	República Checa	50° N	15° E
Macedonia	43° N	22° E	Ruanda	2° S	30° E
Madagascar	19° S	46° E	Rumania	46° N	25° E
Malawi	13° S	34° E	Rusia	60° N	80° E
Malaysia	2° N	112° E	St. Kitts y Nevis	17° N	62° O
Maldivas	2° N	70° E	Samoa Occidental	10° S	173° O
Malí	17° N	4° O	San Marino	44° N	12° E
Malta	36° N	14° E	San Vicente		
Marruecos	32° N	5° O	y Granadinas	13° N	61° O
Mauricio	20° S	57° E	Santa Lucía	14° N	61° O
Mauritania	20° N	12° O	Santo Tomé		
México	23° N	102° O	y Príncipe	1° N	7° E
Micronesia	5° N	150° E	Senegal	14° N	14° O

País	Latitud	Longitud	País	Latitud	Longitud
Serbia	45° N	21° E	Tunicia	34° N	9° E
Seychelles	5° S	55° E	Turkmenistán	40° N	55° E
Sierra Leona	8° N	11° O	Turquía	39° N	35° E
Singapur	1° N	103° E	Tuvalu	8° S	179° E
Siria	35° N	38° E	Ucrania	50° N	30° E
Somalia	10° N	49° E	Uganda	1° N	32° E
Sri Lanka	7° N	81° E	Unión de		
Sudán	15° N	30° E	Emiratos Árabes	24° N	54° E
Suecia	62° N	15° E	Uruguay	33° S	56° O
Suiza	47° N	8° E	Uzbekistán	40° N	68° E
Surinam	4° N	56° O	Vanuatu	17° S	170° E
Swazilandia	26° S	31° E	Venezuela	8° N	66° O
Tailandia	15° N	100° E	Vietnam	17° N	106° E
Taiwan	23° N	121° E	Yemen	15° N	44° E
Tanzania	6° S	35° E	Yibuti	11° N	43° E
Tayikistán	39° N	71° E	Yugoslavia	44° N	19° E
Togo	8° N	1° E	Zaire,		
Tonga	20° S	173° O	República de	1° S	15° E
Trinidad y			Zambia	15° S	30° E
Tobago	11° N	61° O	Zimbabue	20° S	30° E

Datos geográficos

CONTINENTES	Área (km²)	Porcentaje del total	ISLAS MAYORES	Área (km²)
			Baffin	507,500
África	30,271,000	20.4	Borneo	725,500
América del Norte	24,258,000	16.3	Gran Bretaña	218,100
América del Sur	17,823,000	12.0	Groenlandia	2,175,600
Antártida	13,209,000	8.9	Honshu	227,400
Asia	44,026,000	29.7	Madagascar	587,000
Australia	7,682,000	5.2	Nueva Guinea	792,500
Europa	10,404,000	7.0	Sumatra	427,300

RÍOS MÁS LARGOS	Longitud (km)
Amazonas, *América del Sur*	6,437
Mississippi-Missouri	5,971
Ob-Irtisk, *Asia*	5,410
Yangtse (o Azul), *Asia*	6,380
YNilo, *África*	6,671

OCÉANOS	Área (km²)	Porcentaje del total
Ártico	9,485,000	2.6
Atlántico	86,557,000	23.9
Índico	73,427,000	20.3
Pacífico	166,241,000	46.0

Un vistazo a la historia

Esta sección del manual examina la Constitución de los Estados Unidos, presenta una lista de presidentes y vicepresidentes y te da una cronología de la historia.

La Constitución

En 1787 se llevó a cabo una convención en Philadelphia para revisar los Artículos de la Confederación. Pero, en vez de hacer eso, los delegados decidieron redactar un nuevo plan de gobierno. Al finalizar la convención, George Washington y los demás delegados habían aprobado la Constitución de los Estados Unidos. La Constitución ha sido modificada (enmendada) varias veces, pero aún es "la ley de la nación", igual que hace 200 años.

Las partes de la Constitución

La Constitución de los Estados Unidos consta de tres partes: un **preámbulo**, 7 **artículos** y 27 **enmiendas**. El *preámbulo* expresa el propósito de la Constitución, los artículos explican cómo funciona el gobierno y las *enmiendas* enumeran los derechos de los ciudadanos estadounidenses.

La Constitución otorga poderes al gobierno nacional y también concede poderes a los estados y a los ciudadanos.

El preámbulo ● Nosotros, los ciudadanos de los Estados Unidos, a fin de formar una Unión más perfecta, establecer la justicia, garantizar la tranquilidad nacional, proporcionar los recursos para la defensa de todos, promover el bienestar general y proteger nuestra libertad y la de las generaciones venideras, decretamos y establecemos esta Constitución para los Estados Unidos de América.

Los artículos de la Constitución ● Los artículos de la Constitución explican cómo funcionan las ramas del gobierno y qué funciones cumplen. Además, explica cómo deben trabajar en conjunto el gobierno federal y los gobiernos estatales y cómo se puede modificar o enmendar la Constitución.

ARTÍCULO 1 Explica el poder legislativo, cómo se promulgan las leyes y cómo funciona el Congreso.

ARTÍCULO 2 Explica el poder ejecutivo, las funciones del presidente y del vicepresidente y qué poderes tiene la rama ejecutiva.

ARTÍCULO 3 Explica el poder judicial, la Corte Suprema y otros tribunales de justicia, y advierte sobre las consecuencias de intentar derrocar el gobierno.

ARTÍCULO 4 Explica cómo trabajan conjuntamente el gobierno federal y los gobiernos estatales de los Estados Unidos.

ARTÍCULO 5 Explica cómo modificar, o enmendar, la Constitución.

ARTÍCULO 6 Dice que el gobierno federal y la Constitución de los Estados Unidos son la ley de la nación.

ARTÍCULO 7 Explica cómo se debe adoptar la Constitución.

La Declaración de Derechos

Para obtener los votos necesarios para aprobar la Constitución, hubo que hacerle modificaciones (enmiendas). Las primeras 10 enmiendas, conocidas como Declaración de Derechos, garantizan a todos los ciudadanos estadounidenses ciertos derechos y libertades fundamentales.

ENMIENDA 1: Derecho a ejercer libremente el culto, expresarse libremente, asociarse y cuestionar al gobierno.

ENMIENDA 2: Derecho a portar armas.

ENMIENDA 3: Para que los soldados se alojen en una vivienda deben tener permiso de quienes la habitan.

ENMIENDA 4: Los ciudadanos y sus propiedades no pueden ser requisados sin la autorización de un juez.

ENMIENDA 5: Derecho a juicio con jurado. Nadie puede ser juzgado dos veces por el mismo delito ni ser forzado a dar testimonio en contra de sí mismo. No se puede confiscar su propiedad mientras esté siendo juzgado. La propiedad confiscada debe recibir un precio justo.

ENMIENDA 6: Derecho a juicio, a saber la acusación, oír las declaraciones de testigos en su contra, presentar testigos y tener un abogado defensor.

ENMIENDA 7: Derecho a juicio con jurado para disputas por más de 20 dólares.

ENMIENDA 8: Derecho a libertad bajo fianza y a pagar multas y recibir castigos razonables.

ENMIENDA 9: Derechos que no están contemplados en la Constitución.

ENMIENDA 10: Los poderes que no se otorgan al gobierno federal se les conceden a los estados o a los ciudadanos.

Las demás enmiendas

La Constitución y la Declaración de Derechos fueron ratificadas en 1791. Desde entonces, se han propuesto más de 7,000 enmiendas. Solamente se han aprobado 27. Las primeras 10 enmiendas están en la Declaración de Derechos; éstas son las otras 17.

ENMIENDA 11: No se puede demandar a un estado en un tribunal federal. (1795)

ENMIENDA 12: El Presidente y el Vicepresidente son elegidos por separado. (1804)

ENMIENDA 13: La esclavitud queda abolida. (1865)

ENMIENDA 14: Todas las personas nacidas en los Estados Unidos o aquéllas que se convierten en ciudadanos de los Estados Unidos gozan de todos los derechos que confiere la ciudadanía. (1868)

ENMIENDA 15: Derecho al voto a todos los ciudadanos sin distinción de raza, creencia o color. (1870)

ENMIENDA 16: El Congreso tiene la potestad de recaudar impuestos sobre la renta. (1913)

ENMIENDA 17: Los Senadores de los Estados Unidos son elegidos directamente por los ciudadanos. (1913)

ENMIENDA 18: Se prohibe elaborar, comprar y vender bebidas alcohólicas. (1919)

ENMIENDA 19: Derecho al voto para las mujeres. (1920)

ENMIENDA 20: El mandato presidencial comienza el 20 de enero; el período de los Senadores y Representantes comienza el 3 de enero. (1933)

ENMIENDA 21: Se permite de nuevo elaborar, comprar y vender bebidas alcohólicas. (1933)

ENMIENDA 22: El Presidente puede ser elegido solamente por dos términos de gobierno. (1951)

ENMIENDA 23: Se concede a los residentes del Distrito de Columbia el derecho al voto. (1961)

ENMIENDA 24: Se prohiben todos los impuestos comunitarios de capitación. (1964)

ENMIENDA 25: Si la Presidencia queda vacante, el Vicepresidente asume el poder presidencial. (1967)

ENMIENDA 26: Derecho al voto a partir de los 18 años. (1971)

ENMIENDA 27: Ninguna ley que modifique el salario de los miembros del Congreso entrará en vigencia hasta que se realicen las elecciones de los Representantes. (1992)

Presidentes y Vicepresidentes

(*No concluyó el mandato)

1 George Washington. . . . 30 abr. 1789 – 3 mar. 1797 . . . . John Adams **1**

2 John Adams . . . . 4 mar. 1797 – 3 mar. 1801 . . . . . Thomas Jefferson **2**

3 Thomas Jefferson . . . . . 4 mar. 1801 – 3 mar. 1805 . . . . Aaron Burr **3**

Thomas Jefferson . . . . . 4 mar. 1805 – 3 mar. 1809 . . . . George Clinton **4**

4 James Madison . . . . 4 mar. 1809 – 3 mar. 1813 . . . . George Clinton

James Madison . . . . 4 mar. 1813 – 3 mar. 1817. . . . . . . Elbridge Gerry **5**

5 James Monroe. . . . . 4 mar. 1817 – 3 mar. 1825. . . . Daniel D. Tompkins **6**

6 John Quincy Adams . . . 4 mar. 1825 – 3 mar. 1829 . . . . . . John C. Calhoun **7**

7 Andrew Jackson . . . . . . 4 mar. 1829 – 3 mar. 1833 . . . . . . John C. Calhoun

Andrew Jackson . . . . . . 4 mar. 1833 – 3 mar. 1837. . . . . Martin Van Buren **8**

8 Martin Van Buren. . . . . 4 mar. 1837 – 3 mar. 1841. . . . Richard M. Johnson **9**

9 William H. Harrison* . . 4 mar. 1841 – 4 abr. 1841 . . . . John Tyler **10**

10 John Tyler . . . . 6 abr. 1841 – 3 mar. 1845

11 James K. Polk. . . . . 4 mar. 1845 – 3 mar. 1849 . . . . . George M. Dallas **11**

12 Zachary Taylor* . . . . . . 5 mar. 1849 – 9 jul. 1850 . . . . Millard Fillmore **12**

13 Millard Fillmore . . . . . . 10 jul. 1850 – 3 mar. 1853

14 Franklin Pierce. . . . . . . 4 mar. 1853 – 3 mar. 1857. . . . . . . William R. King **13**

15 James Buchanan. . . . . . 4 mar. 1857 – 3 mar. 1861. . . John C. Breckinridge **14**

16 Abraham Lincoln . . . . . 4 mar. 1861 – 3 mar. 1865. . . . . . Hannibal Hamlin **15**

Abraham Lincoln*. . . . . 4 mar. 1865 – 15 abr. 1865 . . . . . . Andrew Johnson **16**

17 Andrew Johnson. . . . . . 15 abr. 1865 – 3 mar. 1869

18 Ulysses S. Grant . . . . . . 4 mar. 1869 – 3 mar. 1873 . . . . Schuyler Colfax **17**

Ulysses S. Grant . . . . . . 4 mar. 1873 – 3 mar. 1877 . . . . Henry Wilson **18**

19 Rutherford B. Hayes . . . 4 mar. 1877 – 3 mar. 1881 . . . . William A. Wheeler **19**

20 James A. Garfield* . . . . 4 mar. 1881 – 19 sep. 1881. . . . . Chester A. Arthur **20**

21 Chester A. Arthur . . . . 20 sep. 1881 – 3 mar. 1885

22 Grover Cleveland . . . . . 4 mar. 1885 – 3 mar. 1889 . . Thomas A. Hendricks **21**

23 Benjamin Harrison . . . . 4 mar. 1889 – 3 mar. 1893. . . . . Levi P. Morton **22**

24 Grover Cleveland . . . . . 4 mar. 1893 – 3 mar. 1897 . . . . Adlai E. Stevenson **23**

25 William McKinley . . . . . 4 mar. 1897 – 3 mar. 1901. . . . . . Garret A. Hobart **24**

William McKinley* . . . . 4 mar. 1901 – 14 sep. 1901. . . . Theodore Roosevelt **25**

26 Theodore Roosevelt . . . 14 aep. 1901 – 3 mar. 1905

Theodore Roosevelt . . . . 4 mar. 1905 – 3 mar. 1909 . . Charles W. Fairbanks **26**

27 William H. Taft. . . . . . . 4 mar. 1909 – 3 mar. 1913. . . . . James S. Sherman **27**

28 Woodrow Wilson . . . . . . 4 mar. 1913 – 3 mar. 1921 . . . Thomas R. Marshall **28**

29 Warren G. Harding* . . . 4 mar. 1921 – 2 ago. 1923 . . . . Calvin Coolidge **29**

30 Calvin Coolidge . . . . 3 ago. 1923 – 3 mar. 1925

Calvin Coolidge. . . . . . . 4 mar. 1925 – 3 mar. 1929 . . . . . Charles G. Dawes **30**

31 Herbert C. Hoover. . . . . 4 mar. 1929 – 3 mar. 1933. . . . . Charles Curtis **31**

32	Franklin D. Roosevelt	4 mar. 1933 – 20 ene. 1937	John N. Garner	32
	Franklin D. Roosevelt	20 ene. 1937 – 20 ene. 1941	John N. Garner	
	Franklin D. Roosevelt	20 ene. 1941 – 20 ene. 1945	Henry A. Wallace	33
	Franklin D. Roosevelt*	20 ene. 1945 – 12 abr. 1945	Harry S. Truman	34
33	Harry S. Truman	12 abr. 1945 – 20 ene. 1949		
	Harry S. Truman	20 ene. 1949 – 20 ene. 1953	Alben W. Barkley	35
34	Dwight D. Eisenhower	20 ene. 1953 – 20 ene. 1961	Richard M. Nixon	36
35	John F. Kennedy*	20 ene. 1961 – 22 nov. 1963	Lyndon B. Johnson	37
36	Lyndon B. Johnson	22 nov. 1963 – 20 ene. 1965		
	Lyndon B. Johnson	20 ene. 1965 – 20 ene. 1969	Hubert H. Humphrey	38
37	Richard M. Nixon	20 ene. 1969 – 20 ene. 1973	Spiro T. Agnew	39
	Richard M. Nixon*	20 ene. 1973 – 9 ago. 1974	Gerald R. Ford	40
38	Gerald R. Ford	9 ago. 1974 – 20 ene. 1977	Nelson A. Rockefeller	41
39	James E. Carter	20 ene. 1977 – 20 ene. 1981	Walter Mondale	42
40	Ronald W. Reagan	20 ene. 1981 – 20 ene. 1989	George H. W. Bush	43
41	George H. W. Bush	20 ene. 1989 – 20 ene. 1993	J. Danforth Quayle	44
42	William J. Clinton	20 ene. 1993 –	Albert Gore, Jr.	45

Orden de sucesión presidencial

1. Vicepresidente
2. Presidente de la Cámara de Representantes
3. Presidente pro tempore del Senado
4. Secretario de Estado
5. Secretario de Hacienda
6. Secretario de Defensa
7. Procurador General
8. Secretario del Interior
9. Secretario de Agricultura
10. Secretario de Comercio
11. Secretario del Trabajo
12. Secretario de Salud y Servicios Humanos
13. Secretario de Vivienda y Desarrollo Urbano
14. Secretario de Transporte
15. Secretario de Energía
16. Secretario de Educación
17. Secretario de Asuntos para los Veteranos

1500	**1520**	**1540**	**1560**	**1580**

Historia de los Estados Unidos

1492
Colón llega a las Antillas.

1513
Ponce de León explora la Florida.

1565
Los españoles fundan San Agustín en la Florida, la primera colonia europea permanente de EE.UU.

1519
Magallanes inicia un viaje de tres años alrededor del mundo.

1570
Se forma la Liga de las Naciones Iroquesas.

1519
Los aztecas dominan México.

1588
Inglaterra derrota a la Armada Invencible y domina los mares.

Ciencia e inventos

1507
Se perfeccionan los espejos de vidrio.

1543
Copérnico afirma que el Sol es el centro del universo.

1530
Se inventan los corchos para botellas.

1558
John Dee inventa la brújula magnética.

1596
Invención del termómetro.

1509
Invención del reloj.

Literatura y vida diaria

1500
Se crea el juego de la lotería.

1536
Se usa en España el primer cancionero.

1580
Se diseña el primer inodoro en Bath, Inglaterra.

1538
Mercator hace el primer mapa con el continente americano.

1507
Se prepara el primer libro sobre cirugía.

1564
Aparece en Inglaterra la primera diligencia tirada por caballos.

1599
Fabricación de monedas de cobre.

POBLACIÓN DE EE.UU.: (Indígenas americanos)
aproximadamente 1,100,000

(españoles)
1,021

1600	**1620**	**1640**	**1660**	**1680**	**1700**

1607
Se establece en Jamestown, Virginia, la primera colonia inglesa.

1629
Se funda la colonia de la Bahía de Massachusetts.

1619
Llegan a Virginia los primeros esclavos africanos.

1620
Los peregrinos fundan Plymouth.

1673
Marquette y Joliet exploran el río Mississippi para Francia.

1664
La colonia holandesa Nueva Holanda pasa a ser la colonia inglesa de Nueva York.

1682
William Penn funda Pennsylvania.

1608
Invención del telescopio.

1643
Torricelli inventa el barómetro.

1671
Invención de la primera máquina calculadora.

1629
Un médico en Italia mide la temperatura del ser humano.

1609
Galileo hace las primeras observaciones con un telescopio.

1682
Edmund Halley estudia el cometa que recibirá su nombre.

1668
Sir Isaac Newton inventa el telescopio de reflexión.

1687
Newton describe la gravedad.

1600
Las obras de William Shakespeare se presentan en el Teatro Globe de Londres.

1630
Los indígenas americanos dan a probar las palomitas de maíz a los peregrinos.

1658
John Cornelius escribe el primer libro ilustrado para niños, *El mundo de los objetos visibles.*

1622
El año comienza el 1 de enero, en vez del 25 de marzo.

1653
Aparecen en París los primeros sellos postales.

1685
Se usa en Inglaterra el primer bebedero.

1697
Perrault escribe *Cuentos de la madre oca.*

(ingleses)
350   2,302   26,634   75,058   151,507

1700	1710	1720	1730	1740

Historia de los Estados Unidos

1705
El *Acta de Virginia* establece la educación pública en las colonias británicas.

1718
Francia funda Nueva Orleans.

1733
Se fijan impuestos sobre el azúcar y la melaza en las colonias británicas de América.

1735
Se establece la libertad de prensa durante el juicio de John Peter Zenger.

1707
Inglaterra y Escocia forman la Gran Bretaña.

1747
Se funda la Compañía de Ohio para colonizar el Valle del Río Ohio.

Ciencia e inventos

1701
Jethro Tull inventa una máquina para sembrar semillas en hileras.

1709
Christofori Bartolommeo inventa el pianoforte (el primer piano).

1726
Se publica el primer diccionario del español.

1735
Se encuentra caucho en América del Sur.

1712
Thomas Newcomen inventa la primera máquina de vapor de agua.

1732
Thomas Dover descubre los sedantes para realizar operaciones.

1742
Benjamin Franklin inventa la estufa Franklin.

Literatura y vida diaria

1700
Samuel Sewall escribe *La venta de Joseph*, el primer libro contra la esclavitud de los africanos.

1726
Jonathan Swift escribe *Los viajes de Gulliver*.

1704
Se publica el primer periódico exitoso en las colonias británicas, el *Boston News-Letter*.

1731
Benjamin Franklin inaugura la primera biblioteca pública.

1737
Mueren 300,000 personas en un terremoto en Calcuta, India.

POBLACIÓN DE EE.UU.: (Colonias inglesas)

250,888	331,711	466,185	629,445	905,563

1750	1760	1770	1780	1790	1800

1750
Los colonizadores empiezan a viajar al oeste en barcos y carretas.

1763
Victoria de los británicos en la guerra contra los franceses y los indios.

1765
Gran Bretaña fija a las colonias el impuesto de la Ley del Timbre.

1775
Primeras batallas de la Guerra Revolucionaria.

1776
Declaración de Independencia (4 de julio).

1787
Se firma la Constitución de los EE.UU.

1789
George Washington es nombrado primer presidente de los EE.UU.

1781
Las colonias unidas adoptan los Artículos de la Confederación como primer gobierno.

1781
Los británicos capitulan en Yorktown.

1752
Benjamin Franklin descubre que los rayos son una forma de electricidad.

1770
Invención del primer coche de vapor.

1764
Invención de una máquina para hilar algodón.

1783
Primer vuelo en globo aerostático.

1793
Eli Whitney inventa la despepitadora de algodón.

1796
Se desarrolla la vacuna contra la viruela.

1752
Se inaugura en Philadelphia el primer hospital público.

1757
Se instalan faroles en las calles de Philadelfphia.

1764
Mozart compone su primera sinfonía.

1782
El águila se convierte en símbolo de los EE.UU.

1790
El gobierno de los EE.UU. realiza el primer censo oficial.

1795
Se inicia la producción de alimentos enlatados.

1786
Entra en producción la primera fábrica de helados de los EE.UU.

1,170,760	1,593,625	2,148,076	2,780,369	3,929,157

1800   1810   1820   1830   1840

Historia de los Estados Unidos

1800
Washington, D.C., se convierte en la capital de los EE.UU.

1803
La Compra de Louisiana duplica el tamaño de los EE.UU.

1804
Lewis y Clark exploran Louisiana y el Noroeste de los EE.UU.

1814
Los EE.UU. vence a Gran Bretaña en la Guerra de 1812.

1819
Los EE.UU. le compra la Florida a España.

1830
El *Acta de remoción de indígenas* obliga a los indígenas americanos a marcharse al oeste.

1836
Los tejanos defienden el Álamo.

1838
El pueblo cheroqui es trasladado al oeste en la "Marcha de las Lágrimas".

1848
Se descubre oro en California.

Ciencia e inventos

1800
El conde Volta inventa la pila.

1802
Robert Fulton fabrica el primer buque de vapor.

1816
Invención del estetoscopio.

1816
Joseph Niepce toma la primera fotografía.

1817
Se empieza la construcción del Canal Erie.

1836
Samuel Morse inventa el telégrafo.

1839
Kirkpatrick Macmillan inventa la bicicleta.

1844
Producción de cerillos de seguridad.

Literatura y vida diaria

1804
Se publica el primer libro de poemas para niños.

1808
Se publica el primer periódico en español de EE.UU., *El Mississippi.*

1812
El Tío Sam se convierte en símbolo de los EE.UU.

1814
Francis Scott Key compone el himno nacional de los EE.UU., "The Star-Spangled Banner" ("La bandera de las franjas y las estrellas").

1828
Se publica el primer *Diccionario de Webster*.

1834
Louis Braille perfecciona un método de escritura para ciegos.

1835
Hans Christian Andersen publica *Cuentos para niños.*

1849
Invención del imperdible.

POBLACIÓN DE LOS EE.UU.:

| 5,308,080 | 7,240,102 | 9,638,453 | 12,860,702 | 17,063,353 |

1850	1860	1870	1880	1890	1900

1860
Abraham Lincoln es elegido presidente.

1865
Termina la Guerra Civil y la 13a Enmienda pone fin a la esclavitud.

1876
Custer es derrotado en la Batalla de Little Big Horn.

1892
Se abre en Ellis Island, N.Y., una estación de inmigración.

1861
Estalla la Guerra Civil.

1862
Lincoln proclama la abolición de la esclavitud en los EE.UU.

1869
Obreros inmigrantes concluyen en Utah la construcción del ferrocarril de costa a costa.

1870
La 15a Enmienda otorga a los hombres afroamericanos el derecho al voto.

1898
Los EE.UU. derrota a España en la Guerra Hispano-Americana.

1857
Se tiende el cable transatlántico.

1876
Alexander Graham Bell inventa el teléfono.

1893
Charles y Frank Duryea fabrican el primer automóvil movido por gasolina de los EE.UU.

1860
Jean Lenoir fabrica un motor de combustión interna.

1877
Thomas Edison inventa el fonógrafo.

1851
Isaac Singer fabrica una máquina de coser.

1879
Thomas Edison inventa la bombilla eléctrica.

1865
Joseph Lister introduce un método antiséptico en la cirugía.

1896
Marconi inventa el receptor de radio inalámbrico.

1850
Oscar Levi Straus produce los primeros pantalones de mezclilla.

1876
Se funda la Liga Nacional de Béisbol.

1892
F. Bellamy escribe el juramento a la bandera de los EE.UU., "Pledge of Allegiance".

1855
Alexander Parks produce el primer plástico sintético.

1883
Se establecen cuatro husos horarios en los EE.UU.

1852
La novela *La cabaña del Tío Tom*, de Harriet Beecher Stowe, fortalece el movimiento abolicionista.

1886
Se erige en Nueva York la Estatua de la Libertad para dar la bienvenida a los inmigrantes.

1896
Se exhibe la primera película cinematográfica.

23,191,876	31,443,321	38,558,371	50,189,209	62,979,766

1900   **1905**   **1910**   **1915**   **1920**

Historia de los Estados Unidos

1904
Llega a los EE.UU. un millón de inmigrantes, en su mayoría de Europa.

1909
Fundación de la Asociación Nacional para el Progreso de la Población Afroamericana (NAACP).

1914
Se abre el Canal de Panamá.

1917
Puerto Rico pasa a ser estado libre asociado de los EE.UU.

1917
Los EE.UU. entra en la Primera Guerra Mundial.

1920
La 19a Enmienda otorga a las mujeres el derecho al voto.

1918
Termina la Primera Guerra Mundial en Europa.

Ciencia e inventos

1903
Orville y Wilbur Wright realizan el primer vuelo en avión.

1904
Se construye en Nueva York un sistema de trenes subterráneos.

1911
María Curie gana el Premio Nobel de Química.

1913
Henry Ford crea la producción en cadena de automóviles.

1915
Se establece un sistema de teléfonos de costa a costa.

1921
Se inventa la vacuna contra la tuberculosis.

1922
Se desarrolla el selector electrónico para la televisión.

Literatura y vida diaria

1900
Se crea el *hot dog* en Nueva York.

1900
Por primera vez compiten mujeres en las Olimpíadas.

1903
Se juega la Primera Serie Mundial.

1912
Jim Thorpe gana el pentatlón y el decatlón en las Olimpíadas.

1917
Se crean las donas.

1920
Se funda en Pittsburgh la primera emisora radial, la KDKA.

1918
Mueren más de 20 millones de personas víctimas de una epidemia mundial de influenza.

1922
Se descubre la tumba del faraón egipcio Tutankamón.

POBLACIÓN DE LOS EE.UU.:
76,212,168   92,228,496   106,021,537

1925   **1930**   **1935**   **1940**   **1945**   **1950**

1927
Charles Lindbergh es el primer piloto que atraviesa solo el Atlántico.

1933
Franklin Roosevelt es elegido presidente y decreta el *New Deal* para dar fin a la Gran Depresión.

1941
Los EE.UU. entra en la Segunda Guerra Mundial después del ataque a Pearl Harbor.

1948
Mahatma Gandhi es asesinado.

1935
Dennis Chávez es el primer senador hispano de los EE.UU.

1945
Termina la Segunda Guerra Mundial.

1929
La caída de la bolsa causa la Gran Depresión.

1945
Los EE.UU. entra en las Naciones Unidas.

1929
Alexander Fleming desarrolla la penicilina.

1938
Aparecen los primeros bolígrafos modernos.

1930
Vannevar Bush inventa la primera computadora análoga.

1935
Invención del radar.

1938
Se produce la primera máquina de fotocopias.

1926
John Baird presenta su sistema de televisión.

1931
Finaliza la construcción del *Empire State Building*, el edificio más alto del mundo (102 pisos, 1,250 pies de altura).

1940
Enrico Fermi desarrolla el reactor nuclear.

1947
Científicos de Bell Lab inventan el transistor.

1925
Se producen las papas fritas en Nueva York.

1947
Jackie Robinson es el primer jugador afroamericano de las grandes ligas de béisbol.

1933
Albert Einstein emigra a los EE.UU.

1927
Wings es la película ganadora del primer Premio Oscar.

1938
Creación de las tiras cómicas de Supermán.

1931
"The Star-Spangled Banner" pasa a ser el himno nacional de los EE.UU.

1947
Se publica el *Diario de Ana Frank.*

123,202,624   132,164,569

1950	1955	1960	1965	1970

Historia de los Estados Unidos

1950
Los Estados Unidos entra en la Guerra de Corea.

1955
Se inicia el movimiento de los Derechos Civiles cuando Rosa Parks se niega a moverse a la parte posterior de un autobús.

1955
Martin Luther King Jr. organiza protestas contra la discriminación.

1959
Alaska y Hawaii pasan a ser estados de los EE.UU.

1963
El presidente John F. Kennedy es asesinado.

1962
César Chávez organiza la Asociación Nacional de Trabajadores Agrícolas.

1965
Se envían tropas de los EE.UU. a Vietnam.

1969
Neil Armstrong y Buzz Aldrin son los primeros hombres en llegar a la Luna.

Ciencia e inventos

1954
Jonas Salk desarrolla la vacuna contra la poliomielitis.

1951
Se descubre que el agua con flúor previene las caries dentales.

1957
Rusia lanza al espacio el primer satélite, el *Sputnik I*.

1958
Aparecen los discos estereofónicos de larga duración.

1960
Theodor Maiman inventa el láser.

1967
Se descubre que el colesterol causa problemas cardíacos.

1968
El cirujano Norman Shumway realiza el primer transplante de corazón de los EE.UU.

1971
La sonda espacial *Mariner* traza el mapa de la superficie de Marte.

Literatura y vida diaria

1950
Nueva York es la ciudad más grande del mundo, con 8 millones de habitantes.

1951
Quince millones de hogares estadounidenses tienen televisor.

1955
Se inaugura Disneylandia.

1957
Elvis Presley es el cantante de rock and roll más popular de los EE.UU.

1964
Los Beatles salen en *El show de Ed Sullivan*.

1969
Comienza el programa *Plaza Sésamo*, con los títeres de Jim Henson.

1970
Se celebra el primer Día de la Tierra para proteger el medio ambiente.

POBLACIÓN DE LOS EE.UU.:
151,325,798   179,323,175   203,302,031

1975	1980	1985	1990	1995	2000

1974
Renuncia el presidente Richard Nixon.

1975
Termina la Guerra de Vietnam.

1981
Primera mujer magistrada del Tribunal Supremo de los EE.UU.

1983
Sally Ride es la primera mujer de los EE.UU. que viaja al espacio.

1986
Estalla la nave espacial Challenger; muere toda la tripulación.

1989
Cae el Muro de Berlín en Alemania.

1991
La Unión Soviética pasa a ser una comunidad de 10 naciones independientes.

2000
Más de 25 millones de las personas que viven en los EE.UU. nacieron en otros países.

1976
El Concorde es el primer avión supersónico de pasajeros.

1981
Los científicos identifican el SIDA.

1984
Aparecen los discos compactos (CD).

1991
Científicos informan del hallazgo de un agujero en la capa de ozono de la Tierra.

1991
Se lanza la red cibernética mundial o *World Wide Web*.

1993
Apple introduce la computadora Newton Writing Pad.

1997
Científicos escoceses clonan una oveja adulta.

1976
Mueren 240,000 personas en un terremoto en Tangshan, China.

1976
Los Estados Unidos celebra su bicentenario.

1986
Se proclama como fiesta nacional el Día de Martin Luther King Jr.

1987
The Whipping Boy gana el Premio Newbery.

1993
Se hablan más de 100 idiomas en el distrito escolar de Nueva York.

1995
El químico Mario Molina gana el premio Nobel por investigar la capa de ozono.

1999
El equipo de fútbol femenino de los EE.UU. gana la Copa Mundial.

226,542,203   248,709,873

Índice del manual

Este índice es la guía para usar el manual ¡*A navegar!*, y te será muy útil para encontrar información específica. Por ejemplo, si quisieras encontrar una lista de las abreviaturas de los estados para escribir la dirección en una carta, puedes buscar bajo "abreviaturas" o bajo "estados". Cualquiera de las dos entradas te dirá en qué página abrir tu manual para encontrar la información que buscas.

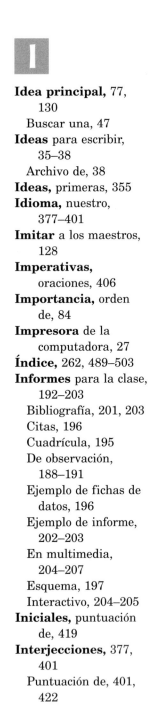